制造业数字化转型与供应链协同创新

沈 平 王 丹◎著

人 民 邮 电 出 版 社
北 京

图书在版编目（CIP）数据

制造业数字化转型与供应链协同创新 / 沈平，王丹著. -- 北京 : 人民邮电出版社，2022.7
ISBN 978-7-115-58249-2

Ⅰ. ①制… Ⅱ. ①沈… ②王… Ⅲ. ①制造工业—数字化—研究—中国②制造工业—供应链管理—研究—中国 Ⅳ. ①F426.4

中国版本图书馆CIP数据核字(2021)第257232号

内 容 提 要

本书结合数字经济发展特点和全球制造业运行现状，分析了制造业数字化转型的内在逻辑和供应链协同的变化趋势；梳理了发达国家制造业数字化转型与供应链协同创新的典型模式及国内数字化先行区的有益经验，得出了相关启示；以沈阳为例剖析了老工业基地制造业发展中面临的问题和挑战，并提出推进数字化转型与供应链协同创新的明确目标与实施建议。本书关注智能制造发展与传统制造业转型升级的内在联系，力图以宏观和微观相结合的视角探寻制造业新一轮变革的基本规律，厘清区域制造业转型升级的关键问题，找到数字化转型与供应链协同创新的合理路径，以期为相关部门和企业管理者决策提供有益的参考。

◆ 著 沈 平 王 丹
责任编辑 赵 娟
责任印制 彭志环
◆ 人民邮电出版社出版发行 北京市丰台区成寿寺路 11 号
邮编 100164 电子邮件 315@ptpress.com.cn
网址 https://www.ptpress.com.cn
北京虎彩文化传播有限公司印刷
◆ 开本：700×1000 1/16
印张：15.75 2022 年 7 月第 1 版
字数：207 千字 2022 年 7 月北京第 1 次印刷

定价：69.90 元

读者服务热线：(010)81055493 印装质量热线：(010)81055316
反盗版热线：(010)81055315
广告经营许可证：京东市监广登字 20170147 号

序

全球新一轮科技革命的兴起引发了产业分工和竞争结构的深度调整，工业经济加速迈向数字经济。随着新一代信息技术影响范围的持续扩大，数字化引领创新、驱动转型、赋能高质量发展的作用日益突出，成为产业变革和经济增长的主引擎，各国纷纷加快推进数字产业化和产业数字化，力求在竞争中赢得主动权。

制造业作为国民经济的核心组成部分，其发展水平是衡量一个国家综合国力的重要标志。自19世纪中期开始，制造业经历了由机械化、电气化、自动化再到网络化的演变。数字经济背景下，大数据、人工智能、工业互联网、机器人等领域的创新应用改变着制造业的资源连接、流程组织、决策制定及生态协作方式，加速推进制造业数字化转型，促进制造业智能化、绿色化、服务化成为世界各国制造业发展的共同选择。

我国制造业门类齐全、规模效应突出，丰富的应用场景、良好的供应链协作基础为我国制造业数字化转型提供了有利的条件。近年来，政府、企业积极推动质量变革、效率变革、动力变革，带动了工业设计理念革新和业务场景拓展，也催生出新的平台、新的业态、新的商业模式，一些示范企业的数字化业务整合能力和跨组织供应链协作水平有了大幅度提升。但应该看到，与先进国家相比，我国制造业总体发展质量还不高，核心技术缺失、资源生态约束、贸易争端加剧等带来的挑战已严重影响制造业供应链的稳定性和竞争力。同时，不同地区、行业的经济基础、技术水平、协作方式存在差异，寻求转型的方向、任务也各不相同。因此，明确转型预期，加强科学布局，探索合理的路径是十分必要的。

《制造业数字化转型与供应链协同创新》一书基于对全球制造业发展及供应链协同趋势观察分析，多角度阐述了制造业数字化转型与供应链协同的必要性与可能性，系统地展现了国内外相关领域的技术、政策及企业实践成果，有益于读者加深对数字化转型与供应链协同理论和实践的理解。书中还对沈阳制造业数字化转型与供应链协同的战略布局、能力建设、技术组织创新、人才环境保障等进行了有益的探索，提出的观点有一定启发性，对老工业基地制造业转型升级具有积极的参考意义。

沈阳新松机器人自动化股份有限公司中央研究院院长

杜振军

前言

当前，数字科技的发展引发了经济运行和产业组织的巨大变革，数据资源成为关键生产要素，信息网络成为资源配置纽带，服务平台成为产业生态载体，数字治理成为环境支撑条件，全球经济正以数字化转型为新引擎，迈入动力变革、范式迁移、体系重构的新阶段。面对汹涌而来的数字经济浪潮，只有重新审视环境、定位自身角色、规划发展方向，方能抓住数字化转型的机会，优化经济结构，释放增长潜力，开辟新的发展空间。

制造业是立国之本、强国之基，也是数字技术和实体经济深度融合的着力点。数字化背景下，制造业的产品创新、运营管控、用户服务、员工赋能、业态合作发生了深刻变化，个性化定制、协同化生产、网络化服务代表着未来的发展方向。以效率优势替代成本优势、以融合创新带动制造业基础高级化和产品链现代化成为变革的主旋律。为了赢得新一轮制造业变革的主动权，世界各国都在自身的产业基础上谋求新的竞争优势。发达国家依靠领先的技术和资本实力聚焦智能制造，促进高端制造业回流并不断筑高技术壁垒；传统原料国则积极增加市场开放度，在中低端承接产业和资本转移，力争在新的国际分工中谋得一席之地。

我国作为世界最大的新兴经济体，具有较完整的制造产业体系，成本优势、规模优势、制度优势曾铸就了改革开放后中国制造的发展奇迹。然而，随着国内外形势和条件的变化，我国制造业面临着新旧增长动能转换、新旧竞争优势更迭的严峻考验。一方面，生产要素成本上升，资源环境约束收紧，支撑制造业增长的传统动力衰减，依靠要素投入和规模扩张的发展方式难以为继；另一方面，贸易争端加剧，制造业发展的不确定因素显著增加，“产、学、研”协同创新能力弱，关键技术对外依存度高带来的产业链、供应链安全问题进一步显现。面对考验，我国制造业迫切需要通过数字化转型和智能化改造提质增效，获得新生。本书正是基于这样的背景构思完成的。

首先，本书结合数字经济发展特点和全球制造业运行现状，分析了制造业数字化转型的内在逻辑和供应链协同的变化趋势，揭示了数字化转型与供应链协同创新对制造业升级的重要意义。其次，本书还梳理了发达国家制造业数字化转型与供应链协同创新的典型模式，以及国内数字化先行区的有益经验，得出了相关启示。最后，以沈阳为例，本书剖析了老工业基地制造业发展中面临的问题和挑战，并提出了推进数字化转型与供应链协同创新的明确目标与实施建议。本书关注智能制造发展与传统制造业升级的内在联系，力图站在宏观和微观相结合的视角探寻制造业新一轮变革的基本规律，厘清区域制造业转型升级的关键问题，找到数字化转型与供应链协同创新的合理路径，以期为相关部门和企业管理者决策提供有益的参考。

本书由沈阳大学商学院沈平、王丹两位老师共同完成。其中，沈平撰写第 2、3、5、6 章，王丹撰写第 1、4 章。在写作过程中，作者参考了许多国内外专家、学者的相关著作、文章及专业机构的产业分析报告，这些文献资料为作者提供了丰富的理论依据和数据来源，在此一并表示感谢。需要说明的是，受个人经验和写作时间所限，书中存在许多不足之处，恳请同行和广大读者提出宝贵建议。

本书为 2022 年度辽宁省科协科技创新智库项目“促进辽宁制造业和数字经济融合发展研究”部分研究成果。

目录

第 1 章

数字经济发展与数字化转型

从工业经济迈向数字经济

数字经济产生的时代背景

在人类社会几千年的文明进程中，经济模式经历了从农业经济到工业经济再到数字经济的转变。在农业经济时期，经济活动主要围绕农产品的生产、加工、交易和消费来进行，最重要的生产要素是土地，人们离开土地便无法从事农业生产活动，而从事生产活动的主体也以相对独立的个体劳动者为主。

18世纪中叶，第一次技术革命颠覆了传统的以农业为主的产业结构，奠定了近代机械化工业生产的基础，成为人类社会从农业经济时代向工业经济时代转变的分水岭。人类经济活动不再完全围绕农产品进行，而是农产品和工业品的生产、加工、交易、消费并行，土地、劳动力、货币资本共同成为生产要素。

工业经济时代经历了从"1.0"到"4.0"的发展过程。"工业1.0"是蒸汽机时代，以蒸汽机技术的发明和广泛应用为标志，以纺织业的兴起为起点，以冶炼技术和机器制造为代表，蒸汽机时代建立起以蒸汽动力技术为主导的工业体系。

19世纪下半叶，基于电磁理论的发电机和电动机的发明，引发了第二次技术革命。伴随着电力技术的广泛应用，电力工业迅速崛起，汽车工业、航空工业得到空前发展，电信业、广播业也相继出现，人类迈入电气化时代，即"工业2.0"。这一时期，大规模化的生产及铁路等基础设施的建设，使工业发展呈现出集中化趋势，出现了垄断企业，产生了流水线生产等新的生产组织方式，社会生产力水平大幅上升，企业管理者的才能在经济增长中的作用日益凸显出来。

"工业3.0"始于20世纪四五十年代的第三次技术革命，它以计算机技术的突破为起点，带领人类社会进入自动化时代。在这一时期，以信息科学为支撑的传感技术、通信技术、计算机技术和控制技术迅猛发展，使信息产业逐渐成为主导产业；能源科学的发展为人类提供了太阳能、海洋能、核能和其他可再生能源；高分子合成技术及空间科学的研究也为人类探索宇宙提供了便利。

20 世纪末，以生物工程技术、网络技术、新材料技术、人工智能技术及软件技术为代表的高新技术不断涌现，德国于 2013 年在汉诺威工业博览会上正式提出“工业 4.0”的概念，“工业 4.0”是利用信息化促进产业变革的时代。其核心在于物理技术和数字技术的融合。它在物理技术方面的突破是有形的，它带来了可再生能源、自主设备、3D 打印、先进机器人和新材料等，为经济发展提供了先进的物质要素；在数字技术方面，它以软件、大数据、物联网等为依托，将分散的生产主体联系起来，通过协同配合完成单一主体没有能力完成的经济活动，或者实现活动的经济性。两者的结合模糊了数字和物理维度之间的界限，创建了一个网络和物理世界融合的系统，产生了一个基于数据要素的全新的社会经济结构——数字经济。数字经济的运行以数据为基础，数据来源于数字化的人类行为、事件、资产等。互联网、大数据、云计算、区块链、物联网等信息技术，通过对数据进行识别、搜集、过滤、存储和使用，从而实现资源的快速优化和再生，促进经济高质量发展。

可以看出，每一次产业技术革命都会带来生产力的巨大飞跃。农业革命增强了人类的生存能力，以耕种畜养取代采食捕猎，使人们告别“野蛮式生活”，走向文明。工业革命突破了人类的体力约束，以规模生产取代手工作业，使人们从自给自足迈向财富创造。数字革命拓展了人类脑力极限，以数字处理赋能产业运营，使经济社会进入一个崭新的发展阶段。

随着生产力水平的不断提升，各个时期生产要素和主导产业也发生了深刻的变化，人们从单纯地重视土地、劳动力等有形的生产要素到广泛重视资本、企业管理者才能、数据信息等无形的生产要素，产业也由劳动密集型逐步向资本和知识技术密集型转变。第一次技术革命中的纺织工业基本上属于劳动密集型产业；第二次技术革命中发展起来的汽车、化工、钢铁等产业具有典型的资本密集型特征；第三次技术革命中诞生的新产业，例如，计算机工业、宇航工业等属于知识密集型或资本密集型产业。而数字技术的出现改变了传统物质生产与价值实现之间的联系，促使经济活动逐步从产品的物质制造转向产品与服务的数字处理等活动，全球经济正迈入体系重构、动力变革、范式迁移的发展新阶段。

数字经济发展的阶段性及内涵演变

数字经济的本质和源头在于信息化。从发展的过程来看，数字经济经历了 3 个阶段，包括单部门的信息化阶段、跨部门的信息经济阶段和以网络为依托的数字经济阶段。

第一个阶段是单部门的信息化阶段。20 世纪中叶，计算机和集成电路的发明与应用使人们开始以二进制形式广泛地存储各类数据信息。尽管受到形式、数量、载体和分析工具的限制，此时的数据信息还未成为生产要素，但随着信息存储和计算载体生产成本的不断下降，数据信息量快速增长，人们处理知识和信息的能力大幅提高，企业信息化建设进程也不断加快。1962 年，美国经济学家弗里茨·马克卢普（Fritz Machlup）提出“信息经济”的概念，认为信息经济等同于信息产业的经济贡献，向市场提供信息产品或信息服务的那些企业是重要的经济部门。同一时期，英特尔公司的创始人之一戈登·摩尔（Gordon Moore）提出了著名的“摩尔定律”，他预言：“当价格不变时，集成电路上可容纳的元器件的数目约每隔 18～24 个月便会翻一番，性能也将提升一倍，但价格却减半下降。”后来这一定律被证明与实际情况基本吻合。2011 年，市场调研公司 IDC 公布的数据显示，数字信息的增速遵从摩尔定律，几乎以每两年一倍的速度大幅增长，因此许多研究机构借鉴摩尔定律来预测数字经济的发展。

第二个阶段是跨部门的信息经济阶段。20 世纪七八十年代，大规模集成电路、微型处理器、软件领域的革命性成果加速了数字技术扩散。伴随着企业信息化水平不断提高，一些大型企业在加强内部网（Intranet）建设的同时，加强了企业资源计划（Enterprise Resource Planning，ERP）、电子数据交换（Electronic Data Interchange，EDI）、客户关系管理（Customer Relationship Management，CRM）等专用数据软件系统的开发，使数字技术与其他经济部门的交互发展加速。1977 年，美国经济学家马克・波拉特（Marc Porat）出版了专著《信息经济》，较为系统地提出了信息经济的测算方法，并指出测算部门除了直接从事信息活动且直接向市场提供信息产品和服务的“第一信息部门”，还应包括融合信息产品和服务的其他经济部门，即“第二信息部门”，信息经济等同于信息产业贡献加上融合领域的间接贡献。此时，数字信息开始作为生产要素投入经济活动，标志着数字经济进入新的发展阶段。从需求端看，需求信息的实时、动态传输，催生了市场导向的生产方式，改变了传统的供应链构成，使生产和消费的连接更为紧密；从供给端看，企业内部结构越来越扁平化，投入和产出不再受距离与时间的限制，外部的企业出现更多的跨部门和跨行业的协作，平台型的巨型组织和跨国界的虚拟组织开始出现，跨国企业的管理成本大幅下降，推动了经济全球化的发展浪潮。

第三个阶段是以网络为依托的数字经济阶段。自 20 世纪 90 年代起，互联网商用技术日趋成熟，全世界联网的商业用户数超过学术研究用户数，标志着数字网络阶段的真正到来。网络建设和应用的高速发展既是这一阶段数字经济发展的显著表现，也是主要的推动力。互联网的普及让数据信息的实时共享进入新的阶段，数据不再是单向传递的，数据传递基于网络参与者的互动形成了双向、多向的传递规律。随着互联网向社会和经济各个领域广泛地渗透和扩张，以及与人工智能、物联网、云计算、大数据等新一代信息技术的融合发展，数据流量激增，数据成为企业乃至国家之间竞争的核心资产，对经济和社会的影响越来越大。

1996年，经济学家唐·泰普斯科特（Don Tapscott）在《数据时代的经济学：对网络智能时代机遇和风险的再思考》一书中率先提出了数字经济的概念，他预测了数字化对商业、教育、政府等12个领域的深远影响。此后，随着《数字化成长》《信息时代三部曲：经济、社会与文化》《数字经济蓝图》等多部有关数字经济著作的出版，数字经济相关话题得到世界各国的广泛关注。

1997年，日本通商产业省在相关报告中将数字经济定义为具备4种特征的经济形态，即没有人员、物体和资金的物理移动的经济，可用电子手段完成合同签订、价值转移和资产积累的经济，基于信息技术的产业和渗透于人们生活各个方面的电子商务。1998年，美国商务部发布了《浮现中的数字经济》报告，将信息技术产业和电子商务视作数字经济的两个方面，列出了数字产业分类标准。美国商务部的数字产业分类标准（1998）见表1-1。

表1-1 美国商务部的数字产业分类标准（1998）

数字产业	产业内容	数字产业	产业内容
硬件制造业	计算机及计算机设备 计算机批发及零售贸易 办公用计算设备中的光录和磁录设备*★ 电子管 印制电路板 半导体相关设备 无源电子元件a★ 工业测量仪器 电流测量仪器 实验室分析仪器	软件及计算机服务业	计算机编程服务 预装软件※ 软件批发及零售贸易 计算机系统设计 计算机数据处理 信息检索服务※ 计算机服务管理※ 计算机租赁及维修 其他计算机相关服务
通信设备制造业	家用音像设备★ 电话设备 广播和电视通信设备	通信服务业	电话通信 广播业※ 电视业※ 有线电视及其他付费电视服务※

注：★代表新增产业，a为产业名称变化，*为产业归类变化，※代表被删除的产业。
资料来源：美国商务部《浮现中的数字经济》。

1998年，数字经济指标正式被纳入美国官方的统计，包括网络网际、电子商务、电子化企业和网络交易。之后，世界主要发达国家也陆续公布了数字经济的相关统计数据，制定了数字经济发展战略。随着数字经济的关注度越来越高，人们对数字经济的认识也在不断深化。

进入21世纪，Web2.0和移动互联网的出现使数字经济形态进一步扩充，新一代搜索引擎、位置服务及通信软件等新兴领域被纳入数字经济。2001年，美国经济学家托马斯·梅森伯格（Thomas Mesenbourg）将数字经济的范围划分为3层：最底层是数字交易的基础设施，例如，硬件、软件、通信技术、网络和人力资本等；第二层是局部的数字交易活动，例如，企业内部的数字化管理和在线销售；最上层是全网络的电子商务活动，涵盖从采购、生产、销售到配送全过程的数字化商务活动。2002年，美国商务部重新修订了数字产业分类标准，去除了广播电视、信息检索服务等，新增了光纤、软件复制等。美国商务部的数字产业分类标准（2002）见表1–2。

表1–2 美国商务部的数字产业分类标准（2002）

数字产业	产业内容	数字产业	产业内容
硬件制造业	计算机及计算机设备	软件及计算机服务业	软件出版商*
	办公用计算设备		互联网服务提供商*
	计算机批发及零售贸易		软件批发及零售贸易
	电子管		计算机编程服务*
	印制电路板		计算机系统设计
	半导体相关设备		计算机数据处理
	各种电子元件[a]★		计算机设备管理*
	工业测量仪器		计算机租赁及维修
	电流测量仪器		办公计算设备租赁及维修*
	实验室分析仪器		其他计算机相关服务

续表

数字产业	产业内容	数字产业	产业内容
通信设备制造业	视听设备[a]★ 电话设备 广播和电视通信设备 光纤★ 软件复制★ 光录和磁录设备*★	通信服务业	有线电信运营商 蜂窝和其他无线运营商* 电信和转售商 电缆和其他系统销售* 人造卫星和其他通信* 通信设备修理和维护*

注：★代表新增产业，a 为产业名称变化，* 为产业归类变化，※ 代表被删除的产业。
资料来源：美国商务部《数字经济 2002》。

2014 年，约翰·麦考密克（John MacCormick）在研究中发现，网络社交能极大地促进网络和通信技术的应用与推广，搜索与众包对第二层次与第三层次的数字交易及电子商务有明显的帮助。于是他将网络社交和互联网搜索作为第四个层次加入数字经济的体系。由于这一层次交易的是纯粹数字化的“虚拟物品”，所以也被称为“虚拟经济”。数字经济的 4 个层次如图 1–1 所示。

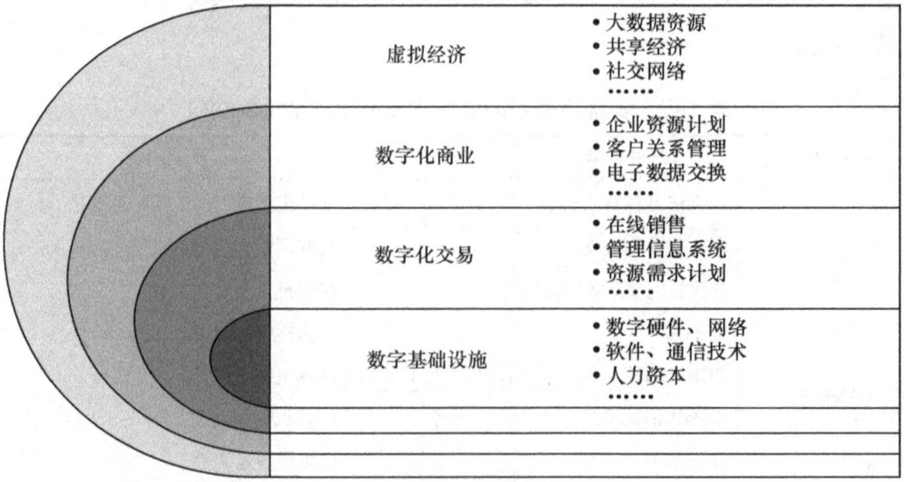

资料来源：唐杰《全球数字经济发展现状分析及展望》。

图 1–1　数字经济的 4 个层次

2016 年，二十国集团领导人杭州峰会（G20 杭州峰会）达成《二十国集团数字经济发展与合作倡议》，将数字经济定义为以使用数字化的知识和信息作为关键生产要素、以现代信息网络作为重要载体、以信息通信技术的有效使用作为效率提升和经济结构优化重要推动力的一系列经济活动。这一定义强调了数字经济是信息技术产业与其他产业融合的集合，它主要包括两个部分：一是数字产业化，即信息产业，包括电子信息制造业、信息通信业、软件服务业等；二是产业数字化，即传统产业与数字技术融合，不断提高传统产业数字化、智能化水平所带来的新增产出。

2020 年，中国信息通信研究院发布的《中国数字经济发展白皮书（2020 年）》进一步提出了数字经济的“四化”框架，此框架涉及数字产业化、产业数字化、数据价值化和数字化治理 4 个方面，后两者强调了数据要素创新及其对社会经济整体变革的带动作用。数字经济的“四化”框架如图 1–2 所示。

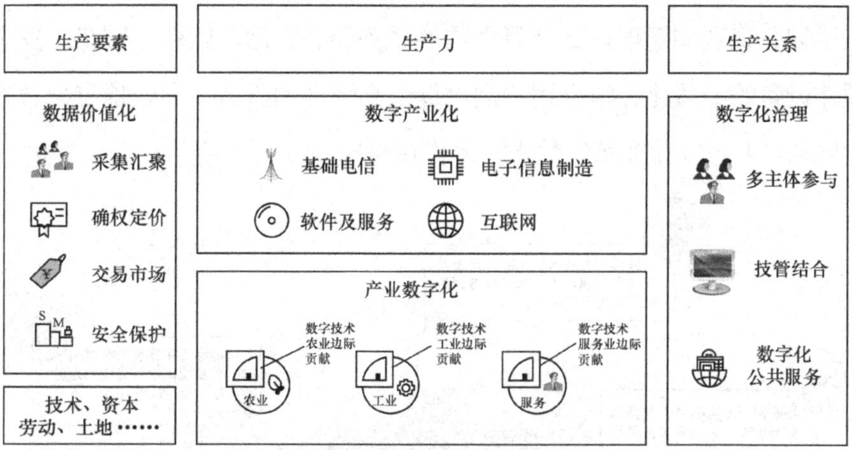

资料来源：中国信息通信研究院《中国数字经济发展白皮书（2020 年）》。

图 1–2　数字经济的“四化”框架

数字经济的主要特点

数字经济与以往经济形态的根本区别在于数字化的知识和信息成为至关重要的生产要素，网络化连接、数据化描述和融合化创新成为数字经济时代的主旋律。数字经济的主要特点如下所述。

数字技术构筑万物互联

技术进步一直是经济增长的源泉。当前，以互联网、云计算、大数据和人工智能为典型代表的数字技术的蓬勃发展，使经济社会以前所未有的广度和深度交汇融合。具备存储能力、计算能力与传输能力的信息网络系统是数字经济发展的基础与载体，通信网络的升级、软件系统的推广、智能终端的普及和各类传感器的使用，使互联网向政务、智慧城市、产业、交通、旅游等领域持续扩展，数字世界和物理世界之间实现了实时联通、相互识别和有效交流。

在这个过程中，5G 技术提升了数据传输速率，并以较低的网络时延和更快的时间响应大幅增加实时处理、虚实融合的可能性；物联网通过各类传感器的网络接入，实现人、机、物之间的泛在连接，实现对物品和过程的智能化感知、识别和管理；云计算则依靠服务器、存储、软件、网络、安全等软硬件设备的一体化，根据用户需求提供高弹性的服务，高效地支持数字经济发展和产业数字化变革。数字技术作用机制如图 1-3 所示。

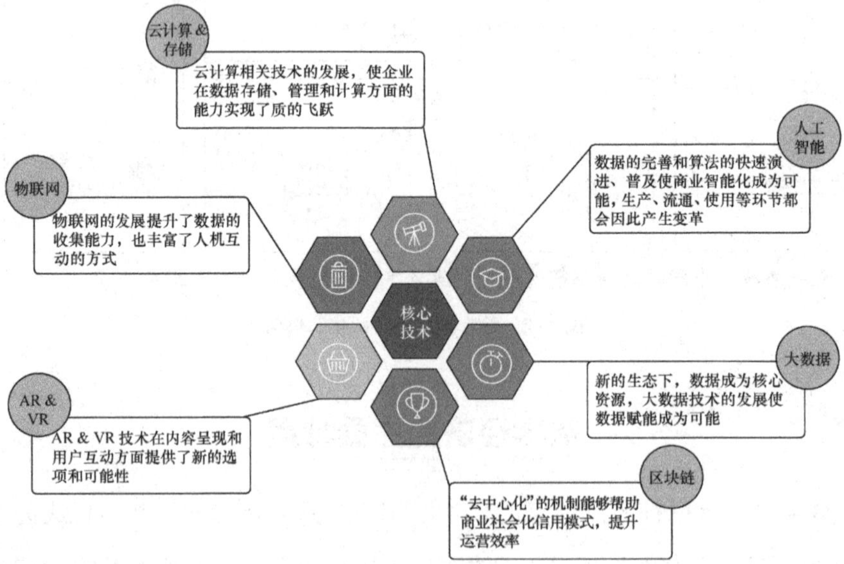

资料来源：德勤研究。

图 1-3　数字技术作用机制

可见，云计算承载着大数据处理和人工智能算法，通过5G触达人们手中互联的智能终端，完成“云、网、端”一体的大闭环。这些数字技术共同构建了一个万物互联的世界，为数字经济带来了越来越大的生态发展空间。

数据要素释放增量价值

生产要素的形态随着经济发展不断变迁。在农业经济时代，农产品是主要的流通商品，土地、劳动是经济发展过程中的核心要素。第一次工业革命后，资本的作用逐渐凸显，技术、技能等知识要素作为渗透性要素开始发挥一定的作用，但仍依存于资本和劳动要素。第二次工业革命后，企业管理者的才能这一要素被分离出来，成为具有知识属性的、独立的生产要素，知识、管理、信息等发挥潜在作用的要素被企业管理者运用于商业，转化为物质形态的生产力。

数字经济时代，数字化的知识和信息对经济发展的促进作用日益明显，数据成为带动技术流、资金流、人才流、物资流的基础性战略资源和关键性生产要素。无论对于企业、政府还是城市来说，数据都蕴含着巨大的价值，它是提升企业生产效率、政府行政能力、城市智慧化发展水平的基础。

数据的自动流动水平是衡量企业、行业甚至区域发展水平和竞争实力的关键指标。各类企业基于数据自动流动可实现运营状态感知、实时分析、科学决策及精准执行，可以在快速迭代中创造消费需求、协同研发制造，获得远远高于传统产品服务的用户黏性。生产领域的企业可以利用流动的数据管理系统获得高度敏感的市场感知力，一旦捕获用户需求，便可启动研发工作，快速将产品推向市场，在短时间内实现普及，然后根据用户反馈不断迭代、开发、完善产品，逐步摸准市场脉搏，调整企业的发展方向；服务领域的企业则通过数字化商铺将海量商品进行数字化重建，运用知识图谱构建多种个性化商业新场景，多维立体展示产品，提供虚拟试用服务，打破线上线下边界，为消费者带来全新的沉浸式购物体验。

数据资源本身能够被广泛、重复、叠加使用，具有较高的边际效用和正外部性，不会因为消费者的消费而导致其价值减少或消失，这是它与土地、劳动、资本等传统资源的本质区别。另外，在数据采集、流通、储存、分析与处理、应用过程中还会不断产生新的数据，使用的人越多，创造出的数据就越多。互联网时代，数据的种类不断丰富，数量大幅度增加。

要想让如此巨量的数据“存得了、流得动、用得好”，就必须从粗放式应用数据转变为围绕数据进行智能化、精细化运营。根据摩尔定律，如果将大量信息资源汇聚形成大数据，并加以分析利用，就能完成从数据到信息再到知识和决策的转换，推动农业精准溯源，产销对接；推动制造业智能生产、敏捷响应；推动服务业细分市场，构建信用评价体系，挖掘出巨大的商业价值，从而开辟经济增长的新源泉。因此，推动数据开放共享，促进数据汇聚关联，以及根据不同目的，使用不同的方法进行分析，充分发掘和利用数据资源，使之资产化和资本化，进而产生倍增效益是数字经济的突出特征。

数字基础设施奠定发展基石

以铁路、公路、机场等为代表的传统基础设施为现实物理世界的连通打下了坚实的基础。数字技术出现后，技术边界不断扩展，引发了基础设施领域的巨变。数字基础设施不再是一个单点产品或单一系统，而是在铁路、公路、机场、水利等基础设施建设之上，架构起以“云、网、端”技术为核心的新型基础设施，并支撑起经济、社会活动的正常运作。“云、网、端”的概念逐渐流行开来，以“云、网、端”为基本结构的新型基础设施成为推进数字技术与实体经济深度融合的重要力量。

“云”是指云计算及用于支撑云计算的大数据基础设施和资源。云计算将巨大的数据计算处理程序分解成无数个小程序，然后通过由多部服务器组成的系统承载这些小程序，对数据进行处理和分析并得出结果，最后将结果返回给用户。

“网”不仅包括原有的互联网，还拓展到人与人、人与物、物与物之间的交流，即物联网领域。在物联网领域，智能感知、识别技术与普适计算等通信感知技术的发展使网络承载能力不断提高，网络的潜在价值得到持续挖掘。物联网无处不在、无所不能、无处不用，人们的日常工作、生活都将被互联互通、智能化、数字化的设备覆盖。

“端”是计算机网络中处于网络外围的设备，主要用于用户信息的输入及处理结果的输出等。它是数据的来源，也是提供服务的页面，包括用户直接接触的计算机、手机、可穿戴设备、传感器等硬件终端，以及各种 App、网页登录界面等软件终端。信息技术的发展推动了计算机及智能终端设备的完善，云计算技术的成熟反过来推动了网络的智能化，“云、网、端”逐渐融合成为不可分割的整体，从而加快工业经济向数字经济转型的步伐。新型基础设施“云、网、端”架构如图 1-4 所示。

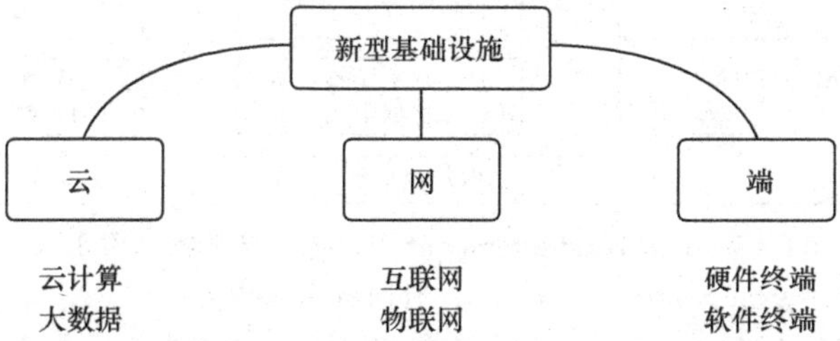

资料来源：数字岛研究院。

图 1-4　新型基础设施“云、网、端”架构

数字化基础设施主要包括专用型数字基础设施和混合型数字基础设施。专用型数字基础设施以 5G、宽带、工业互联网、物联网为依托，承载信息和知识数据，使之沿着价值导向自由流动，带动资金、技术、人才等资源要素的优化配置，提升产业分工、价值创造的共享协同水平，构建资源富集、创新活跃、开放共赢的产业新生态。专用型数字基础设施需要具备“采—存—算—管—用”的综合服务能力，支撑数据流动的全过程，实现制造、商业等多个领域的端到端整合，用数据驱动生产能力的提升，最终将数据资源转变为数据资产。混合型数字基础设施是指对以“铁公机”（铁路、公路、机场）和“水电气”（水利、电力、燃气）为代表的传统物理基础设施进行数字化升级，形成诸如智能电网、安装传感器的高速公路等具有数字化组件的新型物理基础设施。两者共同构成了数字世界的基础设施，成为数字经济发展的基石。数字基础设施架构如图 1–5 所示。

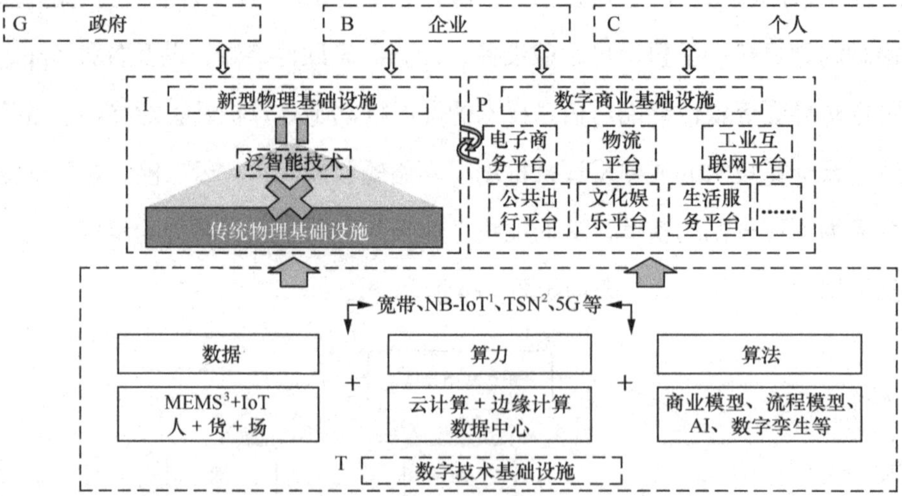

注：1. NB–IoT（Narrow Band Internet of Things，窄带物联网）。

2. TSN（Time Sensitive Network，时间敏感网络）。

3. MEMS（Micro–Electro–Mechanical System，微机电系统）。

资料来源：阿里研究院。

图 1–5　数字基础设施架构

数字技术的应用引领产业变革

环境与资源约束增强、人口红利消失是工业经济发展到一定阶段的显著特征，也是产业结构升级要突破的主要瓶颈。大数据、人工智能等数字技术可使制造业专业分工更加精细，业务边界更加模糊，生产制造更加智能，供需匹配更加精准，客户响应更加高效。

1. 提升制造资源配置效能

数字技术的应用使供需之间的距离迅速拉近，促进了商品、资本、技术、信息在全球范围内的流动和配置，完善了要素资源体系，有效缓解了交易双方的信息不对称问题。信息流进一步带动技术流、资金流、人才流、物资流，不断突破地域、组织、技术的边界，使企业从生产过剩领域转向需求旺盛领域，从低效益领域转向高效益领域，有利于资源实现优化配置，全面提升要素的流通效率和水平，破解工业经济条件下的资源难题。

无论对于工业还是服务业来源，提高效率、降低成本都意味着能够在单位时间内创造更大的价值。数字技术的应用重塑了制造业流程和决策机制，实现了产业效率的提升和成本结构的改变，有助于实现生产、物流、仓储、销售等环节的资源利用与降本增效，全面提升企业自身的能力。数字技术的应用塑造企业新能力如图 1-6 所示。

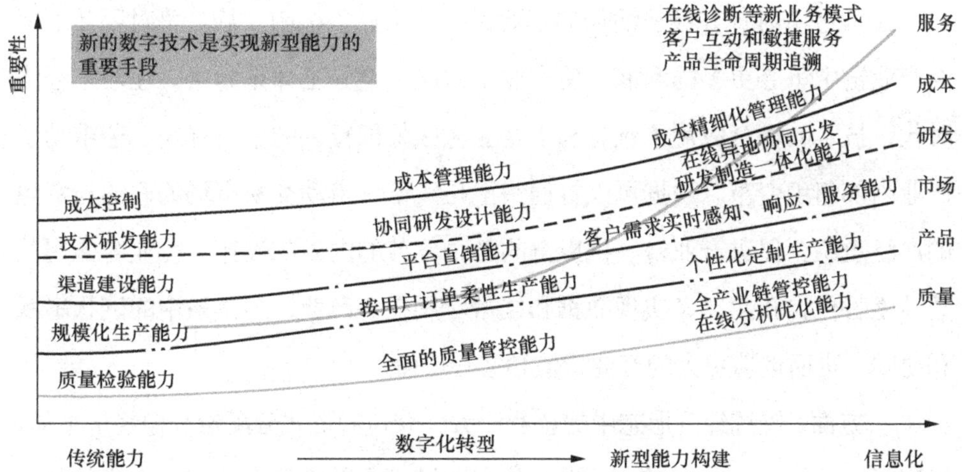

资料来源：根据网上资料整理。

图 1-6 数字技术的应用塑造企业新能力

首先，人工智能、云计算、机器人等数字技术与先进制造技术相融合，可以提升产品生产制造过程的自动化和智能化水平，实现合作研发、分散生产，进而降低产品研发成本和制造成本，提高生产效率。其次，企业依托互联网平台进行大数据分析，可以实现产用结合，供需灵活，弹性对接，降低企业的仓储、营销成本，提升对客户响应的能力，帮助企业实现精准化营销、个性化定制，实现商业模式的创新和变革，并通过降低边际成本来实现规模覆盖，形成规模效应和网络效应。最后，数字化还有助于大幅提高经济主体间的协同创新水平，便于创新活动在时间和空间上的交叉、重组和优化，形成更加网络化、开放化的动态协同创新体系。在这个过程中，大量知识经验以数字化模型的形式沉淀下来并开放共享，因而能够大幅削减研发创新者的重复性劳动，有助于重构产业知识的复用、共享和价值再造体系，促进资源配置从单点优化向多点优化演进，从局部优化到全局优化演进，从静态优化向动态优化演进，使各类生产要素的分配更加合理，展现出提升全要素生产率的巨大潜力。

2. 实现产业形态跃升

工业经济时代，经济活动的主要目标基于竞争机制，从竞争对手及上下游产业链中争夺更多的利润，使产业组织以垂直分工体系为主。在数字经济时代，技术的融合应用不仅有利于企业适应外部复杂的市场环境，还带动了产业内部组织变革。数据可以打通线上与线下，带动交易市场的联通与资源的广泛重组，促进产业链、供应链的各个环节的内外部连接。行业各方用共建共生替代自我封闭，实现数据和技术应用在多产业、多链条中的网状串联和协同，进而创造更大的产业价值和客户价值。

一方面，传统经济形态中的企业业务以众包的形式分配给其他经济主体，提高了运行效率，大规模、标准化的组织模式向以满足个性化需求为导向的弹性组织模式演化。另一方面，产业平台成为配置与协调资源的基本组织，是创造与聚集产业价值的核心。经济活动基于共赢的机制，将分散的生产主体联系起来，通过网络化、平台化分工和协同配合完成单一主体没有能力完成的经济活动，建立共赢共生的生态化产业平台。不同的产业层次和商业功能借助平台整合产品及服务的供给方，协调主体间的交易和竞争，对产业组织的性质、功能及组织之间关系进行重构，使产业生态不断从交易领域延伸至生产领域、社交领域、基础设施领域，进而呈现出集群化、智能化和服务化等特征，产业最终实现从业务数字化到场景网络化，再到生态平台化的跃升。数字化转型实现产业形态跃升如图 1-7 所示。

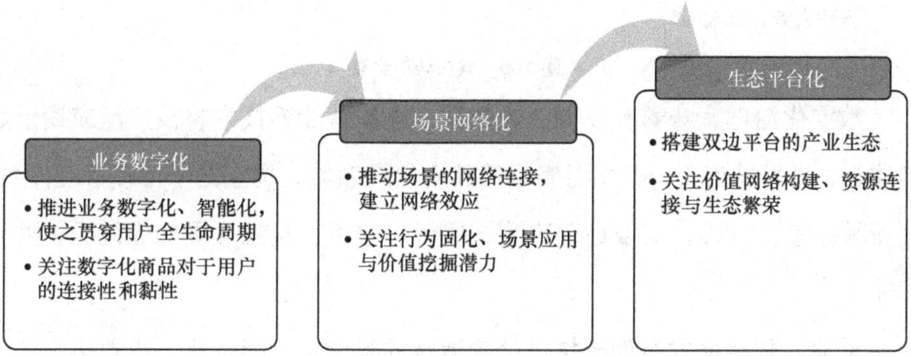

资料来源：根据网上资料整理。

图 1-7 数字化转型实现产业形态跃升

数字模式提升治理水平

数字经济不仅仅是提升生产力发展水平的重要引擎，还是创新社会治理、优化社会治理模式、助力社会治理现代化的重要抓手。大数据赋能社会治理是未来的必然趋势。从政府施政的角度看，数字化能加快政府职能转变，促进政务服务业务重组与流程再造，提高政府治理的系统性和协同性。从城市建设的角度看，数字化使城市的智慧感知、数据处理、城市应用、智能调度、智慧监控等得以实现，城市的组织管理、建设运营、资源调配及风险防控将更好地体现以人为本、统筹集约的特征。智慧城市全景如图 1-8 所示。

资料来源：比特网。

图 1-8　智慧城市全景

数字化治理意味着互联网、大数据、人工智能等技术将被广泛应用于数字政府、智慧城市、公共事务管理等社会治理领域，建立健全行政管理体系，创新服务监管方式，实现行政决策、执行、组织、监督等更加优化的新型治理模式。

首先，数字模式有助于推进社会治理的科学化、精细化、高效化。在传统治理体系中，数据呈现资源碎片化、管理体制分散化、系统建设“孤岛”化的特点，而数字化治理则通过数据的汇聚与挖掘，获得服务监管对象的精准画像，实现政府、平台、用户、行业组织等主体间的实时信息交流，从而促进政府与企业、政府与个体的即时良性互动，为人民群众提供了更透明、更具参与性及更平等的新渠道，使政府服务快速触达个体和企业，同时，个体和企业也可以及时了解公共事务、参与社会治理。数字化治理既赋能政府又赋权社会，为社会治理体系和治理能力现代化打开了一条技术赋能的路径。

其次，数字模式有助于加强治理领域的大范围协同。治理过程存在明确的分工，但治理的目的是解决高度复杂的综合性问题。大量问题涉及多个领域、多个部门，只有高效协同才能提高治理质量。传统社会治理以强结构、强标准、强控制为特征，强调“中心化社会结构”。数字化治理打通了底层数据，优化了业务流程，压缩了组织冗余，借助可量化、可评比、可操作的指标，更深层次地推动政府内部机能的融合，使治理更多地体现出政社协同和扁平化、“去中心化”的特征，并基于数据平台构建多边协同、自治协商、网络耦合的“多中心社会结构”，力图实现区域间、部门间协同共治。

最后，数字模式有助于实现治理风险的预测研判。即时数据的采集和算法算力的提升使传统治理中的数据信息滞后、人为因素影响明显等现象得以改善，服务于监管的机构、手段和模式也伴随着移动设备终端的应用、实时数据跟踪、全流程可追溯等发生了根本性改变。数字化治理可以汇聚微观、中观、宏观各个层面的数据信息，包括个人、社区、城市、各省乃至全国的数据信息，从而贯通微观与宏观，为政府提供感知社情民意、研判和化解社会风险的作用机制，为构建共建、共治、共享的社会治理制度奠定基础。同时，如果运用数字孪生技术，则可以构建一个与物理世界相映射的数字世界，人们可以通过数字世界进行数字化模拟，从而对物理世界的未来趋势及风险进行预测研判。

数字产业化与产业数字化

根据国家统计局公布的《数字经济及其核心产业统计分类（2021）》，数字经济可以分为数字产品制造业、数字产品服务业、数字技术应用业、数字要素驱动业、数字化效率提升业 5 类。其中，前 4 类是数字产业化部分，是为产业数字化发展提供数字技术、产品、服务、基础设施和解决方案，以及完全依赖于数字技术、数据要素的各类经济活动，是数字经济发展的基础。数字产业化即信息技术及通信产业，具体包括但不限于 5G、集成电路、人工智能、大数据、云计算、区块链等技术、产品与服务，是数字经济发展的基础产业，可为数字经济的发展提供技术、产品、服务等方面的支持。数字产业化领域如图 1-9 所示。

- 数字产业化
  - 数字产品制造业
    - 计算机制造
    - 通信及雷达设备制造
    - 数字媒体设备制造
    - 智能设备制造
    - 电子元器件及设备制造
    - 其他数字产品制造业
  - 数字产品服务业
    - 数字产品批发
    - 数字产品零售
    - 数字产品租赁
    - 数字产品维修
    - 其他数字产品服务业
  - 数字技术应用业
    - 软件开发
    - 电信、广播电视和卫星传输服务
    - 互联网相关服务
    - 信息技术服务
    - 其他数字技术应用业
  - 数字要素驱动业
    - 互联网平台
    - 互联网批发零售
    - 互联网金融
    - 数字内容与媒体
    - 信息基础设施建设
    - 数据资源与产权交易
    - 其他数字要素驱动业

图 1-9　数字产业化领域

近年来，数字产业化内部结构持续软件化，软件业和互联网行业占比有所提升；云计算、大数据、人工智能 3 个新型“硬科技”领域基本达到普惠应用水平，并呈现出交融趋势。

第五大类数字化效率提升业是产业数字化部分，是指应用数字技术和数据资源为传统产业带来的产出增加和效率提升，是数字技术与实体经济的融合。产业数字化涵盖智慧农业、智能制造、智能交通、智慧物流、数字金融、数字商贸、数字社会、数字政府等数字化应用场景，包括但不限于工业互联网、“两化”（信息化和工业化）融合、智能制造、平台经济等融合型新产业、新模式、新业态。产业数字化领域如图 1-10 所示。

- 产业数字化——数字化效率提升业
  - 智慧农业
    - 数字化设施种植
    - 数字林业
    - 自动化养殖
    - 新技术育种
    - 其他智慧农业
  - 智能制造
    - 数字化通用专用设备制造
    - 数字化运输设备制造
    - 数字化电气机械器材和仪器仪表制造
    - 其他智能制造
  - 智能交通
    - 智能铁路运输
    - 智能道路运输
    - 智能水上运输
    - 智能航空运输
    - 其他智能交通
  - 智慧物流
    - 智慧仓储
    - 智慧配送
  - 数字金融
    - 银行金融服务
    - 数字资本市场服务
    - 互联网保险
    - 其他数字金融
  - 数字商贸
    - 数字化批发
    - 数字化零售
    - 数字化住宿
    - 数字化餐饮
    - 数字化租赁
    - 数字化商务服务
  - 数字社会
    - 智慧教育
    - 智慧医疗
    - 数字化社会工作
  - 数字政府
    - 行政办公自动化
    - 网上税务办理
    - 互联网海关服务
    - 网上社会保障服务
    - 其他数字政府
  - 其他数字化效率提升业
    - 数字采矿
    - 智能化电力、热力、燃气及水的生产和供应
    - 数字化建筑业
    - 互联网房地产业
    - 产业技术服务业数字化
    - 数字化水利、环境和市政设施管理
    - 互联网居民生活服务
    - 互联网文体娱乐业

图 1-10　产业数字化领域

数字经济不仅是数字技术的经济，更是融合的经济，高质量发展是总体要求，实体经济是落脚点，数字技术进一步与国民经济的各行业产生深度渗透和广泛融合，必将对宏观经济、行业、产业和企业产生极其重要的影响。从微观角度来看，产业数字化再造企业质量效率新优势；从中观角度来看，产业数字化重塑产业分工协作新格局；从宏观角度来看，产业数字化加速新旧动能转换新引擎。

数字产业化和产业数字化是相互协作、相互促进的关系。数字产业化是数字经济的基础部分，大力发展 5G、人工智能、大数据、区块链、云计算、网络安全等新兴数字产业，可以提升通信设备、核心电子元器件、关键软件等的发展水平，构建基于 5G 的应用场景和产业生态，促进共享经济、平台经济健康发展；产业数字化转型是数字经济的融合部分，其本质是连接供需、结构可视、智慧决策，对产业链、供应链的全要素进行数字化改造，进而实现降本增效、提高产能和升级企业运作模式。

第2章

数字化转型的全球实践

发达国家数字化转型现状

数字技术的创新打破了生产要素有限供给对经济增长的约束，打破了地理空间和物理空间的局限性，颠覆了传统的经济运行模式。数字化正在以虚实结合的方式重构全球创新版图、重塑产业发展方式。一方面，信息产业、通信产业、互联网行业加速融合，并从深度和广度上向实体经济大规模扩展，形成庞大的数字化基础产业；另一方面，传统农业、制造业、服务业的数字化水平不断提高，开始从实体产业向虚拟产业布局，促进自身的转型升级。在这种背景下，数字化转型的浪潮势不可当，它已经成为助力全球经济增长的新动能，对经济的贡献力不断增强。从全球来看，数字化转型趋势如下所述。

积极部署数字化转型，资金投入增长

当前，国际形势复杂多变，多边贸易体制受到冲击，世界经济正处于新旧动能加速转换、竞争格局加快重塑的变革之中。面对新形势，世界主要国家纷纷进行战略部署，并积极采取一系列措施加快数字化转型。

美国是最早开展数字化转型的国家，先后发布了《数字经济议程》“电子复兴计划”《国家网络战略》等，全面部署数字化转型。美国还成立了大数据研发高级指导小组、数字经济顾问委员会、人工智能特别委员会等专门机构，推进大数据、云计算、5G、物联网、人工智能、网络安全等细分领域的数字化进程。美国由于通信业、软件业等产业基础雄厚，电子商务、先进制造等产业起步较早，所以在数字经济发展上一直处于相对领先的地位。

英国出台了《数字经济法案》《数字经济战略（2015—2018）》《英国

数字化战略》等，将数字化基础设施、数字化技能与包容性、数字化业务平台、数字化企业、数字化治理等作为发展重点，希望借助数字化转型维持其领先的创新地位，打造数字经济时代背景下国家竞争新优势。

德国先后提出“工业 4.0”规划和《数字化战略 2025》等，将“工业 4.0”平台、未来产业联盟、数字化技术、可信赖的云、中小企业数字化、创客竞赛、信息技术安全等作为数字化转型的重点领域。德国专门设立了数字经济咨询小组，支持初创的数字化企业发展，还成立了“数字内阁”，专门负责人工智能方面的发展议题，目的是使德国成为人工智能强国。

日本十分重视电子政务、医疗保健、教育及人力资源建设 3 个领域的发展，制定和发布了“e-Japan”“u-Japan”“i-Japan”战略计划等一系列技术创新计划和数字化转型举措。日本在《第五期科学技术基本计划（2016—2020）》中明确，将利用新一代信息技术促进网络空间和物理世界高度融合，加速数据跨领域应用，催生新价值和新服务，并首次提出超智能社会“社会 5.0”（Society 5.0）这一愿景，推进数字技术的全面应用，破解经济发展及人口老龄化的问题。

另外，澳大利亚、新加坡等国家和地区也相继出台相关数字化转型政策，促进数字技术应用，加快传统产业改造。

随着各国先后实施数字化战略，全球数字化转型投资稳步增长。从总量上看，根据 2020 年 IDC 发布的《全球数字化转型支出指南》，2020 年全球整体信息和通信技术（Information and Communication Technology，ICT）领域支出大约为 4 万亿～ 5 万亿美元，其中，30% ～ 40% 的支出与数字化转型相关。2020 年，中国数字化转型市场支出实现大幅度提升，同比增长 13.6%；机器人流程自动化（Robot Process Automation，RPA）成为组织数字化转型支出最多的用例。2020 年，全球数字化转型和服务支出虽低于 2019 年 17.9% 的增长幅度，但在新冠肺炎疫情对全球经济发展造成严重影响的背景下，增长情况仍然可圈可点。IDC还预测，到2023年，全球数字化转型支出在ICT总投资中的占比将增至50%以上，增长最大的是数据智能与分析领域。

从区域分布和投资领域上看，美国是数字化转型支出最大的市场，其支出占全球总支出的三分之一，西欧是数字化转型支出的第二大区域，中国紧随其后，西欧和中国在2020年的数字化转型支出同比分别增长12.8%和13.6%。

美国国家科学基金会（National Science Foundation，NSF）连续15年将工业互联网核心使能技术——信息物理系统（Cyber Physical System，CPS）的研发纳入国家科学基金会资助范围，计算机相关领域科学研究的资助占总资助规模的85%。另外，量子科学与人工智能等技术领域也是近年来美国推进数字化转型的重点投资方向，NSF在2020财年预算中，计划分别向量子信息科学领域、人工智能领域及微电子和半导体领域投入1.06亿美元、4.92亿美元和6800万美元的资金。

在欧洲，德国联邦教育与研究部累计拨付上亿欧元经费支持“工业4.0”技术研发项目，德国经济与能源部出资5600万欧元建立10个中小企业数字化能力中心，德国地方政府也积极筹措配套资金加大“工业4.0”落地。法国政府投入4.5亿欧元用于“未来工业”计划，加速工业数字化转型步伐，并预计投入15亿欧元启动人工智能计划，鼓励国家机构与企业合作，激发科研活力。2020年欧盟发布的“数字欧洲”项目显示，欧盟准备投资6亿欧元，用于为欧盟范围内约25.6万人的数字行业培训，其中，将设立160个新硕士学位点，培训8万名数字专家，并通过短期培训项目为其他行业培训15万数字化人才。

近年来，我国数字化转型支出最多的领域是机器人流程自动化，建筑行业和医疗保健行业的数字化转型支出也实现了强劲增长。预计2021—2024年我国的数字化转型总支出将达到1.5万亿美元，年均增长率达到17%。

在政府加大数字化转型投入的同时，跨国企业也不断加大对人工智能、自动驾驶、先进机器人等研发创新的投入，争取占领制造业竞争制高点。根据欧盟委员会发布的全球研发投入最高的2500家企业调查榜单，2018—2019年全球研发投入最高的5家企业分别是美国的Alphabet、韩国的三星、美国的微软、德国的大众和中国的华为，主营业务集中在制造及与制造相关的服务领域。从技术投资上看，总体上ICT领域的技术投资最多，汽车及交通领域和健康领域紧随其后。在2500家企业中，美国有769家企业上榜，研发方向主要是人工智能、信息通信、芯片研发及制药业，也包含传统的汽车制造和通用电气领域；欧盟有551家企业上榜，研发方向以汽车和电子类为主；中国有507家企业上榜，研发方向主要分布在移动通信、人工智能、电子商务、云计算、无人机等领域；日本有318家企业上榜，研发金额占比13.3%，企业也主要集中在汽车和电子领域。

数字经济规模扩大，产业渗透加强

从规模上看，全球数字经济体量不断扩大，成为GDP的重要组成部分。中国信息通信研究院发布的《全球数字经济新图景（2020年）》显示，2019年，全球数字经济规模达到31.8万亿美元，比2018年增长了1.6万亿美元，平均名义增速为5.4%，高于同期全球GDP名义增速3.1个百分点。其中，美国以13.1万亿美元排在第一位，中国以5.2万亿美元排在第二位，德国、日本、英国分别排在第三、四、五位。全球数字经济平均GDP占比达到41.5%，发达国家的平均值则达到51.3%，其中德国、英国、美国均超过60%，我国数字经济占GDP比重达到36.2%。数字经济规模及其占GDP比重排在前十位的国家如图2-1所示。

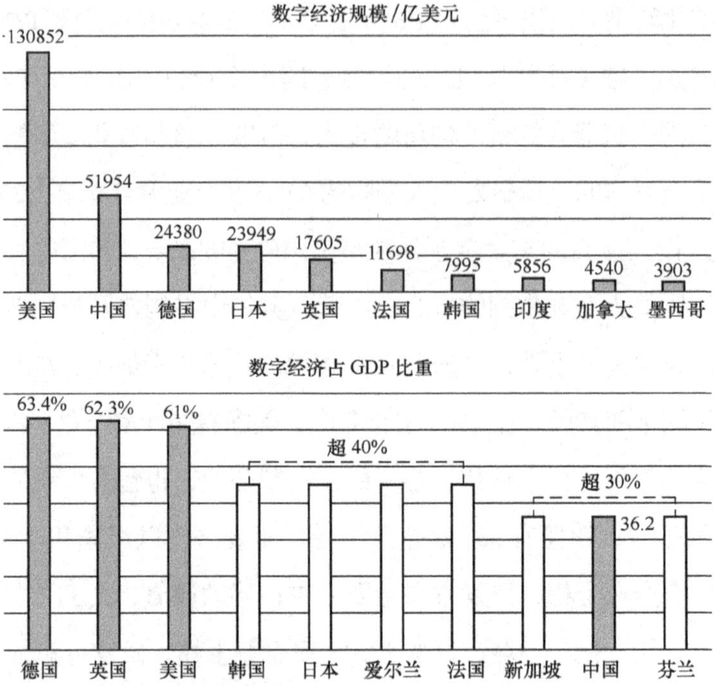

资料来源：中国信息通信研究院。

图 2-1　数字经济规模及其占 GDP 比重排在前十位的国家

产业数字化代表数字经济与实体经济的融合，是全球数字经济发展的主力军。随着数字化转型持续推进，全球数字经济加速向第一、二、三产业（三次产业）渗透，产业数字化的占比不断提升。《全球数字经济新图景（2020 年）》显示，2019 年，全球数字产业化占数字经济的比重为 15.7%，占全球 GDP 的比重为 6.5%，产业数字化占数字经济的比重达到 84.3%，占全球 GDP 的比重为 35.0%，服务业、工业和农业的数字经济渗透率分别达到 39.4%、23.5% 和 7.5%，较 2018 年分别提升 1.5、0.7 和 0.5 个百分点，服务业成为产业数字化发展最快的领域，工业和农业的数字化转型步伐也在加快。

全球主要国家的产业数字化占数字经济的比重均超过 50%，其中，由于发达国家的通信业、软件业基础雄厚，电子商务、先进制造等领域相对领先，所以对产业数字化的带动作用更强。2019 年，发达国家产业数字化占数字经济的比重达到 86.3%，比 2018 年增加了 0.9 个百分点；发展中国家产业数字化占比为 78.6%，低于发达国家 7.7 个百分点。在统计的 47 个主要国家中，德国产业数字化占数字经济的比重最高，达到 90.3%，英国、美国、俄罗斯等国都超过了 80%，我国的这一数值也达到 80.2%。从结构上看，发达国家产业数字化起步早、发展快，以德国、英国为代表的国家三次产业数字化渗透水平都比较高，属于产业数字化均衡发展国家。德国三次产业数字化渗透率分别为 23.1%、45.3% 和 60.4%。英国三次产业数字化渗透率分别为 27.5%、32.0% 和 58.1%。以韩国、爱尔兰为代表的国家工业数字化渗透水平高于其他行业，属于工业数字化领先国家，韩国三次产业数字化渗透率分别为 16.7%、48% 和 30.8%，爱尔兰三次产业数字化渗透率分别为 11.6%、35.1% 和 29.3%。以美国、中国为代表的国家服务业数字化渗透水平较高，属于服务业数字化领先国家，美国三次产业数字化渗透率分别为 13.9%、37.8% 和 55.9%，中国三次产业数字化渗透率分别为 8.2%、19.5% 和 37.8%。全球及代表国家三次产业占数字经济的比重情况如图 2-2 所示。

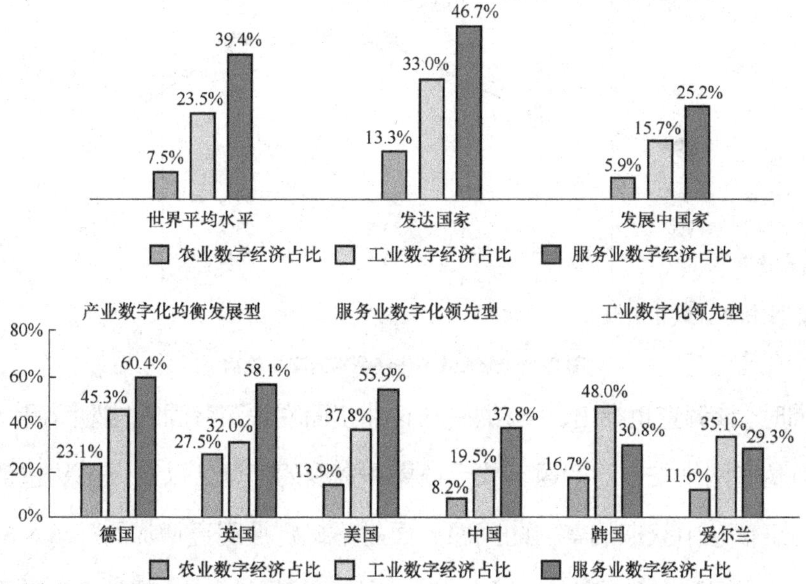

资料来源：中国信息通信研究院。

图 2-2 全球及代表国家三次产业占数字经济的比重情况

企业数字化进程加快，线上交易活跃

企业的数字化进程按转型程度一般分为 5 个阶段，即数字化领导者、数字化实践者、数字化评估者、数字化跟随者和数字化后进者。戴尔科技集团通过对 18 个国家的 4300 位企业管理者进行调查，发布了 2020 年戴尔科技企业数字化转型指数（Digital Transformation Index，DTI）。DTI 是一项表明企业数字化转型状态的全球基准，数据显示，数字化成熟度最高的“数字化领导者”企业数量首次上升，占比达到 6%，数字化成熟度第二高的“数字化实践者”占比从 2018 年的 23% 增至 2020 年的 39%，增长了 16 个百分点；数字化成熟度最低的“数字化后进者”数量自 2018 年以来降低了 6 个百分点；“数字化跟随者”数量的占比则锐减了 17 个百分点。企业数字化转型指数变化趋势如图 2–3 所示。

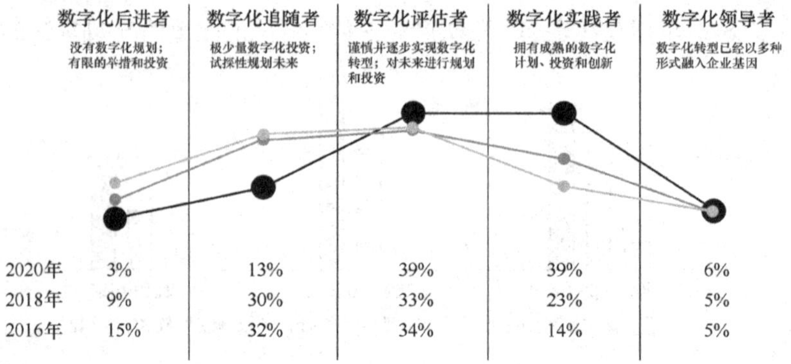

资料来源：戴尔科技。

图 2–3　企业数字化转型指数变化趋势

同时，该调查也指出，94% 的受访企业正面临根深蒂固的转型障碍，例如，数据隐私和网络安全的问题，缺乏预算和资源的问题，以及无法从超负荷的数据乃至信息中获取洞察力的问题。面对不确定性明显增加的环境，89% 的受访企业意识到自身需要一种更敏捷、更具可扩展性的 IT 基础设施来应对突发事件，网络安全、数据管理工具、5G 基础设施、隐私软件、多云环境将是企业在未来一段时期内的 5 个重要的技术投资领域。

数字化借助互联网的无边界打破了市场交易的地理和时间限制，降低了市场搜寻成本、信息成本、议价成本及监督成本，全球性、全天候市场的形成改变了传统的市场结构，在线交易蓬勃发展，交易的个性化、长尾化和便捷度空前提高。

以美国为例，美国商务部的最新数据显示，2019 年美国电商零售额达到 6020 亿美元，约占美国零售总额的 11.0%，高于 2018 年的 9.9%；2019 年美国电商销售额增长 14.9%，高于 2018 年同期的 13.6%。2010—2019 年美国电商零售额及其占零售总额比重的情况如图 2-4 所示。

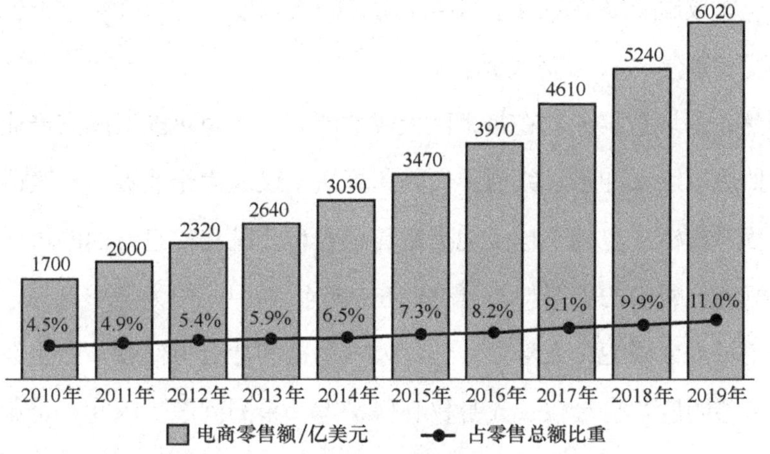

资料来源：美国人口普查局（US Census Bureau）。

图 2-4　2010—2019 年美国电商零售额及其占零售总额比重的情况

美国电商零售额排在前十位的企业分别为亚马逊、eBay、沃尔玛、苹果、家得宝、百思买、梅西百货、Qurate Retail 集团、好市多，以及 Wayfair，其中有六家最初是美国标志性的实体商超。

同样，随着各大第三方支付平台对业务应用场景的不断扩展延伸，近年来我国移动支付交易频次和总体交易规模呈现高速增长态势。随着市场交易愈发便捷，与之伴生的现代物流、网络支付等开始不断向线下延展，并有效地促进了商业业态的数字化转型和效率提升，引发了流通模式的新变革。

跨境数据流动激增，安全受到重视

在数字经济和全球化时代，无论是货物贸易还是服务贸易，都离不开数据的跨境流动。随着新一代信息技术的发展和数字基础设施的大规模普及，数据的全球化和流动性日益增强，跨越国界的数据传输、处理与存储的数据量，以及虽然未跨越国界，但能够被第三国主体进行访问的互联网协议流量呈现指数级增长，产业核心数据、关键技术专利等数字化资产在企业中的价值加速上涨。美国智库一布鲁金斯学会的相关研究显示，2009—2018 年这 10 年间，全球数据跨境流动对全球经济增长的贡献度高达 10.1%，预计 2025 年的贡献度有望突破 11 万亿美元。

当然，跨境数据流动在带来巨大收益的同时，也可能对国家产业安全和个人隐私造成巨大冲击。数据、代码和算法不仅成为企业数字化改造升级中重要的参考指标，也越来越多地决定着企业和公民在信息方面的可知与不可知，在资源分配中的可得与不可得，在社会活动中的可为与不可为。数字技术的滥用可能会侵犯个人隐私，违背公共利益和社会价值观，产生数据和信息安全、透明度、自治权、人身权利保护等一系列问题。因此，企业在大力推进产业数字化的同时，必须降低数据安全隐患，提升系统安全，构建一个连接便捷、网络安全、数据监管严格的环境，在政府倡议和产业部门的支持下，形成数字技术的价值遵循和基本原则，划定底线和边界并严格监管。

世界上很多国家和地区已经认识到数据安全的重要性，通过立法、签署国际协定等方式着力提升数字安全水平。例如，欧盟以“构筑单一数字市场”为战略目标，按照“外严内松”原则引领建立了全球数据规则体系，通过《一般数据保护条例》和《非个人数据在欧盟境内自由流动框架条例》保障数据在欧盟内自由流动，消除欧盟各个成员国的数据本地化限制。美国以维护数字竞争优势和强化“长臂管辖”为主旨，制定数据跨境流动与限制政策，颁布《澄清境外数据的合法使用法案》以适用“控制者原则”，扩大美国执法机关调取海外数据的权力。日本以《个人信息保护法》为基础，积极加强与美欧两大跨境数据流动监管框架的对接，并提出“基于信任的自由数据流通”机制，凸显跨境数据流动政策的灵活性。韩国颁布《云计算发展与用户保护法》，要求云计算服务商在为公共机构提供服务时将数据留在本地，并依据对等原则控制跨境数据流向；印度的《个人数据保护法草案》（2019 年）和《国家电子商务政策草案》规定对不同的个人数据实施不同的数据本地化和跨境流动限制，并要求数据存储公司定期接受审核以确保数据存储的安全性。俄罗斯兼顾国家安全和产业发展，实施了数据本土化和数据跨境流动白名单政策。

可见，各个国家和地区在数据方面的法律法规均力求在促进数据产业发展、数据权益分配和个人隐私保护等方面实现动态平衡，并在使自身利益最大化的前提下合法推进数据跨境流动。相信在未来一段时间内，明确数据平台企业的责任、数据权利，确立全球数据治理规则，平衡好自身发展、安全和与世界共赢的关系仍将是各个国家和地区推进产业数字化良性发展的重要内容。

我国数字化转型实践

转型相关政策出台，发展环境改善

数字经济以数据资源为重要生产要素，以数字化转型为重要推动力。近年来，我国积极出台数字经济政策，加强数字经济的战略引导。

从国家层面看，国务院《关于积极推进“互联网 +”行动的指导意见》《国家信息化发展战略纲要》《促进大数据发展行动纲要》《新一代人工智能发展规划》《关于进一步扩大和升级信息消费持续释放内需潜力的指导意见》等一系列重大政策措施陆续出台，推动了数字经济的发展。2017年的《政府工作报告》中提出，将促进数字经济加快成长，让企业广泛受益、群众普遍受惠。这是“数字经济”首次被写入《政府工作报告》。2018年和2019年的《政府工作报告》中先后提出“为数字中国、网络强国建设加油助力”“壮大数字经济”，数字经济成为助力数字中国发展的关键引擎；2020年的《政府工作报告》中再提出数字经济，明确提出“要继续出台支持政策，全面推进‘互联网+’，打造数字经济新优势”。由此，数字经济在我国社会经济发展中的地位作用也将完成生力军—新动能—主力军的目标转化。

同时，国家发展和改革委员会、工业和信息化部、科学技术部等部门也纷纷加快数字经济相关政策的出台。2018年，国家发展和改革委员会启动了“2018年数字经济试点重大工程”，重点支持政务信息系统，整合共享应用、大数据应用创新、数字经济公共基础设施等领域；会同18个部门联合印发了《关于发展数字经济稳定并扩大就业的指导意见》，就培育数字经济新兴就业机会、提升劳动者数字技能、推进就业创业、服务数字化转型等给予政策支持。工业和信息化部、国务院国有资产监督管理委员会组织实施了“深入推进网络提速降费加快培育经济发展新动能2018专项行动”，进一步提升信息通信业的供给能力，优化发展环境，促进数字经济发展和信息消费扩大升级，支持经济发展新旧动能转换。外交部、国家互联网信息办公室联合发布了《网络空间国际合作战略》，明确提出促进数字经济合作的战略目标及推动数字经济发展和数字红利普惠的行动计划，深化网络文化交流互鉴，共享互联网发展成果。2020年7月，国家发展和改革委员会等13个部门联合发布《关于支持新业态新模式健康发展　激活消费市场带动扩大就业的意见》，进一步支持新业态新模式健康发展，激活消费市场带动扩大就业，力争打造数字经济新优势。

从地方层面看，地方围绕“互联网+”及数字经济开展一系列重大工程，全国各地不断加强数字经济的战略引导，把发展数字经济作为推动经济增长的重要途径，积极打造数字经济高地。其中，较早规划数字经济的浙江省提出把数字经济作为“一号工程”来抓，出台多项举措推动智能制造、工业互联网、“两化”融合等发展；贵州省发布《贵州省数字经济发展规划（2017—2020年）》，提出加快谋划和布局数字经济，促进三次产业数字化融合；广东省发布《广东省数字经济发展规划（2018—2025年）》，强调要充分发挥数据资源富集、产业基础雄厚、融合应用场景丰富的优势，加快发展数字经济，推动广东省加快向制造强省、网络强省、数字经济强省转变；陕西省印发《陕西省2018年数字经济工作要点》，提出以互联网和数字经济为引擎，发挥信息化和数字经济驱动引领作用，加快培育发展新动能；广西壮族自治区印发《广西数字经济发展规划（2018—2025年）》，提出夯实完善数字经济发展基础和治理体系，打造面向东盟的数字经济合作发展高地，构建形成具有广西特色的数字经济生态体系；福建省政府发布《2018年数字福建工作要点》，提出深入实施数字经济领跑行动，推进新型显示、高端智能、物联网等千亿产业集群进一步壮大，努力打造数字经济发展的新高地和数字中国建设的示范区；山东省出台《数字山东发展规划（2018—2022年）》，提出到2022年完成重要领域数字化转型，数字经济占全省GDP的比重不低于45%。另外，辽宁、吉林、黑龙江、河南、天津等省（自治区、直辖市）也出台了数字经济发展政策或发展行动计划。

到2020年年底，我国大部分省（自治区、直辖市）出台了数字经济专项政策，包括数字经济发展行动计划、产业规划、扶持政策等，我国数字经济国家、省（自治区、直辖市）二级政策体系基本成型。2020年，我国大部分地方政府颁布了新的数字经济规划。2020年以来各省（自治区、直辖市）颁布的数字化转型相关政策见表2-1。

表 2-1　2020 年以来各省（自治区、直辖市）颁布的数字化转型相关政策

时间	地区	政策名称	内容
2020 年 1 月	湖南	《湖南省数字经济发展规划（2020—2025 年）》	到 2025 年，数字经济规模进入全国前 10 强，突破 25000 亿元，年均复合增长率保持在 15.8% 以上；数字经济占 GDP 比重达到 45%，其中数字产业化总量突破 7500 亿元，产业数字化总量突破 17500 亿元
2020 年 3 月	内蒙古	《内蒙古自治区人民政府关于推进数字经济发展的意见》	到 2025 年，全区数字基础设施进一步完善，产业融合创新取得重大进展，数字化治理能力有较大提高，数字化公共服务能力进一步增强，数字经济对国民经济发展的先导作用和推动作用得到有效发挥
2020 年 4 月	江西	《江西省数字经济发展三年行动计划（2020—2022 年）》	到 2022 年，全省数字经济增加值年均增速 26% 以上，达到 1.5 万亿元以上。打造全国数字经济发展新高地。建成 5G 基站 4 万个
	河北	《河北省数字经济发展规划（2020—2025 年）》	到 2025 年，全省数字技术融合创新及信息产业支撑能力显著增强，电子信息产业主营业务收入突破 5000 亿元；产业数字化进入全面扩张期，“两化”融合指数达到 94，全员劳动生产率达到每年 11 万元 / 人以上
	山东	《山东省省级数字经济园区管理办法（试行）》	2020 年山东省支持建设 20 个数字经济平台、50 个省级数字经济园区。近期，山东省将开展第二批园区筛选和第一批园区中期评估工作，向通过评估的园区发放最高 500 万元的奖补资金，全力支持园区建设
2020 年 5 月	福建	《2020 年数字福建工作要点》	在 2020 年加快“新基建”建设，强化数据中心和数据资源整合汇聚，实施一批数字产业化和产业数字化示范项目，推进一批数字产业载体建设，加快培育引进一批数字经济优势企业等
	宁夏	《2020 年江苏宁夏数字经济合作重点工作》	建设运行江苏宁夏数字经济合作平台；推进项目合作，建成或引进 5 个左右工业互联网行业平台，100 个以上优秀工业 App，5 个左右大数据、人工智能试点示范项目等。促成 3～5 家江苏企业在西部云基地建设数据中心或租用服务器，形成“江苏云”

续表

时间	地区	政策名称	内容
2020年5月	青海	《青海省数字经济发展实施意见》《青海省数字经济发展规划》	构建独具青海特色的“1119”数字经济发展促进体系，即建成一套“云上青海”数字经济发展构架，包括政务云、生态云、民生云、产业云、平安和谐云等；打造一个大数据产业园——青海省大数据产业园；组建一个产业集团——青海数字经济发展集团有限公司，并建设青海数字经济发展多功能综合展示运行中心；实施“九大工程”，包括智慧党建工程、数字政府工程、数字生态工程、数字民生工程、数字产业工程、产业数字化工程、基础提升工程、数字研发工程、民族团结进步工程，明确了青海省发展数字经济的目标及任务
	西藏	《西藏自治区数字经济发展规划（2020—2025年）》	鼓励电子商务与快递企业开展业务合作，引导电子商务平台企业与快递企业开展供应链流程再造，降低企业运营成本。建设智能物流调配体系，围绕拉萨、日喀则、那曲等重要物流节点，统筹电商服务中心、物流配送中心、货运集散中心、乡镇综合运输服务站、农村电商综合服务站点等建设，积极整合商务、交通、快递等资源，全面建成服务地（市）、集散全区、辐射南亚的综合物流服务基础设施网络
	陕西	《陕西省数字经济产业发展引导目录（2020版）》	明确数字基础设施建设、数字产业化、产业数字化、数字丝绸之路建设和数字经济人才培养5个领域，以及国家级互联网骨干直联点，面向“一带一路”沿线国家的国际互联网转接点、国际互联网交换中心、国际通信专用通道建设等共122类数字经济产业类别
2020年6月	重庆	《重庆建设国家数字经济创新发展试验区工作方案》《重庆市建设国家新一代人工智能创新发展试验区实施方案》	力争到2022年，数字经济总量达到万亿级规模，占GDP比重达到40%以上。到2022年，重庆人工智能新型基础设施保障体系和政策支撑体系基本建成，人工智能应用示范取得显著成效，人工智能技术创新和产业发展进入全国第一方阵

续表

时间	地区	政策名称	内容
2020年6月	湖北	《关于加快发展数字经济培育新的经济增长点若干措施》	一是实施5G万站工程。2020年新建5G基站5万个以上，实现5G网络武汉市城区室外全覆盖；二是实施大数据开发应用工程，力争到2022年国家级大数据试点示范企业达到30家；三是实施万企上云工程。培育国内领先的平台服务商3～5家；四是实施产业数字化改造工程，力争到2022年打造30家以上智能示范工厂；五是实施线上新经济培育工程。持续推动互联网新业态新模式发展
2020年8月	海南	《智慧海南总体方案（2020—2025年）》	聚焦推动新型工业、热带农业等优势产业数字化、智能化转型升级，培育壮大智慧物流、国际航运、国际金融、智慧会展等外向型高端服务业，做优做强互联网、大数据、区块链、人工智能、信息安全、电子竞技等数字新产业，推动离岸创业创新和数据跨境服务，打造法治化、国际化、便利化营商环境，建成立足南海，辐射21世纪海上丝绸之路沿线国家的开放型数字经济创新高地
2020年9月	北京	《北京市促进数字经济创新发展行动纲要（2020—2022年）》	北京市将体系化构建数字经济发展体制机制，实施基础设施保障建设工程，数字技术创新筑基工程，数字产业协同提升工程，农业、工业、服务业数字化转型工程等9项重点工程。到2022年，数字经济增加值占地区GDP比重达到55%
2020年10月	辽宁	《辽宁省数字经济发展规划纲要》	“十四五”期间，全省将按照“四新”驱动、“两化”协同、“双核”引领、多域并进的发展思路，围绕培育数据要素市场、建设新型基础设施、推动数字化转型、发展数字化产业、推进数字化公共服务、提升数字化治理能力、构建协同发展格局、融入数字丝路、加强网络和数据安全保护九大领域，推进15项重大工程
2020年11月	甘肃	《甘肃省“上云用数赋智”行动方案（2020—2025年）》	到2025年，通过技术支持、业务指导、产业孵化、行业研究、活动组织、示范推广等方式服务超过1000家企事业单位，促进企业研发设计、生产加工、经营管理等业务数字化转型，部分行业数字化水平达到西北地区领先，数字经济规模总量突破5000亿元，成为西部“上云用数赋智”第一梯队省份

续表

时间	地区	政策名称	内容
2020 年 11 月	江苏	《关于深入推进数字经济发展的意见》	着力实施数字设施升级、数字创新引领、数字产业融合、数字社会共享、数字监管治理和数字开放合作六大工程，全力打造具有世界影响力的数字技术创新高地、国际竞争力的数字产业发展高地、未来引领力的数字社会建设高地和全球吸引力的数字开放合作高地。在加强组织领导、强化政策支撑、完善法规标准、保障网络安全、加强人才培养和统计监测等方面实施 6 项保障措施
	广东	《广东省建设国家数字经济创新发展试验区工作方案》	到 2022 年，全省数字经济增加值力争突破 6 万亿元，占 GDP 比重超过 50%。在数据要素高效配置、数字经济核心技术攻关等方面实现新突破。数据作为关键生产要素的价值进一步显现。数字经济发展取得新进展，电子信息制造业营业收入达到 5 万亿元，软件和信息服务业收入超过 1.4 万亿元
2020 年 12 月	浙江	《浙江省数字经济促进条例》	全国首部促进数字经济发展的地方性法规
		《浙江省国家数字经济创新发展试验区建设工作方案》	到 2022 年，数字经济增加值达到 4 万亿元以上，占全省地区 GDP 比重超过 55%，基本建成全国领先的数字政府先行区、数字经济体制机制创新先导区、数字社会发展样板区、数字产业化发展引领区和产业数字化转型标杆区
2021 年 1 月	上海	《关于全面推进上海城市数字化转型的意见》	加快推动数字产业化、产业数字化，放大数字经济的辐射带动作用，做优做强城市核心功能，助力“五型经济”发展

从政策的侧重点来看，上海市、浙江省、广东省等数字经济领先地区的发展政策已经开始规划数字经济的管理和监督框架，并从自身发展扩展至区域性发展，再拓展至带动型发展，而内蒙古自治区、新疆维吾尔自治区等地区目前仍主要以基础设施建设为主。

数字经济总量增长，数字结构优化

近年来，我国数字经济高速发展，对国内经济增长的贡献不断加大。中国信息通信研究院的数据显示，2019 年我国数字经济总量为 35.8 万亿元，名义增长达 15.6%，占 GDP 比重达到 36.2 %，同比提升 1.4 个百分点。各个领域数字经济稳步增长，质量效益明显提升，数字经济已成为近年来带动经济增长的核心动力。我国数字经济占 GDP 比重及对经济增长的贡献如图 2–5 所示。

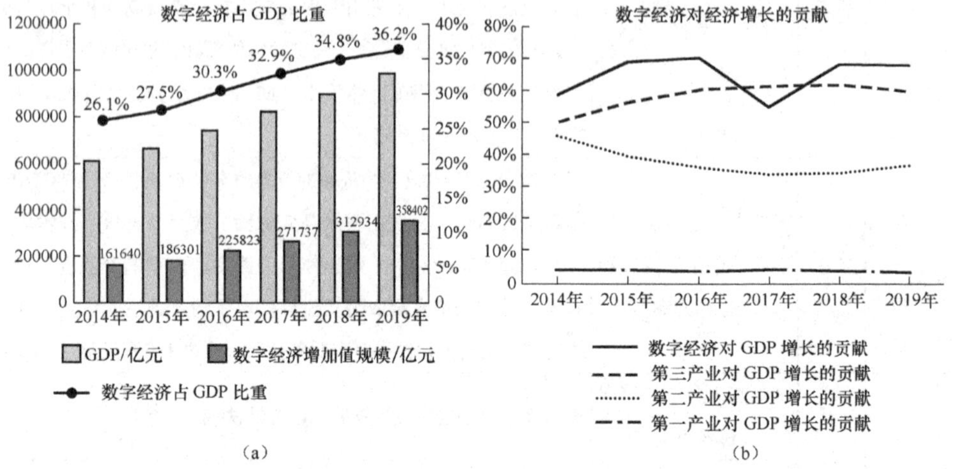

资料来源：国家统计局、中国信息通信研究院。

图 2–5　我国数字经济占 GDP 比重及对经济增长的贡献

从结构上来看，我国的数字产业化和产业数字化都呈现良好的发展势头。《中国数字经济发展白皮书（2020 年）》显示，从规模上看，2019 年我国数字产业化增加值为 7.09 万亿元，占 GDP 比重为 7.2%；产业数字化增加值为 28.75 万亿元，占 GDP 比重为 29.0%。我国数字经济结构演变趋势如图 2–6 所示。

在数字经济中，产业数字化增加值占比高于数字产业化增加值占比，表明我国的数字技术、数字产品和服务正在加速向各行各业融合渗透，产业数字化成为数字经济增长主引擎，数字经济内部结构更加优化。

在数字产业领域中，软件业和互联网行业占比小幅攀升，电信业和电子信息制造业占比略有下降，为各行各业提供充足的数字技术、产品和服务支持，奠定了数字经济发展的坚实基础。在产业数字领域中，服务业、工业和农业的数字经济渗透率分别为 37.8%、19.5% 和 8.2%，对产业产出增长和效率提升的拉动作用不断增强。相比较而言，服务业一直是我国产业数字化发展最快的领域，其数字经济增加值占全行业增加值的 37.8%，同比提升 1.9 个百分点；工业数字化转型有所加快，其数字经济增加值占全行业增加值的 19.5%，同比提升 1.2 个百分点；农业数字化转型需求有限，其数字经济增加值仅占全行业增加值的 8.2%，同比提升 0.8 个百分点。

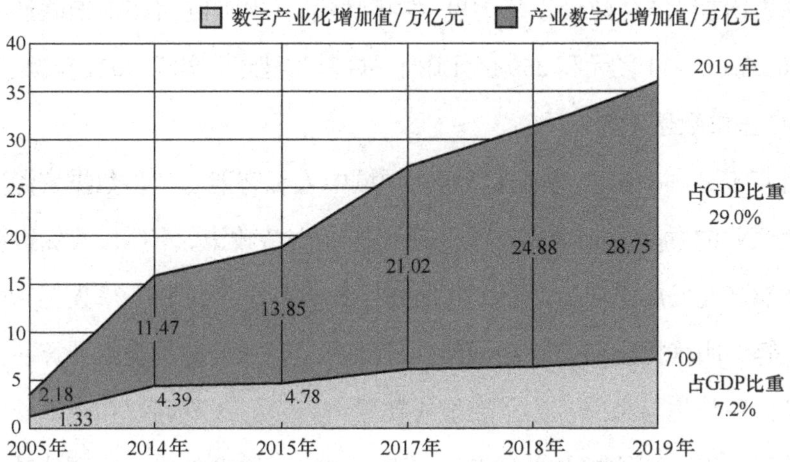

资料来源：中国信息通信研究院。

图 2-6 我国数字经济结构演变趋势

数字技术创新活跃，应用领域拓展

进入 21 世纪以来，新一代信息技术的发展，尤其是人工智能和区块链等新兴技术的高速发展，开辟了全球技术创新与应用的新领域，极大地丰富了数字经济的内涵，加速了数字经济的发展。面对新形势，我国在相关领域也取得了一定的成果。

在移动互联网领域，5G、云计算、大数据等技术的推动，加速了互联网的技术、平台、商业模式和应用与移动通信技术相结合，极大地拓展了互联网的应用场景，催生出多元化的移动应用。第 45 次《中国互联网络发展状况统计报告》显示，截至2020年3月，中国网民规模达9.04亿，互联网普及率达64.5%。《中国互联网发展报告2019》显示，截至2019年6月，我国网站数量达518万个，光纤接入用户规模达3.96亿户，占互联网宽带接入用户总数的91%。2019年，随着5G商用牌照的发放，中国已正式进入5G商用阶段，5G通信产业规模达2250亿元，同比增长133.2%，5G移动通信基站总数达13万个。2020年，在国家政策的引导下，5G网络进入加快部署阶段。三大运营商纷纷加大5G建设投资力度，中国移动、中国电信和中国联通分别投入1000亿元、453亿元和350亿元用于5G基站建设，截至2021年第三季度，我国5G基站数达115.9万个。

近年来，国家高度关注人工智能领域中人工智能芯片、数据资源、云计算平台产业的发展，相继发布了一系列产业支持政策，例如，《促进新一代人工智能产业发展三年行动计划（2018—2020年）》《新一代人工智能发展规划》等，明确提出研发神经网络处理器、高能效可重构类脑计算芯片、智能计算体系结构与系统、人工智能操作系统等。在政策利好和资本投入的共同推动下，人工智能相关学科发展、理论建模、技术创新、软硬件升级等整体推进，在全球的竞争力得到了显著的提升。2019年，我国人工智能专利申请数高达11万项，人工智能行业初创公司达206家，首次超越美国，人工智能专利申请数量成为世界第一。赛迪研究院对700余家中国人工智能主流企业进行定量评估得出的《2019赛迪人工智能企业百强榜研究报告》显示，我国人工智能技术发展与世界先进水平同步，在计算机视觉、自然语言和语音处理等领域处于世界先进技术行列，但在人机交互、体感交互、动态视觉等国际上相对未成熟的技术领域，中国对其关注度相对较少。我国人工智能产业的投融资主要集中在北京、广东和长三角一带，计算机视觉、智能驾驶领域获投企业较多，投资金额较大。

从应用上看，人工智能技术已逐步渗透安防、医疗、制造、金融、交通、零售、互联网等数十个垂直领域。其中，人工智能在互联网领域应用最广，占比达 19.1%。

此外，我国人工智能人才教育体系的发展也取得了一定的成果，2019 年，全国共有 35 所高校获得首批人工智能专业建设资格。2020 年 3 月，教育部再次审批通过 180 所高校开设人工智能专业，其中教育部直属高校有 15 所。山东省、江苏省、河南省、安徽省、湖南省等人口及教育大省的部分省属院校新增了人工智能专业，旨在加快培养地区人工智能人才，推进地方人工智能行业的发展。

我国在区块链技术领域的成果同样可喜。根据专利检索机构大为统计，截至 2019 年 12 月 31 日，我国共申请区块链发明专利达 17176 项，已经超越美国成为全球区块链专利数量最多的国家。据国家知识产权局统计，2020 年上半年，我国公开的区块链专利数量为 5402 项，技术创新呈多元化发展，主要涉及区块链跨链、区块链隐私保护、区块链数据安全等方面。2016—2020 年上半年我国区块链专利公开量如图 2-7 所示。

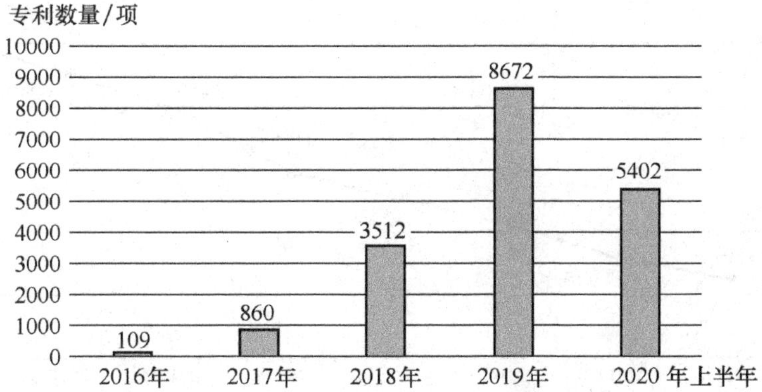

资料来源：国家知识产权局。

图 2-7　2016—2020 年上半年我国区块链专利公开量

2020 年上半年，我国提供区块链产业底层技术平台服务、应用产品、行业技术解决方案服务等业务，具有投入产出的区块链企业新增 303 家，与

2019 年新增 81 家相比，同比增长 274.07%。以百度、阿里巴巴、腾讯为主要代表的互联网企业在区块链技术研究方面持续发力，不断加强区块链底层技术和核心架构。同时，区块链与云计算、物联网、人工智能、5G 等技术进一步融合，在金融领域、政务服务、产品溯源、智慧城市等众多领域落地实施，解决传统行业中的痛点，进一步提高生产效率。

新模式新业态涌现，平台影响力提升

随着数字技术与传统产业的融合度加深，以互联网为载体的电子商务与数字化平台快速崛起。借助庞大的市场基础，阿里巴巴、腾讯、美团、百度、京东等平台企业发展迅猛，在汇聚供需主题和资源，引领数字消费方面作用突出。《2019 年度中国网络零售市场数据监测报告》显示，2019 年中国网络零售市场交易规模达 10.32 万亿元，占 2019 年中国社会消费品零售总额的 25.07%。2012—2019 年我国电商零售额及增长情况如图 2-8 所示。

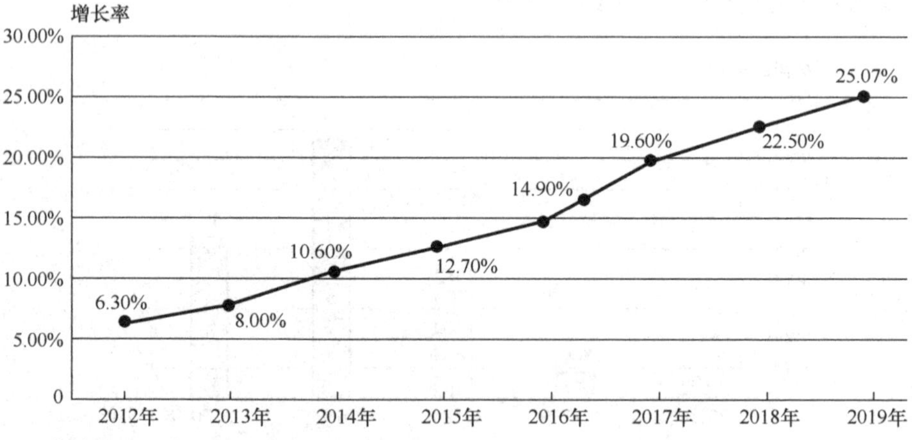

资料来源：中国电子商务研究中心。

图 2-8 2012—2019 年我国电商零售额及增长情况

电商交易平台的相继出现逐渐衍生出移动支付等相关业态。目前，微信、支付宝等移动应用中的扫码支付、近场支付、红包支付模式极大地拓展了电子支付的应用场景，简化了交易支付流程，实现了小额资金的快速流动，提高了商品的交易速度。统计数据显示，2019 年我国实物商品网上零售额为 8.5 万亿元，同比增长 19.5%；完成移动支付业务 1014.31 亿笔，金额 347.11 万亿元，同比分别增长 67.57% 和 25.13%；非银行支付机构处理网络支付业务金额达 249.88 万亿元，同比增长 20.09%。

此外，互联网企业还通过平台建设将自身关于数字化实践的经验赋能中小企业，形成对上下游相关主体的支撑。以京东为例，近年来，基于对数据、行业及零售未来的洞察：在纵向上，京东搭建了以客户为中心的前、中、后台组织架构，打破了部门间的数据与业务隔断，利用大数据技术和数字化手段提升管理效率；在横向上，京东向合作伙伴开放了供应链、物流、技术、金融、服务等方面的核心优势，通过商流、物流、资金流和信息流的数字化互通方式，帮助合作伙伴更好地洞察消费者的需求，提高运营效率。

目前，数字技术市场应用领域不断拓展，单一的互联网应用向医疗、教育、出行等领域延伸，形成网络医疗、在线教育、共享交通等新业态，并通过短视频、移动直播等丰富了人们的购物、社交及出行等。第 44 次《中国互联网络发展状况统计报告》显示，截至 2019 年 6 月，中国在线教育用户规模达 2.32 亿，线上外卖用户规模达 4.21 亿，网约车用户规模达 3.37 亿。新模式、新业态的具体表现形式见表 2–2。

表 2–2 新模式、新业态的具体表现形式

大类	小类	内涵	特征	案例
激活消费新市场	在线教育	基于网络的远程学习、教育方式	授课地域灵活，教学方式多样；教学资源共享，互动智能体验；技术驱动升级，市场竞争激烈	直播教育方式；网易公开课
	互联网医疗	依托新一代信息技术，提供健康管理、寻医问诊、病情跟踪等医疗项目	优化资源配置，医疗技术共享；促进医患沟通，提高诊治效果；在线平台便捷，医疗设备智能	网上挂号、电子处方；平安好医生、阿里健康平台

续表

大类	小类	内涵	特征	案例
激活消费新市场	线上办公	通过现代互联网技术，实现远程、异地、移动端办公	降低运营成本，增强企业收益；业务平台共享，及时反馈沟通；办公环境自由，提高办公效率；缓解早晚高峰，减轻环境压力	钉钉、腾讯会议实现远程云会议；飞书、石墨等 App 实现业务协作处理
	数字化治理	运用大数据、人工智能等数字技术，提升社会治理和资源调配的反馈效率	协同治理价值，多元主体治理；数据融通加速，政企合作增多；定制智慧城市，政务数据闭环	疫情期间，“健康码”协助管理人员流动情况；杭州利用“城市大脑”为“亲情在线”数字平台提供算力，维护城市运行管理，加速处理疫情数据协同
壮大实体经济新动能	产业平台化	以数字技术为基础，整合数据、算法、算力，连接多个群体，提供生产、分配、交换、消费、服务等相关信息的收集、处理、传输及交流展示等数字交易服务和技术创新服务	产业规模潜力大、行业运用范围广、平台发展服务化	根据用途产生技术赋能（阿里云、华为云等）、物流配送（顺丰）、交易结算（淘宝、京东）等多样化平台，构建开放价值网络
	无人经济	借助新一代信息技术和“新基建”优化传统劳动力，打造社会生产总过程的“无人”模式	从零售业、服务业普及到生产制造业；市场需求旺盛、辐射作用强，区域布局迅速下沉到三、四线城市；参与主体壮大、应用领域众多	小麦铺、缤果盒子公司的无人超市；疫情期间的机器人消毒；西门子、上海通用的无人工厂；菜鸟驿站的无人仓储
	“虚拟”产业集群	通过虚拟化和网络化平台，促进线下实体与线上虚拟有机结合，推动跨区域产业链和价值链协同	跨区域、跨产业集群，具有信息共享、企业分散、开放灵活的特性	猪八戒、淘工厂等网站实现供需的匹配与对接，实现创新由封闭性到开放性的跨越
	数字化转型	通过数字化技术与规模化数据管理构建完备的数字化组织架构，协助传统企业更好地融入数字经济背景	人工智能、边缘计算强化平台；平台赋能、企业上云引导趋势；数据资源、平台整合推动升级	海尔 V+ 智慧生活开放平台实现用户与生态资源的有效联动

续表

大类	小类	内涵	特征	案例
消费和就业新空间	自主就业	基于平台型企业衍生的“平台+个人”的自我就业方式	以互联网营销（电商、直播）和现代物流出行（即时物流、网约出行）应用为主	以阿里巴巴为代表的互联网模式构建新实体经济生态圈
	微经济	以微博、微视频、微应用为代表的“微经济”，通过社交、自媒体平台等分享知识、兼职创业的模式	企业组织扁平化、自组织、创客化；大众参与度高、碎片资源利用率高、生产消费一体化	以抖音、快手为主的微视频平台不仅将信息资源第一时间共享，还能激发出平台的价值创造潜力
	多点就业	由疫情引发的共享员工的新型用工方式，一定程度上促进企业降本增效、降低用工风险	灵活用工市场仍处于发展初级阶段，两大核心特点表现为渗透率极低和市场份额高度分散	疫情期间，大量劳动力资源通过“员工共享”方式转入生鲜配送、分拣货品等工作
生产要素供给新方式	共享生活	新一代信息技术手段可以有效对接供需双方在生活服务领域的潜在需求	逐渐养成和固化线上消费、生活产业链进一步优化提升、共享市场领域扩大	“宅经济”带动配套新业态、生活服务电商发展迅速
	共享生产	互联网平台利用企业闲置的生产能力与需求方实现对接和共享的新型生产模式	共享平台为生产动力共享提供基础，共享模式多样化	沈阳机床集团的 i5 智能机床和海尔海创汇优化供需结构、激发创新活力
	共享生产资料	通过促进所有权和使用权分离，实现生产资料低成本、无限制的共享，实现倍增效应	由出租自我闲置逐渐转向租赁专业化新趋势；以共享“设备+服务”为主导、共享内容多样化；数据要素共享成为新引擎，综合提升资源的合理配置与产出效率，加速数字化转型	疫情期间，北京市产业链共享云平台等实现了资源的合理调配，创造了更大的价值，例如共享单车、共享工厂
	数据要素流通	运用数字手段，打破内部壁垒、消除外部“数据孤岛”，实现提高数据供给能力、扩大数据资源利用价值的目的	以数字基础设施建设为硬件支撑，重点领域信息开放加强数据资源积累；区块链技术不易篡改特征维护数据安全共享，数据跨行业、跨领域、跨地区流通、共享并创造出更大的价值	我国多个地方政府推出数据开放平台，公共资源领域的数据开放在疫情期间使信息能及时汇聚，便于部署

资料来源：中国电子信息产业发展研究院。

东南沿海优势突出，区域发展不平衡

根据中国电子信息产业发展研究院发布的《2019 年中国数字经济发展指数》，在数字经济整体规模上，东南沿海区域具有显著优势。从数字经济总量来看，2018 年，长三角地区数字经济规模最大，达到 8.63 万亿元，珠三角地区次之，数字经济规模达到 4.31 万亿元，京津冀地区数字经济规模为 3.46 万亿元，东北和西北地区的数字经济发展相对缓慢，分别为 1.60 万亿元和 1.26 万亿元，数字经济规模与地区经济发展水平具有较强的相关性。

2018 年我国重点区域数字经济总量统计如图 2-9 所示。

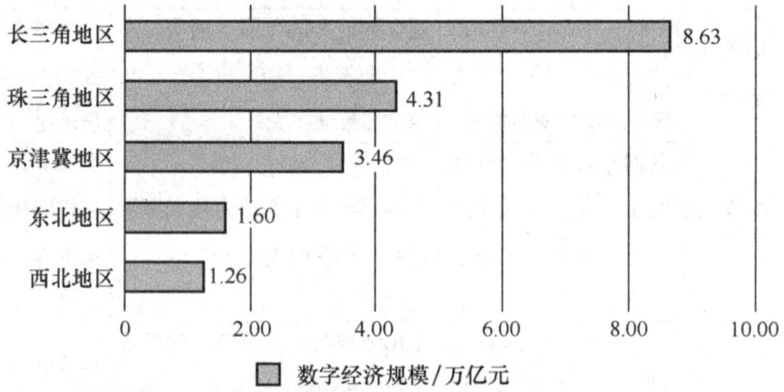

资料来源：中国信息通信研究院、中商产业研究院整理。

图 2-9　2018 年我国重点区域数字经济总量统计

从数字经济增速来看，2018 年，长三角和珠三角地区数字经济新模式、新业态创新活跃，数字经济增长最快，增速分别达 18.3% 和 17.6%，西北地区数字经济增速超过京津冀地区的 14.2% 和东北地区的 11.3%，增速达 16.7%，发展数字经济已经成为西北地区实现经济振兴的重要选择。2018 年全国重点区域数字经济规模增速情况如图 2-10 所示。

从数字经济规模占 GDP 比重来看，珠三角地区数字经济规模占比最高。

2018 年，珠三角地区数字经济占 GDP 比重达 44.3%，长三角地区和京津冀地区紧随其后，分别为 40.9% 和 40.7%，东北地区和西北地区数字经济占 GDP 比重仅为 28.2% 和 25.6%，区域数字经济发展差异明显。2018 年我国重点区域数字经济规模占 GDP 比重情况如图 2-11 所示。

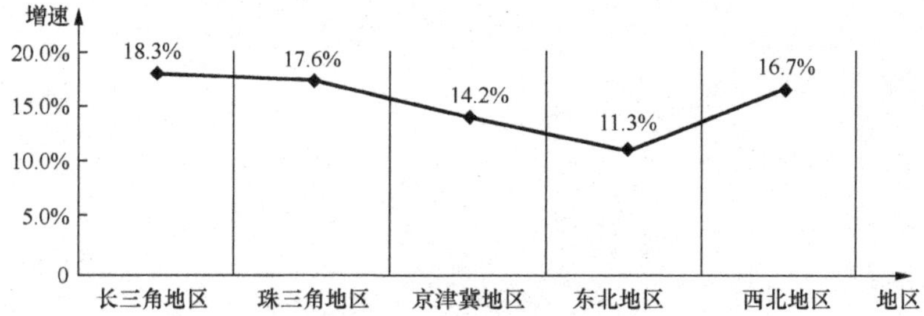

资料来源：中国信息通信研究院、中商产业研究院整理。

图 2-10　2018 年全国重点区域数字经济规模增速情况

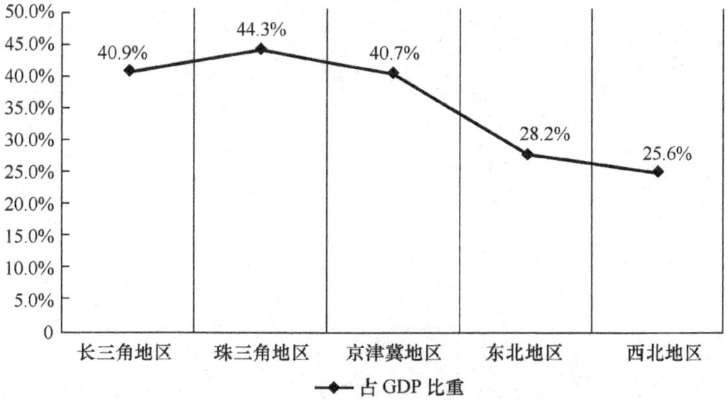

资料来源：中国信息通信研究院、中商产业研究院整理。

图 2-11　2018 年我国重点区域数字经济规模占 GDP 比重情况

从数字经济内部结构来看，产业数字化仍然是带动各个区域数字经济发展的主引擎。经济欠发达省份更注重加强数字经济产业化应用，2018 年，西北地区产业数字化占数字经济比重最高，达 90.8%，东北地区次之，达 88.8%，京津冀地区产业数字化占数字经济比重为 79.9%，而信息通信产业发达省份，例如，广东省、江苏省分别所处的珠三角和长三角地区，产业数字化占数字经济比重较低，分别为 62.6% 和 71.3%。聚力建设现代化经济体系，大力发展物联网、大数据、人工智能、5G、集成电路等高端产业，打造覆盖全境的数字经济产业集群是珠三角和长三角地区的战略选择。

第3章

供应链协同的“前世今生”

供应链与供应链管理

供应链及其结构

供应链一词源自“Supply Chain”,原指军队的后勤补给活动。随着商业的发展,供应链词被逐渐推广应用到生产流通领域，将供应链的上下游企业纳入整合范围，对相关的企业个体及业务流程加以整合，以减少浪费与重复，提高经营绩效水平。

早期观点认为，供应链是制造企业的一个内部物流过程，即把企业从外部采购的原材料和零部件，通过生产转换和销售等活动传递到零售商和用户的过程，它主要涉及物料采购、库存、生产和分销等部门的职能协调工作，最终是为了优化企业内部的业务流程、降低物流成本，从而提高经营效率。这一观点主要与采购和供应环节相关，关注单个制造商与供应商的联系。

随着市场供需关系的变化和企业管理方式的改进，消费者的地位最终得到了前所未有的重视，人们对供应链的认识转向关注企业的外部环境及企业之间的关系。供应链有了更大范围、更为系统的概念，例如，核心企业与供应商、供应商的供应商及一切前向的关系，核心企业与用户、用户的用户及一切后向的关系。英国物流专家马丁·克里斯托弗（Martin Christopher）给出的供应链概念为:“供应链是指涉及将产品或服务提供给最终消费者的过程和活动的上游及下游企业组织所构成的网络。”美国的史蒂文斯（Stevens）认为:“通过增值过程和分销渠道控制从供应商的供应商到用户的用户的流就是供应链，它开始于供应的源点，结束于消费的终点。”供应链不再只是一条生产链，而是一条涵盖整个产品流动过程的增值链，它包括在整个价值传递过程中的各种物流、信息流、资金流等组成要素。

全球经济一体化和产业发展不确定性增加成为国际经济发展的突出特点，企业间关系呈现日益明显的网络化趋势，供应链的完整性和多元合作关系的建立被提升到战略高度。菲利普（Philip）和温德尔（Wendell）认为：“供应链中战略伙伴关系是很重要的，通过建立战略伙伴关系，可以与重要的供应商和用户更有效地开展工作。”哈理森（Harrison）指出：“供应链是执行采购原材料，将它们转换为中间产品和成品，并将成品销售到消费者的功能网链。它包括产品流和信息流两个部分，属于双向流程，从供应商到消费者间所有的成员，形成一个虚拟的企业联合体，将采购、制造、分配产品与服务提供给消费者的活动连接在一起。”我国知名学者马士华在《供应链管理》一书中将供应链定义为：“供应链是围绕核心企业，通过对信息流、物流、资金流的控制，从采购原材料开始，制成中间产品以及最终产品，最后由销售网络把产品送到消费者手中的将供应商、制造商、分销商、零售商，直到最终消费者连成一个整体的功能网链结构。”

由此可见，供应链已经被认定为产品的需求到生产再到供应过程中各经营实体（供应商、制造商、经销商和顾客）和活动（采购、制造、运输、仓储和销售）及其相互关系动态变化的网络。供应链的概念已经不同于传统的销售链，它跨越了企业界限，从扩展企业新思维出发，并从全局和整体的角度考虑产品经营的竞争力，使供应链从一种运作工具升级为一种管理方法体系、一种运营管理思维和模式。

供应链的结构经历了从链式结构向网链式结构过渡，再向网络式结构发展的过程。

1. 链式结构

传统的供应链是由企业在产品生产和销售过程中所涉及的采购部门、生产部门、仓储部门、销售部门等共同组成的。这种企业供应链是自发、独立运作的链式形式，呈现简单的直线拓扑结构。链式结构如图 3–1 所示。

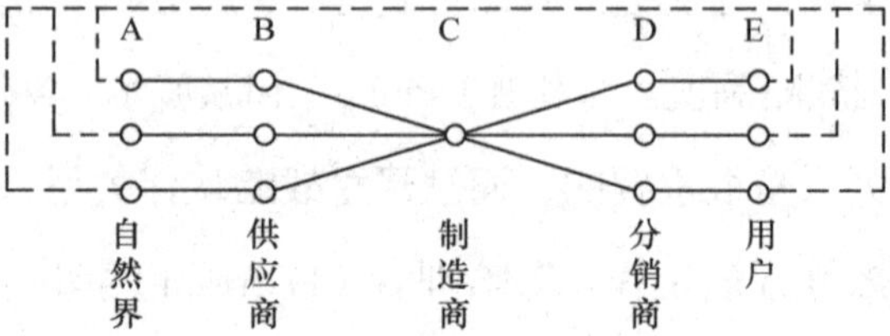

图 3–1 链式结构

在市场较为稳定、企业间协作分工要求不高的条件下，链式结构供应链具有较强的适应性，但链上企业合作形式单一，企业只关注自身的资源利用和效益目标的实现，各自为战，往往会造成企业间的目标冲突。

2. 网链式结构

随着市场环境变化的加快，链式结构的供应链节点企业间的目标冲突越来越激烈，供应链成本大幅上升，企业管理者开始寻求建立多元合作关系，并保证供应链的动态性。于是，在协作共赢的理念下，围绕核心企业的网链关系逐渐建立。在一个供应链系统中，某一家企业处于核心地位，该企业是供应链上的资金流、物流、信息流调度和协调的中心。从核心企业层面看，供应链是连接其供应商、供应商的供应商、用户、用户的用户的网链，它以满足用户需求为出发点，对链上节点企业的物流、资金流、信息流进行重新整合与优化管理。每一家企业都被视作供应链中的一个节点，节点企业之间是一种需求与供应关系，具有操作的一致性。上下游企业为了同一个目标协调各自的行为方式，结成互利合作的整体，形成多源单链状的供应链结构。网链式结构如图 3–2 所示。例如，丰田、耐克、苹果、华为等公司的供应链管理都可从网链式结构的角度来理解和实施。

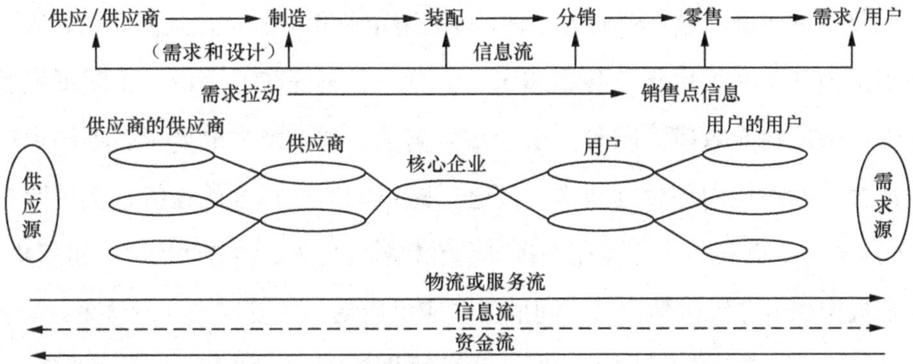

图 3-2　网链式结构

3. 网络式结构

近年来，围绕同一产业或相关产业价值链不同环节的诸多供应商、制造商、批发商和零售商，甚至是终端用户等组织，通过非正式或正式的契约方式进行连接，形成基于本地一体化或数字化平台的供应链系统。这一供应链系统具有核心企业非唯一性和生产同业性的特点，其结构可以视作由供应链上下游企业等形成的多条供应链相互交叉形成的网络组织。网络式结构如图 3-3 所示。

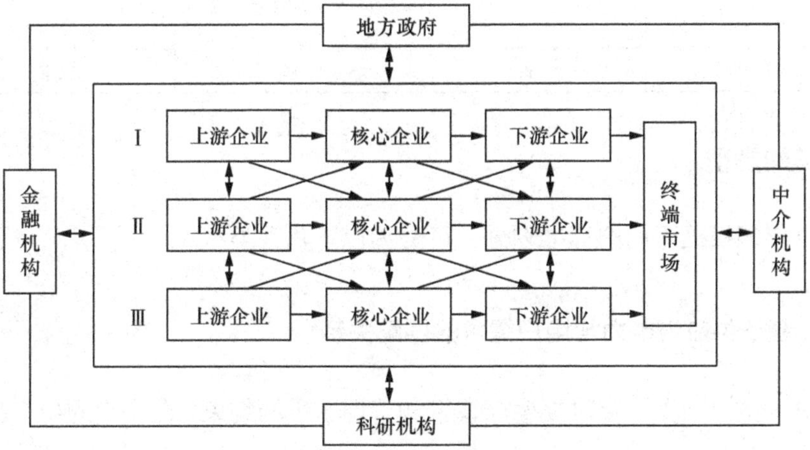

图 3-3　网络式结构

每条供应链以核心企业为主体，将上游企业和下游企业紧密联系起来，以信任为基础密切合作，共享知识、信息、品牌等核心资源，不断提高整条供应链的运作效率。同时，出于市场需求、技术能力的要求，不同供应单链企业间不仅内部相互协作，还进行跨链间有选择性的连接，实现跨链协同。此外，供应链上还存在许多辅助性机构，例如，地方政府、科研机构、金融机构和中介机构等，可共同搭建适应供应链系统发展的外围体系。

显然，与链式结构供应链相比，后两种供应链的"供应网"关系更为复杂，集成性更高，在资源共享程度、分工协作水平、合作伙伴关系稳定性等方面更具优势。3 种供应链结构的比较分析见表 3–1。

表 3–1　3 种供应链结构的比较分析

比较指标	链式结构	网链式结构	网络式结构
供应链形状	链状	链状、网状结合	网状
成员关系	简单	复杂	非常复杂
资源共享程度	一般	较好	好
分工协作水平	有限的分工协作	分工协作水平较高	高度的分工协作
合作伙伴的选择标准	单一的质量、价格标准	质量、价格、交货期、灵活性等组合标准	战略协同、合作兼容、企业能力、服务水平等综合标准
系统稳定性	弱	强	极强

供应链的类型

供应链根据不同的标准划分，可分为以下几种类型。

1. 基于供应链能力与用户需求的匹配关系

供应链协同受一定时期生产技术和管理水平的约束。在一定的生产技术、管理水平条件下，节点企业（包括供应商、制造商、运输商、分销商、零售商等）共同形成的设备容量、生产能力、服务水平决定了供应链对用户需求的满足程度。根据供应链的综合能力与用户需求的匹配关系，我们可以将供应链划分为平衡的供应链和失衡的供应链。

当供应链的综合能力能够满足用户需求时，供应链处于平衡状态，可以实现成本、效益方面的目标，例如，采购 / 低采购成本、生产 / 规模效益、分销 / 低运输成本、市场 / 产品多样化和财务 / 资金运转快等之间的均衡。而当市场变化加快，企业不是在最优状态下运作时，供应链则处于倾斜状态，产生供应链成本增加、库存增加、浪费增加等现象，供应链职能便无法实现，绩效水平下降。

2. 基于供应链应对需求变化的方式

供应链的类型与其所支持的产品在市场上的表现特点有很大关系。根据产品在市场上的表现特点可将产品划分为功能型产品和创新型产品，进而有两种类型的供应链——效率型供应链和响应型供应链。

效率型供应链适用于功能型产品，主要体现在供应链的物料转换功能，即凭借准确预测需求来实现以最低的成本将原材料转化成零部件、半成品、产品，以及在供应链的运输环节节省开支等。效率型供应链是基于“成本竞争”的供应链，其生产服务流程相对固定，供应商选择的重点依据是成本和质量，多应用于市场需求和供应端都比较稳定的传统制造业。

响应型供应链主要适用于创新型产品，体现供应链的市场中介功能，即着眼于速度和柔性两大因素将产品分配到满足用户需求的市场，对需求进行快速响应等。响应型供应链是基于“时间竞争”的供应链，其往往采用大量柔性制造技术和通用性工艺设备，形成模块化的设计、制造，更强调供应链上企业业务的核心化、专业化，并以外部协作网络和内部分权、扁平化组织来保证整个供应链的柔性和敏捷响应，供应商选择的重点依据是速度、柔性和质量，多应用于需求不确定性高、产品生命周期不断缩短的新兴制造业。

效率型供应链和响应型供应链的比较见表 3-2。

表 3-2　效率型供应链和响应型供应链的比较

	效率型供应链	响应型供应链
主要目标	可预测最低生产成本的有效需求	快速响应不可预测的需求，减少过期库存产品的减价损失
制造过程的重点	维持高平均利用率	消除多余的缓冲能力
库存战略	追求高回报，使供应链上的库存最少	消除大量的零部件和产品缓冲库存
提前期	在不增加成本的前提下缩短提前期	采取主动措施缩短提前期
选择供应商的方法	选择的重点依据是成本和质量	选择的重点依据是速度、柔性和质量
产品设计战略	绩效最优、成本最低	使用模块化设计，尽量缩小产品差异化

3. 基于供应链运作的动力机制

根据不同的驱动原理，供应链分为推动式供应链和拉动式供应链。推动式供应链以生产商为核心，以需求预测为基础，并在用户订货前组织生产，产品出厂后通过分销商逐级推向终端需求用户，其驱动力源于供应链上游制造商。

在推动式供应链中，制造的技术、质量的控制、稳定的渠道都至关重要，供应链上的各节点企业比较松散，集成度较低，分销商和零售商一般处于被动地位。由于不了解用户需求变化，生产商通常依靠较高的生产供给量或库存水平来应对市场需求的变化，对需求变化的响应速度和柔性相对较差。推动式供应链的运作方式适用于一些消费变化不大、技术革新不快的稳定市场。

拉动式供应链的驱动力产生于最终用户，产品生产是根据实际用户需求而不是预测需求来进行协调的。在拉动式供应链中，用户需求不确定性较高，生产周期较短，企业不需要持有太多库存，只需要对订单做出快速响应，按照订单生产、组装和配送，将产品和服务及时送到用户手中即可。拉动式供应链集成度较高，信息交换迅速，可以根据最终用户的需求实现定制化服务，适用于消费者需求和技术革新变化较快的市场。推动式供应链和拉动式供应链流程如图 3-4 所示。

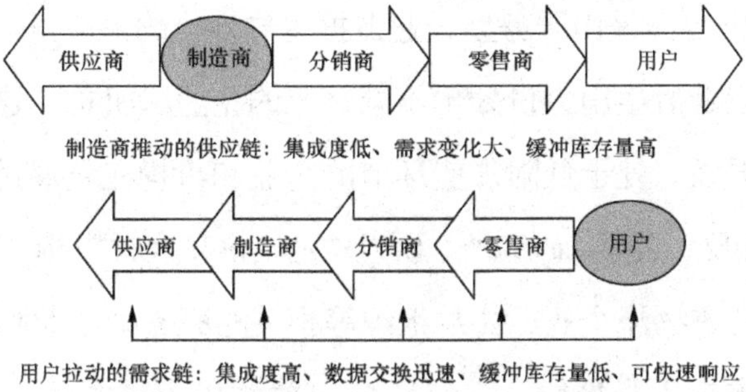

图 3-4　推动式供应链和拉动式供应链流程

4. 基于供应链核心企业的类型

随着市场环境的变化和制度的改革，技术研发型企业、生产制造型企业和营销型企业在供应链中的地位发生改变，生产制造型企业的核心地位被技术型企业或服务型企业替代，于是产生了以营销型企业为主导的供应链（Need 模式供应链）、以技术研发型企业为主导的供应链（Seed 模式供应链）和以服务型企业为主导的供应链（Feed 模式供应链）。

Need 模式供应链是以营销型企业为核心企业的供应链，其驱动力来源于营销型企业所控制和掌握的市场信息和销售渠道。由于产品需求时效性的存在，Need 模式供应链将产品的开发、设计、生产制造、分销和服务集成于集散地或消费地，实现即时销售、即时生产、即时设计，以达到对市场的快速响应，并按照市场变化不断调整。为了使整个供应链系统可以更加高效运行，产品的研究与开发、设计必须融入供应链系统。

Seed 模式供应链是以技术研发型企业或技术研发型生产企业为核心企业的供应链。该供应链系统是一种以技术研发为驱动的引导消费模式，它先掌握某种技术，然后将这种技术做成产品或渗透到某种产品中，最后将产品推向市场。Seed 模式供应链的技术研发具有前趋性、领导性及传递便利性的特点，虽然市场与技术研发的联系在 Seed 模式供应链中相对较弱，但不会对供应链系统快速响应产生时滞影响。

Feed模式供应链是由服务型企业占据主导地位的供应链。当产业分工高度细化时，供应链衍生出大量处于不同环节的企业和机构，这些企业和机构相互协作能力很强。处于低附加值环节的企业和机构在发展过程中慢慢退出了主导地位，相反，大学、研究所、研发中心、信息金融机构、风险投资公司、培训机构、第三方物流企业、公共组织等相关的服务型企业和机构则在Feed模式供应链中占据主导地位，它们是Feed模式供应链的核心，也是Feed模式供应链竞争力的主要来源。

5. 基于供应链成员的合作形式

当两条或两条以上供应链企业之间存在一定的联系时，合作方式的不同会将供应链分为关联型供应链、嵌入型供应链和竞合型供应链。

关联型供应链是指在供应链核心生产企业之间具有废弃物再利用关系的两条或两条以上供应链组成的网络，关联型供应链如图3-5所示。在供应链1中，核心生产企业在生产产品1的同时会产生废弃物，而这些废弃物可以作为原材料被关联供应链2再利用，围绕这样的原材料供给关系的供应链1和关联供应链2就组成了关联型供应链。在关联型供应链中，一条供应链的核心生产企业在生产过程中产生的废弃物可以作为原材料供给另一条供应链，通过废弃物的再利用，企业不仅可以生产出专业的产品，还可以节约资源，减少环境负效应。最终，关联型供应链通过供应链与供应链之间的合作与协调，实现资源再利用，最终实现环境效益与经济效益双赢。

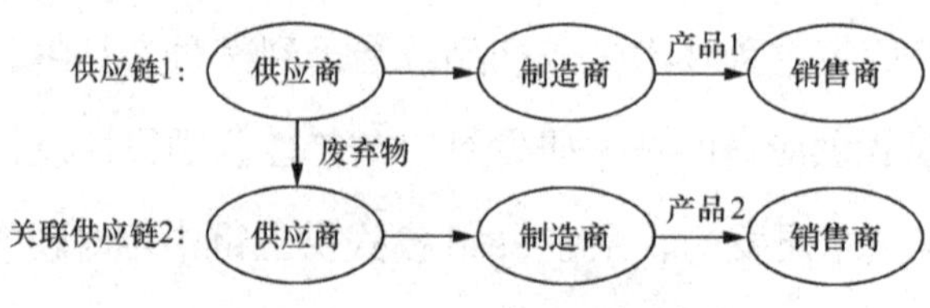

图3-5　关联型供应链

嵌入型供应链是指主导产业核心企业的供应链，与其所需要物流服务的第三方物流企业所形成的两条或两条以上供应链组成的网络，通常表现为集群生产制造企业供应链与位于区域物流园区的物流服务企业供应链耦合。在企业分工越来越精细和物流外包越来越频繁的情况下，物流园区将功能不同的物流企业有机地嵌入生产制造供应链上下游，更好地实现即时销售、生产与采购，保证企业物流运作低成本、高效率交货，提升供应链综合效能。嵌入型供应链如图 3–6 所示。

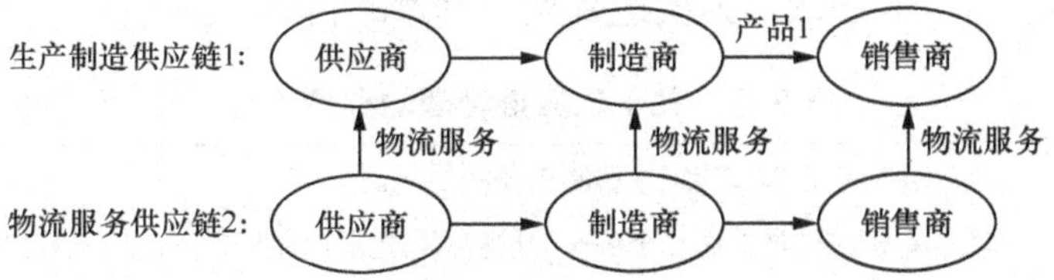

图 3–6 嵌入型供应链

竞合型供应链是指具有相同或相似产业组织形式的两条或多条供应链组成的既竞争又合作的关系网络。供应链核心企业间制造和生产的产品因技术溢出效应而趋于相似化和同质化，使供应链之间存在跨链竞争，同时，这种相似性的存在提供了跨链产品或部件紧急库存合作的可能性，这种紧急合作关系是双向互惠的，有助于避免临时缺货而造成的损失。竞合型供应链如图 3–7 所示。

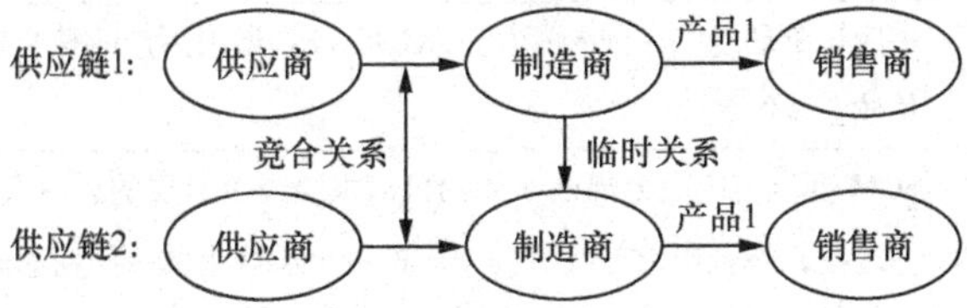

图 3–7 竞合型供应链

供应链管理及其基本原理

供应链管理（Supply Chain Management，SCM）是指对供应链所涉及的全部活动进行计划、组织、协调与控制的过程。它以提高企业个体和供应链整体绩效为目标，借助信息技术和管理技术，让供应链上企业的业务流程相互集成，从而有效地管理从原材料采购、产品制造、分销，到交付给最终用户的全过程，在提高用户满意度的同时，降低整个供应链系统的成本，提高各企业的经济效益。关于供应链管理的典型论述见表 3-3。由此可见，供应链管理摒弃了企业“小而全”或“大而全”的内部垂直一体化模式，主要关注企业内部及企业间供产销各环节的有效衔接与配合，整合优化社会资源，进而在成本、时间和绩效等方面达到用户满意的目标。

表 3-3　关于供应链管理的典型论述

霍利亨（Houlihan）（1988 年）	供应链管理和传统物料制造控制的区别： • 供应链被看作一个统一的过程。供应链上的各个环节不能分割成制造、采购、分销、销售等职能部门； • 供应链管理强调战略决策。“供应”是链上每一个职能的共同目标并具有特别的战略意义，因为它影响着整个供应链的成本及市场份额； • 供应链管理强调以不同的观点看待库存，将其看作新的平衡机制； • 一种新系统方法——整合而不是接口连接
史蒂文斯（Stevens）（1989 年）	供应链管理的目标是使来自供应商的物流与满足用户需求协同运作，以协调高用户服务水平和低库存、低成本的相互冲突的目标
拉隆德（La Londe）和马斯特斯（Masters）（1994 年）	供应链战略包括“……供应链上的两个或更多企业进入一个长期协定，……基于信任和承诺发展成合作伙伴关系，……需求和销售信息共享的物流活动的整合，……提升对物流过程运动轨迹控制的潜力”
库珀（Cooper）等（1997 年）	供应链管理是“……一种管理从供应商到最终用户的整个渠道的总体流程的集成哲学”
蒙茨卡（Monczka）、特伦特（Trent）和汉德菲尔（Handfiel）（1998 年）	SCM 要求传统上分离的职能物料汇报给一个负责的经理人员，他协调整个物流过程，并且要求与横贯整个流程各个层次上的供应商形成合作伙伴关系。SCM 的主要目标是以系统的观点，对多个职能和多层供应商进行整合并管理外购、业务流程和物料控制
门策（Mentzer）等（2001 年）	供应链管理是对传统企业内部各业务部门间及企业之间的职能从整个供应链进行系统的、战略性的协调，目的是提高供应链及每家企业的长期绩效

资料来源：马士华、林勇《供应链管理（第三版）》。

早期供应链管理的重点主要是管理库存和运输方面，通过“纵向一体化”协调手段管理库存和纵向合作关系，寻求将产品迅速、可靠地送到用户手中，并找到所需要的费用与生产、库存管理费用之间的平衡点，确定最佳的库存投资额，以达到高水平服务。现在的供应链管理则体现了“横向一体化”思想，强调企业内外部资源的充分整合与供应链成员的战略协同，形成全方位的集成化管理。在这种管理模式下，供应链成员以最终用户的需求和整个价值链的增值为运行准则，能够清楚地辨别自身的核心业务，并通过强化自身的核心竞争力和构建战略联盟，建立互信的战略合作伙伴关系与完善的业务运营支持系统，重新组织和安排业务流程，从而实现核心功能自主化、辅助功能社会化及企业经营并行化，提高供应链系统的整体竞争力。供应链管理应遵循以下基本原理。

1. 资源横向集成原理

不同的思维方式对应不同的管理模式。纵向思维对应的是“纵向一体化”管理模式，横向思维对应的是“横向一体化”管理模式。资源横向集成原理认为，在市场环境迅速变化的今天，企业仅依靠原有的管理模式和自身有限的资源，已经无法满足快速变化的市场对企业所提出的要求，必须摒弃传统的基于纵向思维的管理模式，朝着新型的基于横向思维的管理模式转变。企业应横向集成外部相关企业资源，形成“强强联合，优势互补”战略联盟，构建利益共同体去参与市场竞争，以实现提高服务质量、降低成本、快速响应用户需求的同时给予用户更多选择的目的。供应链上的各节点企业均应以其能够产生竞争优势的资源来参与供应链的资源集成，在供应链中以其优势业务来参与供应链的整体运作。资源横向集成原理是供应链管理最基本的原理之一，表明了人们在思维方式上所做出的重大转变。

2. 系统原理

系统原理认为，供应链是由相互作用、相互依赖的若干部分组合而成的具有特定功能的有机整体。第一，供应链系统有明确的目标，要在复杂多变的竞争环境下，以最低的成本、最快的速度、最好的质量为用户提供最满意的产品和服务，通过不断提高用户满意度来赢得市场。这一目标是供应链成员的共同目标，也是供应链成员建立合作伙伴关系的重要基础。第二，供应链系统的综合竞争力是任何一个单独的供应链成员都不具有的，它取决于供应链合作伙伴间的功能集成，而不是单个成员功能的简单叠加。同样，供应链系统目标实现后，受益的不只是一家企业，而是供应链整个企业群体。因此，供应链各成员均具有局部利益服从整体利益的系统观念。第三，供应链系统具有层次性。供应链各成员自成系统，同时也是供应链系统的组成部分；供应链是一个系统，同时也是它所从属的更大系统的组成部分。从系统层次性的角度来看，相对于传统的基于单个企业的管理模式而言，供应链管理是一种针对更大系统（企业群体）的管理模式。

3. 多赢互惠原理

企业之间传统的供需关系是以价格驱动的竞争关系，这种关系常常导致上游企业所获得的需求信息与实际消费市场中的用户需求信息存在很大的偏差，即存在“需求放大效应”，进而使上游企业不得不维持比下游企业更高的库存水平。而在供应链管理模式下，相关企业为了适应新的竞争环境而组成一个利益共同体，其密切合作建立在共同利益的基础之上，供应链各节点企业之间通过协商机制，来达到多赢互惠的目标。多赢互惠原理认为供应链管理改变了企业的竞争方式，将企业之间的竞争转变为供应链之间的竞争，强调核心企业通过与供应链上下游的企业之间建立战略伙伴关系，以强强联合的方式，使链上的每家企业都发挥各自的优势，在价值增值链上达到多赢互惠的效果。

4. 合作共享原理

合作共享原理认为，由于任何企业所拥有的资源都是有限的，它不可能在所有的业务领域都拥有竞争优势，因此企业要想在竞争中获胜，就必须将有限的资源集中在核心业务上，将非核心业务交由合作企业来完成，充分发挥各自独特的竞争优势，从而提高供应链系统的整体竞争力。当然，实施供应链合作关系意味着管理思想与方法的共享、资源的共享、市场机会的共享、信息的共享、先进技术的共享及风险的共担。其中，信息共享是实现供应链管理的基础。如果供应链上的任何节点企业都能够及时地掌握市场需求信息和整个供应链的运行情况，每个环节的物流信息都能透明地与其他环节进行共享，就能节省时间并提高企业信息交换的准确性，提高供应链管理的运行效率，减少繁复工作中的人为错误及由此造成的时间浪费和经济损失，帮助企业做出正确的决策。

5. 需求驱动原理

供应链的运作模式有两种，一种是推动式，另一种是拉动式。推动式运作模式以制造商为核心，产品生产出来后从分销商逐级推向用户。分销商处于被动接收的地位，企业间集成度较低，通常采用提高安全库存量的方式应对市场需求变化，对市场需求变化的响应力较差。拉动式运作模式的驱动力来源于最终用户，用户需求是供应链中信息流、产品 / 服务流、资金流运作的驱动源。用户需求拉动产品采购、产品制造，进而拉动原材料（零部件）采购、供应商供应。拉动式运作模式的信息交换迅速，集成度高，供应链系统能够及时响应用户需求，从而降低库存成本，提高物流速度和库存周转率。由推动式运作模式向拉动式运作模式的转变，反映的是企业所处环境的巨变和管理者思想认识上的重大转变，反映的是经营理念从“以生产为中心”向“以用户为中心”的转变。

6. 快速响应原理

在全球经济一体化的大背景下，用户差异化需求越来越明显，品种更新换代的周期越来越短，时间要素成为影响企业经营绩效的关键要素。谁能迅速适应市场环境的变化，不断推出用户所需要的全新产品，谁就拥有竞争主动权。快速响应原理认为，随着经济活动的节奏越来越快，用户对时间的要求也越来越高。用户不但要求企业按时交货，而且要求的交货期也越来越短。因此，企业必须具备很强的产品开发能力和快速组织产品生产的能力，对不断变化的市场做出快速响应。而要达到这一目标，仅靠一家企业的努力是不够的。供应链管理强调各节点企业业务流程快速组合，强调信息技术共享应用，强调供应商的选择应少而精，均体现了快速响应用户需求的思想。

7. 同步运作原理

协调是供应链管理的核心内容之一。同步运作原理认为，供应链是由不同企业组成的功能网络，企业之间的合作关系存在多种类型，供应链系统运行业绩的好坏取决于供应链合作伙伴关系是否和谐，只有和谐的合作伙伴关系才能发挥供应链的最佳效能。同时，要实现供应链系统的同步运作，还需要建立一种供应链协调机制，使信息能够畅通地在供应链中传递，从而减少因信息失真而导致的过量生产和过量库存，使整个供应链系统的运作能够与用户需求步调一致。供应链的准时生产系统对解决生产的同步化问题很有帮助。上游企业准时为下游企业提供必需的原材料（零部件），下游企业准时生产、准时交货、准时配送等，有助于保持供应链各成员之间生产节奏的一致性，进而确保供应链系统的稳定或者不间断运作，同步化响应市场需求的变化，赢得竞争主动权。

8. 动态重构原理

动态重构原理认为，供应链是动态的、可重构的。供应链是在一定的时期内，针对某一市场机会，为了适应某一市场需求而形成的，具有一定的生命周期。当市场环境和用户需求发生较大变化时，围绕核心企业的供应链必须能够快速响应，进行动态快速重构。市场机遇、合作伙伴选择、核心资源集成、业务流程重组及敏捷性等是供应链动态重构的主要因素。从发展趋势来看，组建敏捷化、虚拟化的结构模式将是供应链动态快速重构的核心内容。

供应链的敏捷化以核心企业为中心，通过对资金流、物流、信息流的控制，将供应商、制造商、分销商、零售商及最终用户整合成统一的、无缝化程度较高的功能网链，把握优势力量，形成具有快速响应能力的动态联盟，使供应链具有可重构、可重用、可扩充能力。可以根据动态联盟的形成和解体（企业重组）进行快速的重构和调整是敏捷型供应链区别于一般供应链的最突出特点。敏捷型供应链管理的根本目标在于通过对供应链中的物流、信息流、资金流进行有效的计划、协调和控制，促进供应链中各成员间，以及成员内部各部门间商务过程的协同运作。敏捷型供应链中的商务过程一般需要跨越分布于各地的多个环节，并且生命周期不同、变化性大，管理和控制的难度很高。因此需要引入网络协同商务过程管理与集成思想，并在计算机系统的支持下对整个商务过程进行监督、控制、跟踪与考核，加强过程中各环节之间的协同管理，保证按时、按量地完成任务。供应链要想实现真正意义上的敏捷性，必须依靠信息网络技术强有力的支撑，实现市场灵敏性、过程集成性。

供应链的虚拟化是基于依赖快速的信息技术支持和全球化的虚拟企业实现的。供应链成员具有核心能力是实施供应链虚拟化的前提条件。只有拥有核心优势的企业才可能摆脱供应链上的从属地位，找到合作伙伴，达到分工合作、优势互补的目的，寻求在供应链中的长久发展。虚拟供应链可看作基于合作伙伴关系建立的网状结构的信息服务中心，可通过标准化、程序化和规范化的运作模式加强企业间的信息交互，提供专门化的技术支持和服务，使相关企业在展开有效合作的同时保持适度竞争，促成优胜劣汰，降低供应链运作成本，提高服务质量和效率。

供应链协同概述

供应链协同思想与协同工具的演化

供应链协同是供应链管理发展到一定阶段的产物，其动力来源于企业追求效益的原始本能。供应链协同思想的产生与市场外部环境和企业内在条件的发展变化密不可分，受科学技术的进步、产业发展模式的演进及企业信息化水平等多重因素的影响。

自企业诞生那天起，质量、成本和时间就一直是企业管理者关注的 3 个核心问题。没有好的质量，就无法得到用户认可，企业所提供的产品或服务就难以在市场上立足；没有合理的成本，企业在市场竞争中就会处于劣势，进而无法获得再生产和研发所需要的资金；如果不能在最短的时间内为用户提供所需要的产品或服务，企业就失去了适应不断变化的市场需求，迟早会被市场淘汰。为了做好这 3 个方面的工作，企业一直都在寻求最有效的管理方法。

在工业化发展初期，人们消费水平较低，企业竞争力的主导因素是产品价格的高低。要使产品价格低，必须在生产过程和流通过程降低成本。与此相应，“大量生产”成为主流生产方式，制造效率成为企业降低成本的决定性因素。企业的管理模式主要以提高效率，最大限度地从数量上满足用户需求为主要特征。

第二次世界大战后，工业化水平不断提高，质量成为影响竞争力的关键因素，企业管理的重点开始转移到改进生产管理系统和控制质量方面。从生产计划与控制机制来看，盛行的方法是通过确定经济生产批量、安全库存、订货点来保证生产的稳定性，并用统计方法进行严格的质量控制以期在同业竞争中胜出。当时的企业生产较少考虑市场因素，仍强调大规模生产以降低单位生产成本，采购仅仅被认为是生产的支持活动，企业的供应链管理眼光向内，往往通过加大库存量来应对市场需求变化。

20世纪六七十年代，供需关系开始发生变化，市场需求对生产的引导性作用日益增强，企业管理者意识到库存量给制造成本、新产品开发和生产提前期所带来的重要影响，于是企业通过加强物流成本管理，建立对下游厂商的配送系统来提高企业绩效。为解决需求管理相关方面的问题，企业先后引入物料需求计划（Material Requirements Planning，MRP）、制造资源计划（Manufacturing Resources Planning， MRPII）等集成管理工具，供应链管理进入内部集成阶段。这一阶段优化了企业内部各职能部门的协调运作，但从总体上看，生产制造系统的设计还是出于对制造资源的占有要求和对生产过程的直接控制需求，立足于企业自身的资源安排，很少对企业间的协作从战略角度考虑，新产品的开发也几乎依靠企业内部的技术和能力，开发速度相对缓慢。

20世纪80年代中后期，技术进步、经济发展和工业化进程不断加快，人们的消费水平也日益提高。为了进一步挖掘降低产品成本和满足用户需求的潜力，各种自动化和信息技术在制造企业中不断得到应用，制造生产率提高，制造加工过程中企业本身的技术手段对提高整个产品竞争力的潜力越来越小，单纯依靠自身的技术能力降低产品成本和提高用户响应的空间大为缩减。原有的基于内部资源优化的“纵向一体化”思想在新环境下的适应性大为降低，取而代之的是“横向一体化”思想。据美国科尼尔咨询公司的研究，企业在外部环境的压力下，只有将供应职能提高到战略层次的高度才能有助于降低运营成本、提高投资回报、规避市场风险。外部集成的供应链管理思想正是在这一背景下产生的，加强合作关系、创造供应优势、整合企业内外物流成为供应链管理的重心。为了将竞争优势转移到提高产品个性化特征和缩短上市周期上，大型跨国企业纷纷将目光从管理企业内部生产过程转向产品全生命周期中的供应环节，创造出一系列先进的技术组织方式并应用于供应链管理实践，例如，应用在新产品开发阶段的并行工程（Concurrent Engineering，CE）、计算机辅助设计（Computer Aided Design，CAD），应用于制造环节的准时生产制（Just-In-Time，JIT）、柔性制造系统（Flexible Manufacturing System，FMS）、精益生产（Lean Production，LP）等。这些新技术对制造系统提高制造效率、缩短生产周期和降低库存有着不可低估的贡献，也让制造商开始注重企业内部物流和外部物流的整合，研究企业间的采购和供应策略，强调战略合作伙伴关系的重要性。供应链成员逐渐从共享信息上升到共享思想，发展共存共荣的互助合作共赢关系。制造企业和供应商合作伙伴企业组成共同的产品开发小组，决定如何和在哪里生产零部件或产品，或者如何重新定义使双方获益的服务，研究和确定哪些活动能给用户带来最大的价值，而不是像过去那样由一家企业设计和制造一个产品的绝大部分零部件。从全局掌握物流的各项活动，使整个供应链的库存水平最低、运输效率最高，从而实现供应链整体物流最优化。

进入 20 世纪 90 年代，经济全球化浪潮兴起，科技、通信、交通迅猛发展，国际政治、经济格局加速重构，企业被各种经济纽带紧密联系在一起，既相互依存，又相互补充。全球制造的出现导致全球竞争日益加剧，用户需求定制化、市场需求变化频繁的趋势使企业面临前所未有的不确定性，必须制定以尽可能快的速度、尽可能低的成本、尽可能多的产品品种为特征的战略，将主要精力用于其核心竞争力，并尽可能地利用企业外部资源。随着供应商、制造商和用户之间的依存关系越发紧密，供应链成本、质量、效率方面的协同要求也越来越高，供应链进一步扩展为由产品或服务在生产和流通过程中所涉及的供应商、生产商、配送商、分销商及最终用户组成的有机网络，即从市场需求预测到产品或服务送至用户手中，这其中涉及的企业和相关部门组成的网络化合作组织。供应链上的所有相邻节点企业表现出一种需求与供应的关系，供应链管理也更加注重从供应商的供应商到用户的用户之间的整体价值链效率的提高和价值增值。于是，20 世纪 90 年代中后期，供应链协同（Supply Chain Collaboration，SCC）概念正式提出，尽管不同学者对其的看法不尽相同，但综合来看，SCC 是指在保证供应链需求信息共享的基础上，构建可以包含供应链中节点企业的信息共享和互信机制，形成分工协作、紧密配合的关系，最终使整个供应链所提供的价值超出各环节价值简单总和的组织过程。不同学者对供应链协同的定义见表 3-4。

表 3-4　不同学者对供应链协同的定义

学者	定义
马洛尼（Maloni）和本顿（Benton）（1997 年）	供应链协同是一种供应链合作伙伴之间为了给用户提供更高的价值和提高竞争优势，而进行的更高水平的合作管理
肯恩（Knhn）和门策（Mentzer）（1998 年）	供应链协同是不同部门间的整合或不同部门间的协作并促进各部门融合成一个紧密组织的过程
安德森（Anderson）和汤米·李（Tommy Lee）（1999 年）	供应链管理的核心思想就是供应链协同思想，新一代的供应链战略就是协同供应链
利瓦伊（Levi）（2000 年）	整合是组织内部或组织之间通过对各种资源的有效规划、协调和控制以获取单一行为所无法达到的综合效益
基布勒（Keebler）（2001 年）	供应链协同是供应链管理过程中节点企业内部和企业之间所涉及的协同与合作，包括：①节点企业自身行为整合；②整个供应链网络的流程整合；③信息整合；④彼此分担风险与报酬；⑤协同合作；⑥关系整合
斯科特（Scott）和贝尼托（Benito）（2002 年）	整合是指某个范围的不同部门结合起来成为同一部分，并且一起运作，最终呈现出大家都能接受的结果（成果）

续表

学者	定义
列瓦里（Levary）（2002 年）	供应链协同是企业和其供应链伙伴企业之间在产品、服务、信息和资金流等方面通过协调管理组织内部和组织之间的业务流程，实现有效果、高效率的管理，其目的是：①最小化降低长鞭效应；②引导供应活动效率的最大化；③尽可能减少存货数量和压缩货物循环时间；④提供令人满意的服务水平
费林（Ferine）（2003 年）	供应链协同是协调和合作的过程，其重点在于：①改善伙伴关系，供应链的最终目的在于结合有关生产的资源，满足用户需求，不过在供应链中各个成员均为独立的个体，因此如何在中间取得共识并达成目标，是供应链整合所需讨论的主题；②信息分享，企业必须获得更多的信息，才能够制定符合企业的生产方针，许多供应链管理所讨论的议题，均在于如何让供应链中的成员彼此分享信息或整合信息；③跨组织整合，供应链进行的合作关系，是由不同层级或同层级的供应链成员集合起来的，因此，跨组织整合是供应链整合过程中需面临的一项重要工作

资料来源：根据网上资料整理。

在此之后，在理论研究方面，部门和供应链的不同职能间的协调、供应链契约、信息共享和联合决策、企业核心竞争力及协作机制等供应链协同问题被广泛关注；在实际操作方面，业务外包、虚拟企业、敏捷制造、战略联盟等企业合作形式不断出现，它们强调本企业只抓自身具有核心竞争力的业务，而将非核心业务委托或外包给合作伙伴企业，通过寻求合作，以整合各自的核心竞争力，利用其他企业的优势资源促使产品快速上市，避免自己投资带来的建设周期过长等问题，赢得产品在低成本、高质量、早上市等方面的竞争优势。制造商从选定的少数几家供应商或经过认证的供应商那里采购原材料，可以消除原材料质量检查、入库检查等非增值活动；制造商将供应商和用户整合，利用合作伙伴企业的研发能力和科技力量，缩短研发周期，增强核心竞争力；分销商和零售商则将自己的分销与运输提供商进行无缝连接，以达到直接交货的目的。与此同时，信息网络技术的发展为供应链的信息共享和实时交互提供了有力支撑，使企业资源计划系统、计算机集成制造系统（Computer Integrated

Manufacturing System，CIMS）等先进的生产组织方式得以实施，并成为供应链进行更广泛的资源整合与企业协作的有力工具。供应链协同也因此迅速成为美国、日本、德国、英国、瑞典等先进工业国制造企业管理者追逐的热点。

近几年来，随着大数据、物联网、人工智能等技术的突飞猛进，企业业务范围不断扩大，供应链流程与组织更加烦琐。定制化产品和即时服务要求供应链透明化，实现在库、在途、在生产货物的实时可视化，整个供应链比以往任何时候都更需要获取重要信息，实时进行数据分析和创新运用内外部协作工具。此时，传统供应链“信息孤岛”、非实时信息交换、非智能认知分析和预测等弊端就显现出来。相反，依托数字化新兴技术的云端平台架构支持全业务数据流通，可以实现产品、库存、物流、支付全渠道打通，使供应链与物联网实现网络扩展和数字化协同，提高预测准确性，进而实现价值协同。供应链协同管理工具的演变如图 3-8 所示。

产品	优势	劣势
传统企业内部ERP	• 功能较全面 • 流程较细腻	• 多系统集成，扩展性差 • 不支持集团性复杂业务 • 运维成本高 • 技术传统，开发成本高
ERP(Oracle/SAP)	• 产品架构扩展性强 • 产品支持集团性质的复杂业务，例如机构调整、采购组织调整、统一结算 • 财务一体化	• 多系统集成 • 产品架构复杂，硬件运维成本高 • 技术传统，开发成本高
全渠道协同平台	• 产品主数据统一管理 • 库存线上线下统一管理 • 运输全程可视化管理	在多个系统间搭建协同平台，解决信息对接、库存/运输可视化问题，但以聚焦业务为主，多个系统之间依然无法很好地协同
供应链平台	• 互联网架构 • 云端架构，支持业务的规模化发展 • 全业务域数据连通 • 实现产品、库存、物流、支付全渠道打通	• 业务流程相对简单 • 后台产品功能相对较弱

资料来源：罗戈研究院。

图 3-8 供应链协同管理工具的演变

综上可见，在不同的发展阶段，供应链管理的作用范围不断扩大，供应链协同的影响力不断提升。从管理集中在企业内部进行，部门间缺乏协同性和集成性，到需要采用内部集成管理技术（MRP、MRPII）等进行物料控制和物流管理，再到企业必须按照互补相容性原则，构建供应链战略联盟，实现资源外部集成，应用数字化技术手段实现供应链智慧化，供应链协同逐渐成为节点企业步调一致、高度互动、供应链整体竞争力不断攀升的关键所在。

21 世纪的竞争不再是企业与企业之间的竞争，而是供应链与供应链之间的竞争。供应链的竞争优势不是靠单独的某一家企业就能具备的，必须依靠协同的力量打造整个供应链的综合竞争力。协同有力，则供应链管理顺畅高效，供应链竞争力就强；协同不力，供应链管理顾此失彼，供应链竞争力也就无从谈起。因此，协同是供应链管理思想的核心，是供应链管理的最终目的，供应链协同管理是供应链管理发展的高级形式。

供应链协同的条件及要求

1. 供应链协同的条件

供应链协同必须以供应链的节点企业多元化、信息共享化、关系竞合化为相应的基础条件。

（1）供应链节点企业多元化

供应链协同涉及节点企业的跨度或层次问题，关联核心企业与供货商、供货商的供货商乃至与一切前向的关系，与用户、用户的用户及一切后向的关系，因此供应链必须是由多个、多类型甚至多个国家的企业构成的，其结构模式比一般单个企业的结构模式更为复杂。同时，企业可以既是这个供应链的节点企业，又是另一个供应链的节点企业，众多的供应链形成交叉结构，增加了协调管理的难度。

（2）供应链信息共享化

信息共享是供应链正常运转的驱动要素，也是供应链各个节点企业协调运作的纽带。供应链协同要求供应链中的各节点企业通过公司协议或联合组织等方式组成一种网络式联合体。在这一协同网络中，要保持信息沟通渠道的畅通和信息透明度，为企业自身信息系统与外部节点企业的信息系统提供良好的接口，建立互信的信息共享参与机制，不仅能够缩短订货提前期，提高企业的服务水平，还有助于实现信息实时交互、同步沟通与协同决策，带动知识创新成果的共享，让供应链的节点企业更加及时有效地获得信息，并对信息做出及时响应，进而保证相互操作的一致性。供应链系统的结构越复杂，协同难度越大，对快速响应和信息共享的要求越高。

（3）供应链关系竞合化

传统的管理模式是站在单个企业的角度考虑问题的，对企业间合作的重视程度不高，有时甚至将企业间的合作看作不得已的选择。由于不同企业之间的性质、目标不同，存在相互的矛盾和利益冲突，因而常常出现信任缺失与零和博弈，很难维系长久的合作关系。供应链作为一个动态的协作系统，需要具备灵活、动态的组织结构和相对稳定的合作伙伴关系，每一个节点企业都拥有不同的优势业务，所有优势能力都是完成用户订单所必需的，并随着需求的变化而动态更新。供应链节点企业之间彼此合作又相互竞争，不断运用合作理念和自调节机制协调利益和风险，促进供应链持续高效运作，并从中获取长期效益。

2. 供应链协同的要求

供应链协同帮助我们从战略的高度来认识供应链管理的重要性和必要性，协同的对象是供应链组织和它们之间的“流”，目的是满足用户需求，最终提高供应链整体的竞争力，精髓在于一致的效益、敏捷的反应和动态的适应。良好的供应链协同需要满足以下要求。

（1）以用户需求为导向

供应链的形成、存在、重构，大多是基于一定的市场需求而产生的，用户的需求拉动是供应链中信息流、产品/服务流、资金流运作的驱动源。在供应链协同管理中，最终用户服务目标的设定优先于其他目标。协同的本质是为了满足用户需求，供应链是否具有竞争优势、是否能生存和发展的最终考量标准是用户满意度，这也是衡量供应链协同效果的根本依据。无论构成供应链的节点企业数量有多少，也无论供应链节点企业的类型、层次有多少，供应链协同都是以用户需求为导向的。正是由于有了用户需求，才有了供应链上信息流、物流、资金流、业务流和价值流的有效规划和控制，也只有让用户需求得到满足，才能使协同商务、协同竞争的商业运作模式得以施展，带给企业更大的发展空间。在以用户为中心的理念驱动下，供应链协同管理水平成为衡量企业核心竞争力的一项重要指标。

（2）追求供应链整体效益

在供应链上，除了有资金流、物流、信息流，还要有增值流，它能够使各种流在供应链上的资源实现不断增值。供应链的增值不是保证每一个节点企业在每个时点的效益都最大化，而是将供应链中的所有节点企业看作一个整体，这样能让供应链系统的效能发挥到最大，进而使整体效益最大化。供应链协同将供应链看成一个开放的体系，链上的所有节点企业之间信息共享、风险共担、利益共存。它要求在提高用户满意度的同时，降低整个系统的成本，提高各节点企业的能动性，在企业间保持战略上的内聚力，进而对节点企业产生最大化的长期效益。各节点企业以提高供应链整体效益为目标，以最终用户的需求和整个价值链的增值为运行准则，以协同商务、协同竞争为商业运作模式，运用现代企业管理技术、信息技术和集成技术进行跨边界、跨组织的协作，分担从原材料和零部件的采购与供应、产品制造、运输与仓储到销售的压力，达到对整个供应链上的信息流、物流、资金流、业务流和价值流的有效规划和控制，从而摆脱各节点企业独自分散决策所造成的供应链整体效益低下，真正实现供应链的整体有效管理，追求共同利益。

（3）致力于开创多赢的局面

供应链协同的目的是通过协同化的管理策略使供应链各节点企业减少目标冲突和内耗，带来整体效率提高和价值增值。在供应链的协同运作中，树立“共赢”思想，建立基于信任和共赢的合作伙伴关系是前提。发展企业之间稳定、良好、共存共荣的互助合作关系，以优势互补的运作方式，对供应链上的所有工作进行科学安排与合理分配，才能在寻找约束和消除约束的动态循环中适应环境，实现供应链的效益最大化，开创“多赢”局面。协同关系将供应链上分散在各地的、处于不同价值增值环节且具有特定优势的独立企业联合起来，开展跨部门、跨职能和跨企业的合作，加强伙伴之间的利益共享和风险共担，使供应链的资源提供、研究开发、生产加工、物流服务和市场营销等环节的连接更为紧密，也使供应链的网络结构、业务流程和管理组件更加稳定和适应环境，使其用户响应能力大幅提高。

（4）有赖于信息技术的有效支撑

供应链协同是建立在高效的信息技术网络之上的，先进的信息系统和强大的信息技术是供应链协同的根本保障。从时间纵向的角度来讲，信息联系着供应链的不同阶段，使各个阶段相互协调，并使整条供应链的经济效益最大化；从各个节点的横向联系来讲，信息是通过先进技术实现供应链合作伙伴间的信息系统集成的。传统供应链主要依赖人工来处理信息，企业之间成为割裂的“信息孤岛”，决策缓慢。得益于信息技术的发展，目前信息化的供应链已经通过信息连接，实现运营数据、市场数据的实时共享和交流，趋于过程可视化，效率优化，使合作伙伴企业更快、更好地协同响应终端用户需求。企业资源计划、计算机集成制造、敏捷制造等供应链管理实践方法的实施无不得益于信息技术的有效支撑。随着大数据、区块链、人工智能、物联网等新一代技术的发展及应用，未来数字化驱动的端到端智能供应链的协同必将运用科技力量和平台优势，进一步帮助核心企业及合作伙伴企业打破信息壁垒，实现机器决策，自动调节，全程优化，形成网络聚合效应。

（5）需要动态适应环境

供应链协同作为一种新的管理策略，需要整合供应链上从供应商到最终用户的各环节资源，并对物流、信息流、资金流等不断进行设计、执行和修正。由于供应链本身具有复杂的结构特征，因此其协同的绩效取决于技术、组织、流程等多个方面。要达到全面协同，供应链协同的重心必须放在发展瓶颈点上。这些瓶颈点可能来自企业内部或供应链上下游企业，例如，某个部门或者某个低效的生产环节，某家落后的企业或某种尚未成熟的工艺及企业间信息失真、资金缺乏或物流阻塞；也可能来自于不同供应链之间，甚至是来自于宏观政治经济格局的变化和技术变革的影响，例如，智能制造和网络技术的发展使传统中小企业在提升制造效率、控制渠道成本及产品精准交付等方面面临挑战，贸易保护主义的抬头引发国际供应链合作风险，全球疫情的暴发使供应链的及时性、安全性问题激增等。这些显然对供应链协同创新治理提出了更高的要求。只有不断提高市场环境洞察力，并在体制机制、组织安排、深度学习和自律性等方面多维推进，才能达到供应链的全面协同。

供应链协同的层次与内容

1. 供应链协同的层次

对应协同理论的划分标准，供应链协同管理分为3个层次，即战略层协同、策略层协同和技术层协同。只有在这3个层次上实现了供应链协同，整条供应链才能具有更快的响应速度、更准的前向预见性、更低的系统成本、更强的风险抵御能力。

第一，战略层协同处于供应链协同的最高层次，它以整体的协同管理作为理论基础，主要从战略高度明确和强化供应链协同管理的思想，对供应链管理中事关全局的重大核心问题的合作与协调进行部署，制定各企业的基本行为规范，并进一步改进供应链协同管理的策略和方法，增强整条供应链的整体竞争力。战略层协同明确了供应链组建的目的及意义，从整体层面对供应链系统进行定位、分析，对供应链各个组成部分进行角色分级，并区分协同关系中的关键部分，进行总体规划活动。战略层协同主要包括文化价值融合、发展目标统一、收益共享与风险分担、协同决策与标准统一等。

第二，策略层协同是指在协同战略的指导下开展供应链具体环节的协同活动，其主要任务是密切关注供应链系统中相关的需求情况，对产品的生产、存储、销售及需求预测的不同环节进行跨部门、跨企业的同步协调合作，有效抑制市场中存在的"牛鞭效应"，使企业供应链系统的协同效果更好、更开放。策略层协同主要包括需求预测协同、生产计划协同、采购协同、制造协同、物流协同、库存协同、销售与服务协同等。

第三，技术层协同也称操作层协同，是指借助协同技术，建立供应链信息交流的基本硬件设施，为供应链节点企业提供实时交互的共享与沟通平台，促进跨组织的数据资源共享和信息有效沟通，提高决策的快速性和有效性。操作层协同是实现供应链协同的基础和关键，它通过优化工作机制，实现供应链节点企业的同步运作，为战略协同和策略协同提供有力支持。操作层协同的内容包括信息采集、存储与传输等的标准化，以及平台构建、智能处理和保密制度等。

2. 供应链协同的内容

供应链协同管理的本质是沿着供应链跨组织单元的整合与其中的物流、

资金流、信息流的协同，以及在组织和流程协同的基础上进行协同知识管理和创新。组织协同侧重于在供应链中更加明确企业的分工和责任，由“合作—博弈”转变为“合作—共赢”；业务流程协同主要围绕满足终端用户需求这一核心，打破企业边界，进行广泛的资源整合与流程重组；信息协同则是通过网络技术手段实现供应链企业间运营数据、市场数据等的实时共享和交流，实现更快、更好的用户响应。具体而言，供应链协同管理主要涉及以下 7 个方面。

（1）目标协同

供应链协同强调的是供需双赢、整体提升，需求方能够满足目标获得价值，供给方能够满足目标获得收益，各节点企业通力协作能够带动供应链全体降本增效。供应链协同是为了使整个供应链高效运作、增强供应链整体竞争力并获得最大整体效益，因而必须保持供应链各层级、各职能目标的一致性。既要使企业的竞争战略与供应链运作能力目标一致；又要使各节点企业内部以及企业之间在产品研发、原料采购、生产营运、市场营销、分销物流、用户服务等业务上具有战略目标的适配性。

（2）信任协同

在竞争与合作并存的市场环境下，建立基于信任的战略合作伙伴关系是实现供应链节点企业长期效益最大化的基本途径。从制度经济学的视角来看，良好的合作伙伴关系会消除习惯性的防卫心理，使企业之间的非合作博弈转变为合作博弈，进而减少交易费用，例如信息搜寻费用、交易谈判费用、契约履行费用、交易变更费用等。合作伙伴关系的建立首先要树立“协同与共赢”理念，创造与维系一个共同的愿景，增强供应链合作企业生产与服务的柔性以及在不可预测事件发生时的责任感，营造出有利于合作的氛围。

（3）流程协同

业务流程协同是供应链协同的重要组成部分。供应链节点企业在产品研发、集中采购、生产制造、渠道网络、物流配送，以及售后管理等方面利用业务流程协同平台实现端到端的业务流程整合，帮助企业实现与供应链上供应商、终端用户之间，以及企业内部不同部门、分支机构之间的业务协作和计划协调，从而使各个合作环节的业务"对接"更加紧密，信息流、物流和资金流在供应链内无障碍流转，发挥业务流程管理的真正效果。业务流程协同还有助于对业务流程进行全面优化，突破供应链管理的瓶颈，将整个供应链建成一个动态、规范、高效的流程管理体系。

（4）信息协同

信息协同是供应链管理成功的关键因素之一。供应链上的各个节点企业只有实现了高质量的信息传递和共享，才能使供应链成为真正意义上的为用户需求所驱动的供应链。基于信息流动和共享，供应链各节点企业可以避免成为"信息孤岛"，不仅能够有效解决供应链中的"牛鞭效应"、委托、代理和欺骗等问题，提高供应链整体效益，还能使供应链企业建立长期稳定的合作伙伴关系，保证整个供应链的运行状态达到最佳。此外，信息的有效传递和共享还有助于协同决策，摆脱各节点企业单一目标分散决策所产生的供应链整体效益协调问题，解决传统集成式供应链管理中核心企业制定主导决策所带来的诸多问题。

（5）分配协同

在供应链上，每家企业都是一个体现供需关系的节点，只有制定公平、合理的收益分配方案，使不同企业的收益得到满足，各节点企业才会消除顾虑，更愿意协同作战，在各自优势领域为供应链整体贡献自己的核心力量。因此整个供应链联盟的分配要保证各节点企业的付出与收益相对应，真正实现供应链的收益共享、风险共担，供应链收益共享要避免根据节点企业的规模大小进行分配，而是要根据投入资源与贡献来确定收益的分配方案。由于各个节点企业之间客观地存在种种利益冲突，必定会有一部分节点企业为保障整体利益的获得而增加自身成本，面对这种情况，有必要建立一种合理的利益协调机制，对这部分受损的节点企业给予一定的补偿，以保证供应链的稳定性，实现供应链收益的最大化。

（6）标准协同

标准化是供应链管理高效运作的关键内容之一，主要包括技术标准协同和绩效标准协同。技术标准协同要求各节点企业的技术具有相互协调性和兼容性，必须有基本的柔性技术作为支撑，例如条码技术、物流标识技术、电子数据交换和连续补充战略等，同时必须使这些技术在各节点企业实现同步化。绩效标准协同则注重供应链整体绩效的衡量，而不是孤立地评价单一企业或单个职能部门的运营状况。如果通过某种绩效评价标准使各节点企业能为一个共同目标而齐心协力，那么这无疑会促进它们之间的合作与协调，提高供应链管理的效率。

（7）文化协同

在供应链管理中，文化的兼容与协同对于合作伙伴关系的相对稳定性具有重要影响。各节点企业既应注重自身企业文化的建设，尽可能地保持原有良好的企业文化基本不变，又要吸收合作伙伴企业的一些文化精髓，做到兼收并蓄。供应链各节点企业可以开展企业文化的学习交流，增进对彼此企业文化形成背景及优缺点的了解，在此基础上，各节点企业相互沟通、求同存异，吸收合作伙伴企业的文化优点，摒弃缺点，从而达成在基本认识方面的一致性，实现彼此间更好的融合与协作。

供应链协同的绩效与风险

1. 供应链协同的绩效

供应链管理的本质是基于价值链的业务流程重构，它围绕业务流程组织供应链各节点企业，通过对流程的整体控制与协调获得流程的综合经济效益。供应链协同的绩效是供应链协同运作水平的直接体现，对于衡量供应链目标的实现程度及提供经营决策支持都具有十分重要的意义。供应链协同绩效评价离不开“TQCSF”5 个方面。这里 T 是时间（Time），意指反应快，例如提前期短、交货迅速等；Q 是质量（Quality），意指产品、工作及服务质量高；C 是成本（Cost），企业要以更低的成本获取更高的收益；S 是服务（Service），企业要不断提高用户服务水平，提高用户满意度；F 是柔性（Flexible），企业要有较好的应变能力。

目前，具有代表性的供应链绩效评价体系包括：以财务为导向的投资回报率（Return on Investment，ROI）考核体系、以责任为导向的关键绩效指标（Key Performance Indicators，KPI）考核体系、以流程为导向的供应链运作参考模型（Supply Chain Operations Reference Model，SCOR）考核体系和以战略为导向的平衡计分卡（Balanced Score Card，BSC）考核体系等。其中，SCOR 是目前影响最大、应用面最广的参考模型之一，它涵盖计划、来源、制造、交付、退货和启用，功能涉及综合规划与执行、物流可视性、采购 4.0、智能仓储、高效备件管理、自主 B2C 物流、规定性供应链分析、智能商业链 8 个技术领域。SCOR 能够测评和优化企业内外部业务流程，主要围绕 5 个性能特征和 13 个一级衡量指标展开评价。SCOR 的性能特征及衡量指标见表 3–5。

表 3–5　SCOR 的性能特征及衡量指标

性能特征	性能特征定义	一级衡量指标
供应链配送的可靠性	供应链配送的性能特征：正确的产品到达正确的地点，在正确的时间、正确的包装和条件下，将正确的文件资料送达正确的用户	配送性能
		配送完成率
		配送物品完好
供应链的反应	供应链将产品送达用户的速度	订单完成提前期

续表

性能特征	性能特征定义	一级衡量指标
供应链的柔性	供应链面对市场变化获得和维持竞争优势的灵活性	供应链响应时间
		生产柔性
供应链成本	供应链运营所耗成本	产品销售成本
		供应链管理总成本
		增值生产力
		产品保证成本 / 退货处理成本
供应链管理的资产利用率	一个组织为满足需求利用资本的有效性包括固定资本和运营资本等的利用	现金周转时间
		供应库存总天数
		净资产周转次数

2. 供应链协同的风险及防范

虽然供应链协同能给节点企业带来诸多好处，但因为信息不对称、合作伙伴关系不牢固、市场不确定性、政治经济法律等因素的存在，其仍会给企业带来各种风险。

一是自然环境风险，主要来源于难以控制和预测的自然灾害，例如地震、雷击、火灾、洪涝、火山爆发、山体滑坡等，这些都会引起非常规性的破坏，影响供应链的某个节点企业，从而影响整个供应链的稳定，使供应链中的企业资金运动过程受阻或中断，使生产经营过程遭受损失，无法实现既定的经营目标、财务目标等。

二是经济与社会法律环境风险，主要有经济贸易政策变化、地区文化冲突、法律法规修订、政治、战争、公共紧急事件等，这些不可预料的事件往往会对供应链的资金筹集、投资及其他经营管理活动产生极大的影响，使供应链的经营风险陡然增加。

三是供应链协同的内生风险，主要包括供应链节点企业的财务风险、供应链节点企业之间的信任风险、信息传递风险、利润分配风险、市场异常波动风险、单一上游或下游企业带来的风险、企业文化差异产生的风险等。这些风险有的会带来供应链节点企业之间关系的不稳定，有的会造成供应链资金断流，有的会破坏供应链的正常运营甚至造成供应链断裂。

针对上述供应链节点企业合作存在的各种风险及其特征，应从战略层和战术层分别考虑，采取不同的防范对策。

（1）建立信任机制，巩固合作伙伴关系

信任机制是供应链管理中企业之间合作的基础和关键，企业之间没有了信任，任何合作伙伴关系、利益共享等都只能成为美好的愿望。供应链节点企业要实现预期的目标，与供应链上其他企业进行合作，形成共享利润、共担风险的双赢局面，就应该加强彼此之间的信息交流，建立正式合作机制，在供应链成员之间实现利益分享和风险分担，一方面要充分利用各自的互补性以发挥合作竞争优势，另一方面也要考量合作伙伴的合作成本与敏捷性。

（2）促进信息共享，优化决策制定模式

供应链节点企业之间应该通过相互之间的信息交流和沟通来消除“信息扭曲”，在开放的信息网络环境下，达到供应链同步化、集成化计划与控制的目标，而且随着EDI的发展，互联网/内联网成为新的企业决策支持信息基础平台，企业的决策模式将会发生很大的变化，因此处于供应链中的企业决策模式应该是基于互联网/内联网的开放性信息环境下的群体决策模式。

（3）加强企业自律，完善供应商及客户关系管理

自律机制主要包括企业内部的自律、对比竞争对手的自律、对比同行企业的自律和对比头部企业的自律。加强企业自律，可以降低供应链结构成本，减少内部交易成本，促使供应链节点企业以诚实、灵活的方式相互协调彼此的合作态度和行为，减少和杜绝协作中的道德风险，这有助于降本增效，提高客户满意度，提高供应链的整体竞争力。

为确保产品供应稳定，企业应培育与发展多种供应渠道、多地域的供应

渠道，制定对供应商的情况进行跟踪评估与优胜劣汰的选择机制。如果企业已建立供应链合作关系，则应根据需求的变化确认供应链合作关系变化的必要性，同时分析现有供应商的现状及问题，一旦发现某个供应商出现问题，应及时调整供应链策略。

（4）实施柔性设计，做好突发事件的应急准备

供应链是一种多环节、多通道的复杂系统，合作中经常要面对需求和供应方面的不确定性，也很容易发生一些突发事件。为此，供应链上的企业在合作时，应消除外界环境不确定性的影响，在提高供应链效率的同时保持供应链的弹性。而对于一些偶发但破坏性大的事件，企业可以预先制定应变措施，制定应对突发事件的工作流程，成立应变事件小组，通过风险预测与分析、风险跟踪与监控、风险预警、危机处理等措施将风险控制在最小范围内。

数字化对供应链协同的新要求

数字化时代的生产与消费呈现定制化、柔性化、敏捷化与不断创新的特点，这对供应链协同的改变是颠覆性的。

信息传递实时化

数字经济的发展使供应链管理更靠近用户和市场前端，以用户需求为驱动，而不是以企业的预测结果为驱动。供应链是高速运行的，需要应对多变的需求，其竞争力植根于由知识、技能、经验、管理系统、资产专用性，以及文化与价值观体系所构造的独特的学习能力中。新型供应链不是对现有需求与消费的整合，而是要与消费升级密切融合，创造新的价值和新的市场空间。未来的趋势将是每一个人、每一个家庭对产品或服务的要求都不一样，

这既是严峻的挑战，也孕育着潜在的巨大需求空间。此时的供应链系统变得庞大而复杂，流程也更加烦琐，其使命是围绕推进消费升级展开的，全面、及时、准确的数据信息显得比以往任何时候都更加重要，通过数字化技术和互联网架构解决了传统供应链存在的“信息孤岛”、非实时信息交流及信息结构化等问题，提高供应链柔性和敏捷性成为供应链协同优化的重要内容。

数据分析精准化

数字化条件下，供应链管理的对象从基于传统库存管理的产品生产制造、流通和销售，逐渐转化为对满足用户深度需求的特征进行设计，这使数据的利用方式发生了根本性变化。数据的录入和传输成为最基本的性能，数据的利用从原来的事后分析、说明和解释逐渐变成大数据的智能分析与预测。此时的数据不再只是信息资产，拥有大量数据并不能为企业带来绝对的竞争优势，企业必须明确数据的重要意义，通过对供应链上海量数据的收集、甄别与分析，勾勒出关于消费习惯、消费能力的“用户画像”，判断出哪些业务带来的利润率高、增长速度快，从而有效地进行大数据聚类、关联分析、需求预测及精准推送等。通过更多对消费数据的分析和对用户行为的描述，形成对用户未来深度需求的判断和评估，进而调节供给侧，将供给方的批量生产转变为满足个性化需求的定制化生产，利用新的方案来优化供应链的策略和网络，精准地满足终端用户的多样化需求，使供应链管理呈现出需求驱动、精准响应的特点。

流程运行可视化

可视化是指利用信息技术采集、传递、存储、分析、处理供应链中的相关业务信息，按照供应链的需求，将信息以图形化的方式展现出来。对制造业而言，实现供应链的流程运行可视化一般包括3项内容：订单可视化、物流可视化和库存可视化，供应链流程运行可视化的内容如图 3–9 所示。借助感应器、位置服务等数字化技术，供应链能够做到订单处理、物流追踪、库存优化同步，高效地汇集整个供应链的信息流，实现从数据传输、业务数据、结果差异到实时数据异常等不同层次的能见性。在此基础上，数字化技术还能自动对订单满足率、准时到达率、货架缺货率等数据信息进行智能筛选、分析，洞察供应链的整体运作情况，将有效数据快速传至决策层，让决策层及时发现供应链的风险因素，提升整个供应链的风险管控能力。由此可见，可视化能够帮助企业拥有更高的能见度，更出色的掌控力，以及更充分的供应链互动。

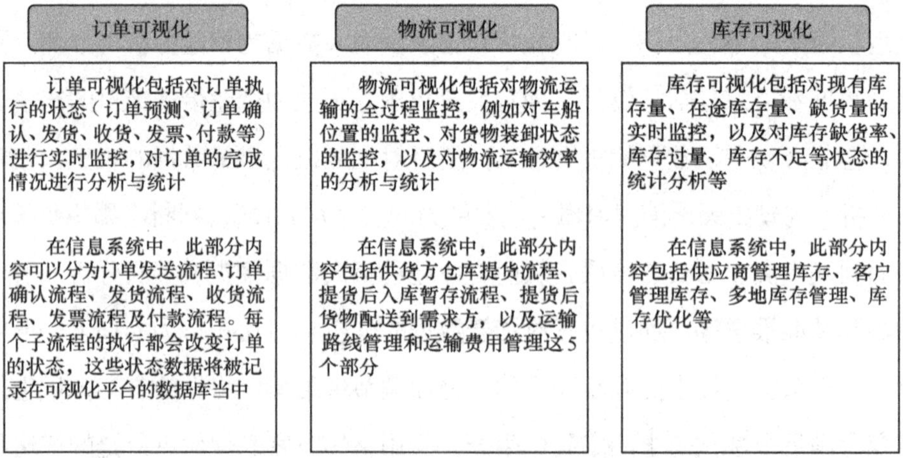

图 3–9　供应链流程运行可视化的内容

组织形态平台化

传统供应链是串联的长链，从供应商到用户会有很多个节点，很容易造成信息失真。数字化时代的供应链是并联结构，甚至是网状结构，每个部门与用户之间都能直接联系，以用户为中心，以需求为驱动，是动态、协同、智能、可视、可预测、可持续发展的网状供应链体系。数字化供应网络如图 3–10 所示。

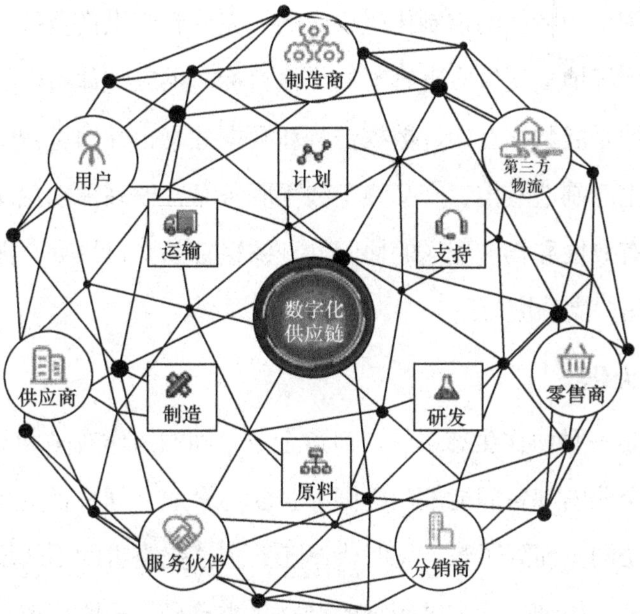

图 3-10　数字化供应网络

数字化供应网络既包括人与人的协同、企业与企业的协同，又涉及人与物的互联、物与物的互联等，是具有严密逻辑体系、丰富实践内涵的持续变化的作用过程。供应链节点主体之间的相互作用和供应链效能的全面发挥，以知识、信息、数据的充分共享为基础，以充分信任及满足各自利益诉求为条件，以平台化、生态化的运行机制来实现。

在日益数字化的世界中，平台成为重要的供应链组织形式，综合来自不同渠道、地区、角色的数据与信息，发挥引流、集聚和配置资源的枢纽功能，极大地提高了供应链的运作效率，从而更有效地应对多变的市场环境。在互联网和云端架构下，企业边界对提高供应链效率和柔性不再举足轻重，供应链协作迈向更加精细、更加开放的阶段。

无论是供应链协同制造还是新的服务型供应链，数字化平台都有助于将企业战略从业务驱动转向数据驱动，运用优化理论方法，通过实时的数据分析对现有业务做出必要的调整，将供给侧适应性差的批量生产服务转变为以满足个性化需求为特征的定制化生产服务，充分整合供需资源，评判风险，优化决策，更好地实现供应链管理的终极目标。供应链体系内的任何相关方都能更方便地开展数据互换、数据访问和数据共享，并通过智能化手段开展协同研发、生产制造监控、产品线上线下服务等，提高需求预测的准确性、计划排产的有效性和物流配送的协同性，缩短订单交付周期，提升供应链的响应速度和用户满意度。

协同效应放大化

供应链是一种协作生态系统，节点企业之间的协作有多种形式。传统供应链通常在企业内部各职能部门之间、企业与企业之间进行资源整合、流程优化和组织协同。而到了数字化时代，随着个性化需求的不断增长和成本压力的不断增大，精细化管控供应链的产品品类选择、采购渠道优化、营销策略制定、订单快速交付等环节成为必然，基于数字化技术和网络化平台的跨产业、跨地区的上下游协同、产供销协同成为供应链协同创新的重要内容。这意味着原材料、生产设备、产品之间，研发设计、生产和销售之间，均被互联网连接起来，全球范围内上下游企业间、同行企业间可以实现充分的分工协作，整合、优化、协同将超越企业和产业的边界，以及产业与产业之间战略层面的协同，甚至是地区之间、国家之间的战略协同都将显现。数字化供应链协同方式与传统方式的比较见表 3–6。

表 3–6 数字化供应链协同方式与传统方式的比较

供应链协同	协同决策	传统方式	数字化方式
事物集成	• 采购订单、生产订单、销售订单 • POS[1] 信息 • 发票 • 信用和支付	• EDI • 互联网 • 专有工具（系统、电话、E-mail 等） • 无系统连接	• 物联网连接所有事物 • 系统连接 • 数字化协同平台

1. POS（Point of Sale，销售终端）。

续表

供应链协同	协同决策	传统方式	数字化方式
供应链管理信息共享	• 生产预测 • 生产和运输计划、能力 • 物料清单、订单 • 产品说明、价格、促销 • 库存、分配 • 产品和材料的可用性 • 服务水平、合同条款，例如供应能力、库存和服务	• EDI、互联网或专有工具 • 非实时信息交换 • 结构性信息 • “信息孤岛”	• 物联网 • 数字化协同平台 • 实时信息交换 • 结构性信息 • 非结构性信息 • 半结构性信息 • 大数据
战略协作	• 提高预测准确性 • 加强战略供应链关系和盈利能力 • 优化销售和运营计划 • 加速和管理整个供应链的需求计划、直接采购与实施 • 解决关键供应链事件 • 生产能力 • 生产设施和实现网络扩展 • 定价计划	• 与合作伙伴联合制定规划、设计流程，共享风险与回报 • 非实时 • 非智能认知的分析和预测	• 物联网实现网络扩展 • 数字化协同平台 • 人工智能、机器学习帮助提高预测的准确性、解决关键的供应链时间、提高整体生产能力、帮助计划协同、优化采购

第4章

制造业数字化转型与供应链协同创新

制造业作为国民经济的主体，是立国之本、兴国之器、强国之基。近年来，全球经济增长放缓，甚至呈现持续下行趋势，世界各国纷纷意识到实体经济尤其是制造业在创造就业、拉动增长等方面的重要作用，回归制造业、拥抱互联网、发展智能制造成为主要经济体寻求突破、振兴经济的普遍共识，制造业智能化、网络化、服务化趋势日益明显。

全球制造业的发展特点

全球制造业缓慢增长，各国实力差异明显

一直以来，一些发达工业国家依托技术优势占据着制造强国地位。20 世纪 90 年代后，互联网经济的崛起使传统制造强国的制造产业大量外流，本国制造业比重下降较多。而中国制造业因改革开放、国际贸易、全球分工的推动以及劳动力成本低的明显优势，进入超高速发展阶段。20 世纪末，中国制造业增加值已占世界总体的 9%。进入 21 世纪，虚拟经济的脆弱性逐步显现出来，尤其是 2008 年"金融危机"以后，世界经济结构所暴露出的矛盾与问题，使制造业再度受到关注，发达国家制定"再工业化"政策促使制造业触底反弹，缓慢回升，全球制造业重新进入上升通道。2012 年以后，随着中国制造业进入新常态，世界制造业增加值的增速有所放缓，但仍呈现波动性的缓慢增长态势。据世界银行统计，2018 年，全球制造业增加值达 14.2 万亿美元，是 2000 年制造业增加值的两倍还多，但 2012—2018 年全球制造业增加值的年复合增长率仅有 2.8%，相比 2000—2012 年的增长率（5.7%）减少了一半。全球制造业增加值演变趋势如图 4-1 所示。

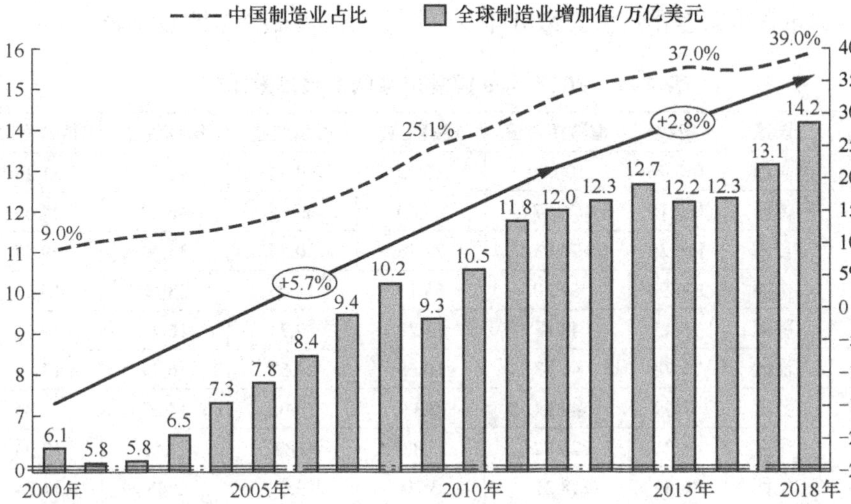

资料来源：世界银行。

图 4–1　全球制造业增加值演变趋势

发达国家依托技术优势和资本实力保持着在定制软件、智能装备、数字工厂、增材制造等先进制造领域的领先优势，加快高端制造业的回流步伐，并依靠技术创新衍生出的成本和效率优势继续领跑全球制造业；中国、印度等新兴经济体，基于自身较低的生产要素成本、巨大的消费市场和一定的加工制造能力，通过引进发达国家的资本和技术实现了制造规模的快速扩张，跻身制造大国行列；拉美、东南亚等处于工业化初期的地区，拥有丰富的原材料资源，但工业基础薄弱，成为全球制造业原材料和能源的供应方。显然，不同国家和地区的制造业竞争力的来源不同，在国际分工中扮演的角色也不同。

与发达国家相比，规模发展指标领先，质量效率指标滞后，结构优化和持续发展指标居中是新兴经济体制造业总体情况的真实反映。以我国为例，中国工程院发布的《2019 中国制造强国发展指数报告》显示，2018 年，中国制造强国发展指数为 109.94，在中国、美国、德国、日本、英国、法国、韩国、印度、巴西 9 个国家中，位列第 4。其中，我国规模发展指数为 55.16，居各国首位，但质量效益、结构优化、持续发展 3 个指标分别为 15.05、23.40、16.33，与美国、德国、日本等国家差距较大。2018 年 9 国制造强国发展指数比较见表 4-1。

表 4-1　2018 年 9 国制造强国发展指数比较

排名	国家	指数	指数相对值	规模发展	质量效益	结构优化	持续发展
1	美国	166.06	100.00	36.12	49.84	48.77	31.33
2	德国	127.15	76.57	29.60	26.65	46.27	24.63
3	日本	116.29	70.03	22.76	30.55	33.50	29.48
4	中国	109.94	66.20	55.16	15.05	23.40	16.33
5	韩国	74.45	44.83	17.29	19.74	16.76	20.66
6	法国	71.78	43.23	10.69	27.52	16.19	17.38
7	英国	67.99	40.94	9.33	27.05	14.27	17.34
8	印度	41.21	24.82	5.88	9.82	12.56	12.95
9	巴西	30.41	18.31	3.20	12.69	3.48	11.04

资料来源：中国工程院《2019 中国制造强国发展指数报告》。

2012—2018 年，中国制造强国发展指数从 92.31 增长至 109.94，制造业的国际竞争力稳定增长，规模发展指数平稳上升，对总体的发展指数贡献率始终保持在 50% 左右，2012—2018 年中国制造强国分项指数和总体的发展指数变化趋势如图 4-2 所示。中国制造强国分项指数中的规模发展指数大幅提升，而质量效益、结构优化、持续发展 3 项指数合计提升了 5.4 个点，在 9 个主要工业国中位列第 7。由此可见，我国仍要加速从制造大国向制造强国迈进。

年份	规模发展	质量效益	结构优化	持续发展	总得分
2012	42.93	11.01	24.10	14.27	92.31
2013	46.77	11.71	25.06	14.31	97.85
2014	50.67	12.41	25.44	14.83	103.35
2015	51.93	12.62	25.78	15.45	105.78
2016	50.31	13.59	24.37	16.08	104.35
2017	54.97	14.52	23.56	15.88	108.94
2018	55.16	15.05	23.40	16.33	109.94

资料来源：中国工程院《2019 中国制造强国发展指数报告》。

图 4-2　2012—2018 年中国制造强国分项指数和总体的发展指数变化趋势

生产方式深刻转变，多国聚焦智能制造

发达国家技术工人短缺，新兴国家劳动力成本上涨，全球主要制造国家的制造业增速放缓。这说明制造业以效率为中心的改造已经趋于顶点，要求低投入高产出也已达到上限。新一代信息技术的发展以及信息化水平的普遍提高，数字技术、网络技术和智能技术日益融入产品研发、设计、制造的全过程，推动着制造业向柔性化生产、协同化制造、服务化增值方向迈进。

1. 从规模制造向柔性制造转变

在传统工业经济时代，研发、制造流程是串行的，数据处于相对静止状态，出于降低成本、提高质量的需求，规模化生产是主流的制造方式，往往围绕材料（功能、特性等）、机器（精度、自动化、生产能力等）、方法（工艺、效率和产能等）、测量（传感器监测等）、维护（使用率、故障率、运维成本等）5 个方面开展技术升级，实现降本增效的目标。新一代信息通信技术的发展驱动制造业迈向工业数据驱动的新阶段，工业互联网、大数据及人工智能等技术实现群体突破和融合应用，使研发、制造流程逐渐并行，数据呈现高速有序的流动状态，贯穿于设计、生产、管理、服务等制造活动的各个环节。制造供应链的各个环节高度互动与协同，主要以建模方式解决制造过程中的复杂性、多样性和不确定性问题，全面提升制造企业的用户响应能力，数字化制造——数据 + 建模的集成如图 4-3 所示。

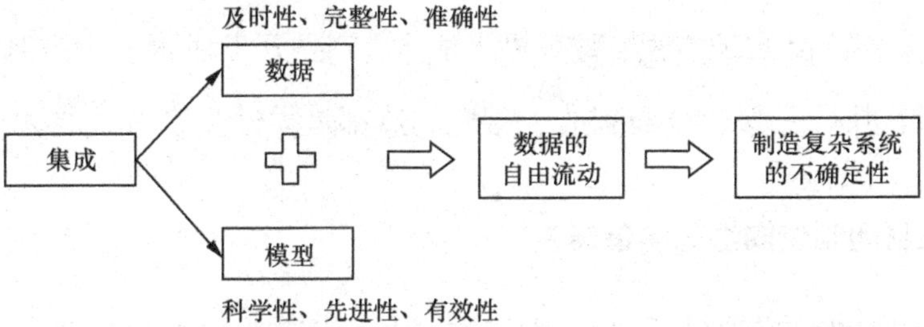

资料来源：国海证券研究所。

图 4-3 数字化制造——数据 + 建模的集成

及时、全面、准确的数据是柔性生产的前提。工业数据涉及设备管理、产品售后服务、生产过程监控与安全管理、生产管理优化、能耗与质量管理、客户关系管理、财务管理等方面，既要反映工业系统的系统化特征及其各个方面的要素，包括工业领域中多学科、多专业信息化软件产生的不同种类的非结构化数据，又要体现物理对象之间和生产过程的复杂动态关系，包括生产过程的数据关联，产品设计、制造、服务等不同环节数据之间的关联以及在产品涉及的不同学科、不同专业的数据关联等。成熟、完善且设计严谨的数据系统可对数据进行深度分析，进而支持高效的产品定制化，预测用户偏好。目前，企业通过信息化实现了工业领域"有数据"，通过网络化实现了"能流动"，未来，工业大数据还要实现数据"智能化"，将海量的工业数据转化为信息，再将信息转化为知识，知识转化为科学决策，不断提高制造资源的配置效率。

柔性生产的精髓在于实现弹性生产，提高企业的应变能力。面对产品越来越复杂，用户定制化要求越来越高，企业要在做出灵敏反应的同时保证经济效益。在新环境下，制造与供应链的灵活性以及模块化产品设计尤为关键。为克服一次性或小批量制造可能带来的低效率，一方面要依赖动态多变的生产组织结构，另一方面则需要将传感器、机器人技术、联网技术、3D 打印技术，以及云端编程等领域的成果结合起来，运用仿真、建模、虚拟现实等手段，对产品从设计、研发到生产制造全过程进行模拟，准确预估产品功能及生产工艺性，掌握产品实现方法，减少投入成本、产品开发成本及生产制造成本。精益生产、并行工程、敏捷制造、智能制造都是柔性生产方式的体现。

2. 从封闭制造向协同制造转变

消费需求的日益多样化和生产过程复杂性的不断增加，要求制造企业必须充分了解、预测、满足不同用户的需求，成为一个个性化工业产品提供者，及时应对用户需求的变化。此时，单一工厂的发展瓶颈逐渐显露出来，加工方法有限，加工设备不能很好地完成复杂产品的加工制造，生产能力无法解决生产效率与用户需求之间的矛盾，这些成为封闭型制造无法跨越的一道鸿沟。协同制造是指利用先进网络技术与信息技术，实现企业供应链内部及跨供应链间的设计、制造、管理、商务等合作的生产模式，最终通过改变经营模式达到资源高效利用的目的。协同制造强调制造过程的开放与协作，通过协同研发、众包设计、网络制造等方式打破制造业研发、生产、售后的边界，整合业务单元，促进供应链协作，延长产品的价值链。协同制造的协同主要体现在以下 3 个方面。

一是设计协同。供应链系统利用网络技术，支持多个时间上分离、空间上分散，而工作上又相互依赖的节点企业在协同设计平台的共享环境下交流协商、分工合作，共同完成某些设计任务。通过构建涵盖复杂产品多学科专业的虚拟样机系统，仿真完成系统的整体评估和验证工作，实现复杂产品的多学科设计优化。

二是生产协同。复杂的产品制造系统是由多种异构分布的制造资源互联组成的，即多家企业分散制造、协同交付。这些企业通过互联网平台纳入各类生产要素与资源，形成分散化的组织形态，将市场需求分配给最适宜的生产单元，将传统的串行工作方式转变为并行工作方式，实现由集中组织生产向分散化组织生产的转变，由地域集聚生产向全球协同生产的转变，以及由单个企业生产向利用全球制造资源生产的转变，保证生产同步、交付及时，极大地缩短产品生产周期。发达国家的制造业更加注重研发与设计等价值链上游部分，而将零部件加工等具有“物理”意义的环节外包，通过组装零部件封装化、部分功能模块化、系列功能系统化来提升产品的附加价值，快速响应多样化的用户需求。

三是供应链协同。借助数字化技术和网络平台形成的动态协调机制，供应商、制造商、分销商和用户可动态地共享用户需求、产品设计、工艺文件、库存运输等信息，及时响应任何市场需求、设计工艺、原料供应、仓储运输及设备运行的变化与调整，实现供需的精准对接。随着互联网、云计算、云制造等先进信息技术的大力发展，借助互联网技术来实施供应链间的协同制造成为主流的制造思想。越来越多的工业企业通过互联网平台建立了与上下游供应商、合作伙伴和用户的直接联系，收集供应信息并进行深度挖掘分析，以提高供应链的反应速度、匹配精度和调运效率，降低采购成本，减少成品和在制品的库存，缩短对用户服务的响应时间。

3. 从产品制造向服务制造转变

传统制造与服务的关联有限，产品销售后，除了简单的售后服务，产品的生命周期基本结束。这种制造与服务间出现断层的主要原因是存在“数据孤岛”，数据的隔绝直接导致业务的隔绝。而数字化技术能够打破壁垒，推动数据流动。向产业链上游延伸，可以追溯上游原料、配件的供应商，快速集聚行业内优质的供应商资源，在最短时间内以最低成本实现原材料采购的高效匹配，推动企业采购与供应链管理创新，有效避免供应链断裂等问题的发生；向产业链下游延伸，可以利用物联网、大数据、互联网和智能终端等设备，直接获取用户对产品的反馈信息，实时采集各地产品运营中的大数据，通过智能化监控管理平台对产品运行状态和对用户操作典型行为的采集与分析，实现对产品的远程监控、预测预警、远程诊断与维护、提供优化解决方案等实时的智能服务，将企业服务拓展到产品的全生命周期。此外，在产品智能化的基础上，新一代智能技术与其他产品、服务的结合还将形成新的产品和服务，例如，产品运行状态的在线数据采集，通过物联网进行的数据传输，基于产品运维知识库的在线诊断分析以及预防性维修服务等。随着市场需求的扩大，这些将演变为云计算、云存储、大数据分析等服务型新产业，为用户和企业创造新的价值，并带动传统制造向服务制造转变。

为适应制造地点分散、生产方式变革、制造技术复杂等新要求，寻求制造业新型竞争力，世界各国纷纷聚焦智能制造，积极抢抓新一轮科技革命带来的机遇。主要发达国家重点围绕人工智能、机器人等领域，加大政府研发投入，创新支持方式，力图巩固和强化领先地位，继续领跑全球制造业。主要发达国家和地区加大智能制造技术投入的举措如图 4–4 所示。一些新兴工业国家不断加快传统制造业升级步伐，大力发展数字制造，例如，中国出台了《智能制造发展规划（2016—2020 年）》、印度出台了《人工智能国家战略》（讨论稿），促进本国的数字化技术应用。

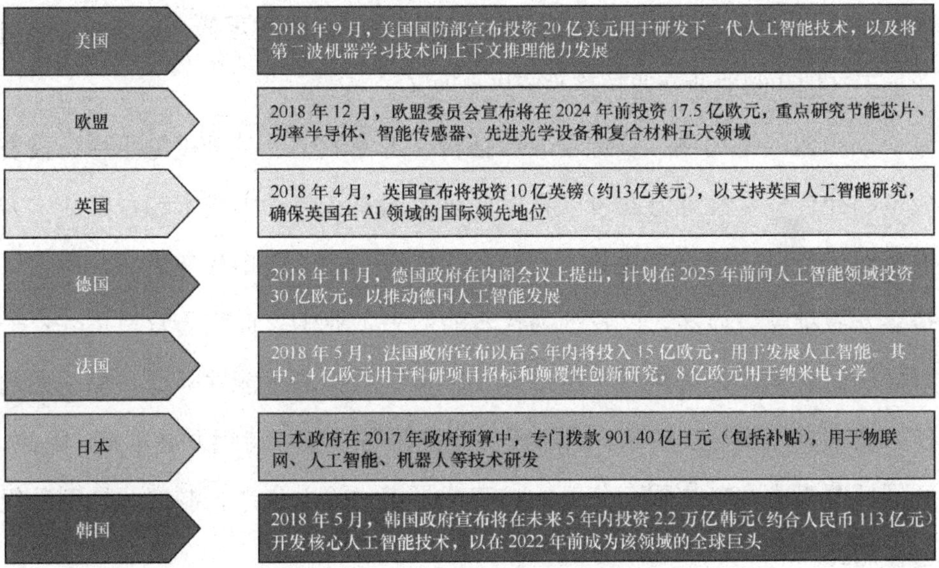

资料来源：赛迪智库。

图 4–4 主要发达国家和地区加大智能制造技术投入的举措

产业转移纵深发展，分工格局动态变化

从产业转移的角度看，中低端制造业总是从发达国家向发展中国家转移，

从技术领先的国家向技术相对落后的国家转移，从劳动力成本高的地区向劳动力成本低的地区转移。产业转移既满足了发达国家降低成本、扩张市场的需求，也促进了发展中国家制造水平的提升和全球制造体系的形成。

过去很长一段时间以来，发达国家和跨国公司加速把制造业加工组装环节向劳动力丰富、成本低、市场需求大的新兴工业国家转移，竭力在全球建立低成本生产基地。但随着新兴科技和制造业的融合发展，供应链得以简化、缩短，创新型生产模式减少了对于当地技术型劳动力及其培训的需求，在保证质量稳定性的同时可以迅速在任何区域投入使用，这进一步扩大了发达国家在先进制造领域的领先优势，也在一定程度上减少了发达国家对新兴工业国家在制造加工环节上的依赖。同时，拉美、东南亚等原来处于工业化初期的地区逐步增加市场开放度，其制造业成本比新兴工业国家更低，进而成为制造业加工基地和制造业产业转移的新热点地区。

以东盟国家为例，从综合人口结构、工作效率、基础设施水平、投资成本、社会稳定性等方面可以看出，东盟国家在劳动力成本和税赋成本方面相对于我国已经具有优势。这使我国传统制造业成本优势衰减，面临可持续发展难题。显然，以我国为代表的新兴工业国家面临着双重挑战：一方面制造业成本优势衰减，承接产业和资本转移的可能性降低；另一方面核心技术对外依存度较高，国际贸易冲突极易导致可持续发展难题。因此，凭借低要素成本参与国际分工的加工贸易模式难以为继，制造业转型升级迫在眉睫。

制造业数字化转型的内在逻辑

应对不确定性、把握确定性是人们认知社会规律、主宰命运发展的永恒追求。如何在不确定性的环境中预见并把握趋势、做出决策，关系到个体的幸福、企业的成长、国家的繁荣。制造业数字化转型是实现智能制造的基础和必要条件，它以数字技术创新为核心驱动力，以现代信息网络为重要载体，通过数字技术与实体经济的深度融合，推动资源配置方式、生产组织模式和价值创造机制的深刻变革。

环境变化催生数字化转型需求

当前，数字经济浪潮席卷全球，社会公共卫生事件频繁发生，技术演进、政策调整、市场竞争、需求变化等多个方面综合作用，使环境的复杂性与不确定性急剧增加，产业发展的规律性明显减弱，研发设计、生产制造、产品服务、产业链协作等多个环节充满变数，考验着制造企业的应对能力。

1. 数字革命弱化传统制造优势

新一代数字技术应用形成泛在、及时、准确的信息交互方式，大幅降低了信息、评价、决策、监督、违约等交易成本，正在以前所未有的速度打破原有的技术边界、行业边界，连接、共享、平台和协同成为新特征。当数字技术与产业技术融合，数字化会不断从网络世界空间向实体经济空间扩展边界，每一件产品、每一项服务、每一台设备、每一座工厂都会以数据的形式实时映射到数字世界，形成物理世界和数字世界的双向互动。数字世界利用数据、算力、算法与模型，对物理世界发生的行为进行描述、分析、诊断，从而以最低的试错成本指导物理世界的生产运营，推动传统制造业数字化演化过程。这些变化使制造业的内部竞争及跨界竞争日趋激烈，对传统企业相对稳定、简单的机械系统造成巨大冲击，传统企业依靠信息不对称、渠道多层级建立的竞争优势已不可持续，只有顺应变化，积极推动数字化转型，构建具有灵活性、扩展性的网络化智能生态系统，提升自身的可持续发展能力，制造企业才能赢得一线生机。

2. 定制需求改变企业竞争规则

互联网的普及和消费者收入的增加，使消费者在产销关系中的地位越来越高，消费者成为价值链和需求链的推动力。过去的消费者在产业链的末端被动接受企业交付的产品。如今，生活水平的提高和网络化的普及使消费者的市场地位发生了很大的变化，消费者需求逐渐从生理转向心理，从数量转向品质，从追求性价比转向追求个性与体验。消费者不但关注产品的功能，而且关注内容、服务、参与度、社交体验、分享与交流等，甚至主动地参与制造企业的研发设计与生产服务，社会需求呈现出分散化和多元化的特征。市场需求新特点如图 4-5 所示。

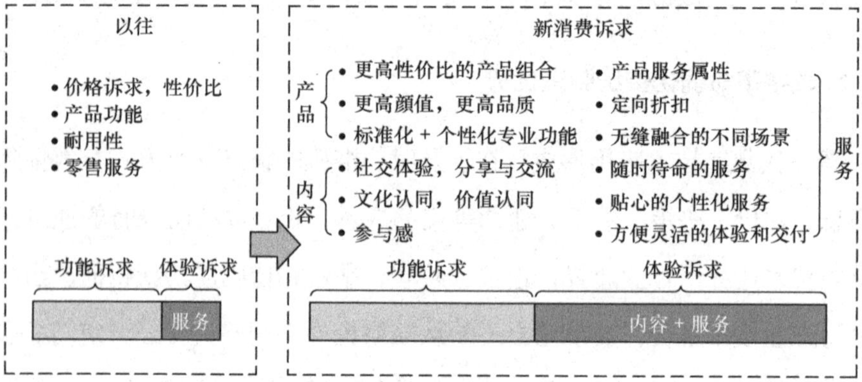

图 4-5　市场需求新特点

新的需求特征彻底颠覆了传统制造的垂直分工体系，传统制造依靠规模化生产、流程化管理提供低成本的标准化产品已难以获取竞争优势，个性化定制、多样化和分散化生产成为制造新趋势，定制化成为制造业主流的生产方式之一。

对于实行定制化生产的企业而言，有效降低成本，以最快的速度和值得信赖的质量将产品交付到用户手中是竞争的焦点。以汽车制造业为例，因为工序衔接紧密、流程维度复杂，可定制的部分有限或者容易导致高成本，所以生产流程柔性化必须基于对消费需求数据的深入分析，重点突破部件共享、主件适应、组合方便的模块化设计技术，将用户不关心的零件进行最大程度的标准化，并借助工种细分、统一数据库网络等进行协同研发决策。同时，还要借助数字化供应链将用户、供应商、代理分销商和其他合作伙伴纳入统一的企业数字化管理系统，解决用户需求、供应、生产、采购、交易间的物流协同，以及库存、生产、销售、财务间的协同。此外，为了能将个性化需求嵌入产品或服务中，让更多的个性化成为可能，制造企业还必须创造一种平台产品或工具，让用户很容易就能参与定制制造产品的过程。显然，这些只能借助模块化技术、零件标准化、重组设计流程及协同控制来实现，具备较高的数字化水平、柔性制造系统和协同供应链体系的企业更易获得竞争优势。

3. 贸易摩擦和突发事件倒逼数字化转型

始于 20 世纪 90 年代的全球化使生产领域的国际分工协作不断深化，国际产品流、资本流、技术流数量急剧增长，生产、贸易、金融、技术等方面的相互依赖性明显增强。但 2008 年“金融危机”以后，全球经济增长放缓，各国之间贸易摩擦加剧，对外投资、多边合作等领域的外部环境的不确定性增加。而新冠肺炎疫情的暴发造成世界经济系统性风险进一步上升，对全球贸易格局形成全方位影响。对制造业而言，原本稳定增长的业务可能因需求波动、供应链断裂迅速下滑。为了将生产服务主动权掌握在自己手中，从不确定性中规避风险、获取商机，疫情防控期间，全球工业自动化与数字化需求猛增，多国积极出台产业政策，加大教育培训力度，提高企业竞争力，以抓住新的产业变革机遇。企业也积极行动，努力构建精准感知需求、用户在线交易、供应链实时响应的数字化生产组织方式，以应对突如其来的市场风险变化。世界经济论坛发布的《2020 年未来工作报告》指出，全球超过 80% 的企业正在加速布局，推进工作流程数字化，50% 的企业希望加快实现部分岗位的自动化。普华永道咨询公司的研究显示，人工智能、机器人和其他形式的智能自动化将带来巨大的经济效益，到 2030 年将为全球贡献 15 万亿美元的产值。日本工业机器人协会的统计显示，2020 年第二季度日本机器人出口数量同比增长 13%，预计未来日本对无人自动化系统的需求也将持续增加，到 2025 年，仅下一代物流系统的需求就将达到 6510 亿日元。由此可见，制造业数字化将成为各国实现制造业复苏、维护“经济主权”和“产业安全”的关键抓手。

新兴科技奠定数字化转型基础

近年来，互联网的日益普及，工业软件的不断优化，物联网和大数据技术的广泛应用，都为数字化转型提供了良好的技术基础。新一代数字技术搭建的数字化基础架构主要分为边缘接入层、信息挖掘层、工业平台层及智能应用层，其运作机理为实时监控设备的运行状态并传输至基础设施即服务（Infrastructure as a Service，IaaS）层进行存储，进一步汇聚至平台即服务（Platform as a Service，PaaS）层进行清洗、分类后通过软件即服务（Software as a Service，SaaS）层完成制造关键环节的智能化功能实现，制造业数字化基础架构如图 4-6 所示。

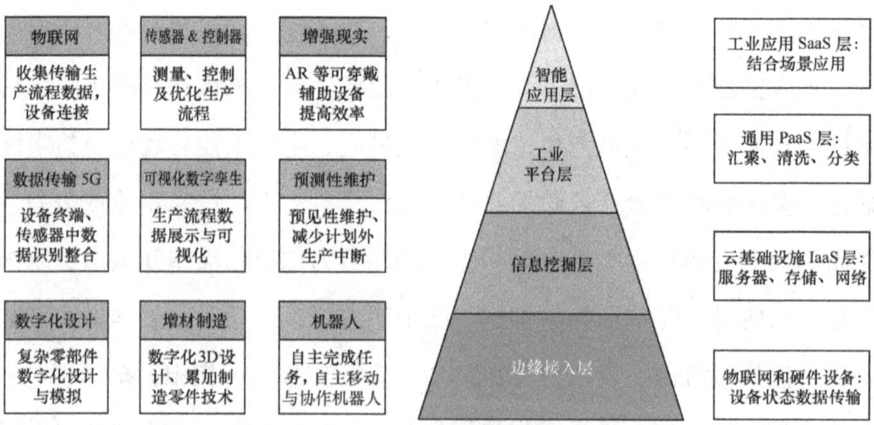

资料来源：中国信息通信研究院。

图 4-6 制造业数字化基础架构

事实上，对于智能制造应用的各个层次与范畴，数字化技术都提供了重要的支撑，而在此过程中，物联网、云计算、工业大数据、人工智能、区块链等技术所起到的作用至关重要。

1. 物联网

移动互联网的发展从根本上摆脱了固定互联网的限制和束缚，拓展了互联网的应用领域，促进了移动应用的广泛创新。目前，5G技术的发展重点是从移动互联网向物联网应用领域扩展，以满足未来巨大的流量增长和设备联网的需求。如今，在互联网概念下延伸出的物联网已成为经济发展的新动力，因为其广泛的应用空间和巨大的应用前景，能够真正延伸到以往互联网应用受到限制的领域和场景，在物流、供应链、交通、能源电力、金融、制造、采掘等领域都爆发出强劲的动力。作为互联网和新一代信息技术与工业系统全方位深度融合所形成的产业和应用生态，其本质是以机器、原材料、控制系统、信息系统、产品及人之间的网络互联为基础的，通过工业数据的全面深度感知、实时传输交换、快速计算处理和高级建模分析，实现了智能控制、运营优化和生产组织方式变革。由于工业物联网技术能以极低的成本获取大量的数据，并在产品设计、预测性维护、资产跟踪、节能减排等方面提供有力支持，因而工业物联网在质量控制、绿色节能、供应链管理等方面都有广阔的应用前景。

2. 云计算

云计算又称网络化计算，云计算可以通过互联网、大型信息基础设施，以及先进的软件应用将需要大量计算资源的应用程序通过资源协调、分配、调度和通信，利用不同的计算单元、多部服务器等组成的系统进行计算、处理和分析。云计算中心也是大数据中心，它汇聚了海量的业务数据和应用数据，能够根据用户需求、业务需要、场景适配进行数据的处理和分流，让每个用户都可以便捷、高效、快速、低成本、安全地使用云平台上的庞大计算资源与数据。云计算技术的普及与应用，改变了信息技术设施投资、建设和运维模式，降低了设施的建设和运维成本，缩短了建设周期，加快了设备接入和系统部署进程，提升了信息技术设施承载能力。当前世界范围内领先的云服务商首推亚马逊 AWS，其次是微软 Azure、谷歌 GAE 等，它们在技术、服务和解决方案上处于领先地位。中国的 IT 企业也在积极研究云技术的应用，阿里云、腾讯云、百度云、京东云、华为云等在国内处于领先位置。未来云计算将呈现软硬件一体化、无服务器计算和智能化三大趋势。

3. 工业大数据

工业大数据基于网络互联和大数据技术，贯穿工业设计、工艺、生产、管理、服务等环节，使工业系统具备描述、诊断、预测、决策、控制等智能化功能的现场设备数据、生产管理数据和外部数据。工业大数据的数据架构主要分为数据采集与交换、数据预处理与存储、数据建模、数据分析和决策与控制应用 4 个层次。工业大数据的数据架构功能见表 4–2。

表 4–2 工业大数据的数据架构功能

数据架构	具体功能
数据采集与交换层	主要实现工业各环节数据的采集与交换，数据既包括来自传感器、SCADA[1]、MES[2]、ERP 等内部系统的数据，也包括来自企业外部的数据，例如对象感知、实时采集与批量采集、数据核查、数据路由等数据
数据预处理与存储层	实现工业互联网数据的初步清洗、集成，并将工业系统与数据对象进行关联，主要包括数据预处理、数据存储等功能
数据建模层	根据工业实际元素与业务流程，在数据基础上构建用户、设备、产品、产线、工厂、工艺等数字化模型，并结合数据分析层提供数据报表、可视化、知识库、数据分析工具及数据开放功能，为各类决策的制定提供支撑

续表

数据架构	具体功能
数据分析和决策与控制应用层	基于数据分析结果，生成描述、诊断、预测、决策、控制等不同的应用，形成优化决策建议或产生直接控制指令，从而实现个性化定制、智能化生产、协同化组织和服务化制造等创新模式，并将结果以数据化形式存储下来，最终构成从数据采集到设备、生产现场及企业运营管理的持续优化闭环

注：1. SCADA（Supervisory Control And Data Acquisition，数据采集与监视控制系统）。
2. MES（Manufacturing Execution System，制造执行系统）。
资料来源：前瞻产业研究院。

工业大数据具有数据体量大、分布广泛、结构复杂、数据处理速度需求多样和对数据分析的置信度要求较高的特征，是工业互联网的核心，也是工业智能化发展的关键。

4. 人工智能

人工智能技术是推动数字经济发展的重要驱动力，用机器不断感知、模拟人类的思维过程，使机器达到甚至超越人类具有的推理、规划、学习、交流、移物、使用工具和操控机械的能力等。目前，计算能力的提升、大数据的发展、学习算法的突破、人机交互技术的完善为人工智能的发展奠定了良好的基础，人工智能正在不断渗透到社会生产、生活的方方面面，并被应用到制造、电子商务、金融等领域，使各国经济发展产生深刻的变化。利用人工智能技术不但可以创造出新的智能产品，例如，智能应用软件、智能基础硬件、智能机器人等，还可以赋能汽车、家电等传统产品并提升传统产品的附加值。同时，人工智能技术的发展还显著提高了大数据自主分析能力，也有助于解决物联网设备之间各种通信协议不兼容的问题，大幅提高商业应用价值和业务洞察力。

5. 区块链

区块链技术是一种全新的分布式基础架构与计算方式，它依赖大数据、云计算、人工智能等技术，并在此基础上进行了技术创新。区块链技术基于非对称加密技术、分布式账本、共识机制、智能合约四大技术，利用分布式节点共识算法来生成和更新数据，利用块链式数据结构来验证与存储数据，利用由自动化脚本代码组成的智能合约来编程和操作数据，利用密码学来保证数据传输和访问的安全，具有匿名性、可追溯、公开透明、信息不可篡改、集体维护等特点，使人类可以方便、低成本和安全地实现数据的交互和价值的传递，保障了数据和价值的真实性、唯一性及完整性。作为新一代可信协议，区块链技术颠覆了现有的生产关系和产业形态，促进了数字经济时代的资产安全交易，构建了平等、透明的商业模式，可以为新一代信息技术提供高安全、高可信、高可靠的底层技术支撑，也可以与金融、物流、法律、供应链、科技、制造、管理、食品、环保、医疗、能源电力等应用场景深度结合，推动新业态、新模式、新产业、新应用和新服务持续创新。

机器人、3D 打印等使生产过程的自动化程度和适应性大幅提高，制造系统更加柔性，能够以更低的成本、更快的时间生产和交付个性化产品，极大地缩短产品生产周期，实现以适应多样化市场需求为导向的按需生产，增强企业的灵活性和应变能力。

融合应用带动制造模式创新

数字技术与工业自动化技术以及现代企业管理方法融合应用，形成多种技术整体演进、群体性突破，贯穿于设计、生产、管理、服务等制造活动的各个环节，使供给侧结构发生转变，扩大、延伸和部分取代了人类在制造过程中的脑力劳动，将制造自动化的概念扩展到柔性化、智能化和高度集成化的层次上来，对实现制造能力开放、知识经验复用、识别和抵御安全威胁具有重要作用，并带动一系列模式创新。智能制造的“金字塔”架构如

图 4–7 所示。

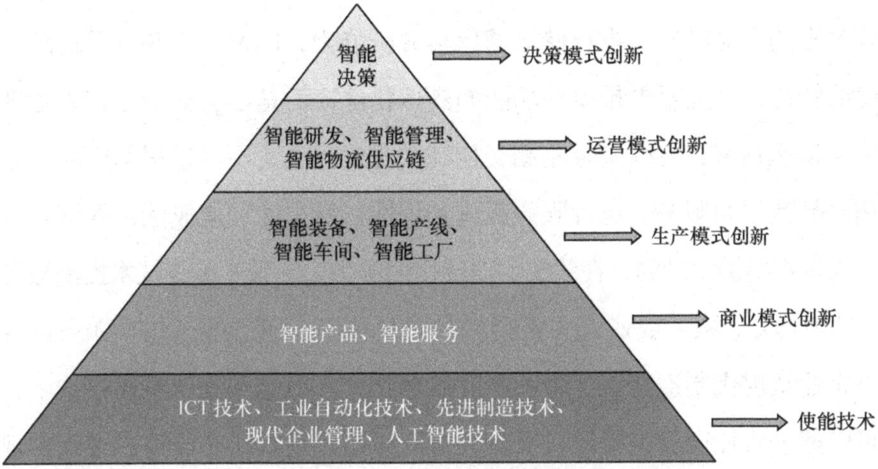

图 4–7 智能制造的“金字塔”架构

位于图 4–7 中“金字塔”底部的是使能技术层，包括 ICT 技术、工业自动化技术、先进制造技术、现代企业管理和人工智能技术五大类使能技术；第二层提供智能产品（例如信息物理系统、高级驾驶辅助系统、产品性能仿真系统等）和智能服务（例如数字孪生、状态监控、物联网、虚拟现实与增强现实等），创造新的商业模式；第三层部署智能装备（例如智能机器人、智能数控机床、增材制造支撑软件等），建立智能产线，打造智能车间，建设智能工厂，实现生产模式的创新；第四层开展智能研发（例如 CAD、CAE、PLM[1] 等）、智能管理（例如 ERP、CRM 等），构建智能物流供应链（例如 AGV[2]、TMS[3] 等），变革传统运营模式；第五层依托商务智能、工业大数据、企业绩效管理系统、移动应用等进行智能决策，实现决策模式的创新。

1. PLM（Product Lifecycle Management，产品全生命周期管理）。
2. AGV（Automated Guided Vehicle，自动引导小车）。
3. TMS（Transpotation Management System，运输管理系统）。

1. 商业模式创新

从产品的角度看，企业将传感器、存储器、处理器等嵌入传统产品设计，使生产出的产品具有动态存储、通信与分析能力，以及可追溯、可追踪、可定位的特性，产品不再是单一功能的实体物件，而是具有安全性和可管理性的信息物理系统，可以实时监测、控制和优化。企业不再是销售产品，而是销售产品使用的服务。这种服务强调知识性、系统性和集成性，强调以人为本，为用户提供主动的、在线的、全球化的服务，它采用智能技术提高服务状态 / 环境感知、服务规划 / 决策 / 控制水平，提升服务质量，扩展服务内容，促进企业从现代制造向服务型不断发展和壮大。在这一全新商业模式下，企业可以通过监控产品运行的云平台，对产品运行进行状态监控，进而实现预测性维护，并按照服务绩效收取费用。例如，德国凯撒空压机公司借助思爱普公司（SAP）的软件系统，实现了从销售空压机向提供空气压缩服务的转型。此外，企业推动线上的产品个性化定制，以及开展线上线下相结合的体验式营销，也属于商业模式转型。生产企业一方面通过智能化生产不断拓展其业务范围与市场影响力，另一方面通过互联网技术、移动通信技术将用户连接到企业生产中，通过用户的不断反馈与采纳意见提升产品的服务质量，提升用户体验。在这个方面，我国服装行业的红领服饰公司和家具行业的尚品宅配公司是成功转型的典型案例。

2. 生产模式创新

从制造装备来看，传统生产装备与信息技术集成融合，使传统生产装备具有感知、分析与执行能力，形态不再是传统的内燃机、普通机床、专业设备等能量转换工具，而是增加了传感、通信、计算、处理等功能的智能化工业机器人、数控机床、自动吊装设备、自动分拣系统等数字化工具，装备的自动化、智能化、系统化水平大幅提高。人机协作、人工智能和仿生结构将是未来智能化装备的发展方向，先进装备将进一步与网络环境融合，组成复杂性强的生产系统，运用蚁群算法、免疫算法等，使其具有类似于人的学习能力，进一步提升对外界的感知适应能力。伴随工业机器人、大数据和云存储等技术的融合，多台机器之间、机器与人之间将形成协同的复杂工作体系，单机数字化或者单机装备互联将转向数字化生产线、数字化车间，甚至智能化工厂，从而在智能制造与服务领域提供更高效率、更加安全、更加精确的生产方案。

从生产过程来看，IT 利用虚拟仿真技术，可以对工厂的生产线布局、设备配置、制造工艺流程、物流路径等进行预先规划和模型预演，及时发现系统运行中可能存在的问题和有待改进之处，加以调整与优化，有效减少生产系统在实际生产过程中失误与返工的次数，从而有效降低成本、缩短工期、提高效率。在生产执行方面，制造执行系统（MES）与企业资源计划（ERP）系统、产品数据管理（Product Data Management，PDM）系统之间的互通与集成，能够保证所有相关产品属性信息从始至终保持同步，并实现实时更新。如果某产品的零部件或原材料发生变化，相关系统中的数据信息会同步变化，MES 就会自动调整制造解决方案，有效避免传统制造可能带来的误工。借助无线射频识别技术（Radio Frequency Identification，RFID），MES 还能够对生产线上的产品零配件进行识别和路径规划，从而实现柔性化混线生产，大幅提高生产效率。目前，西门子、发那科（FANUC）等很多优秀企业都在实践数字化系统和自动化系统的无缝集成，用数字化手段覆盖生产规划、生产组态、生产执行的全过程。

3. 运营模式创新

在产品研发环节，数字化建模技术为产品仿真驱动设计奠定了基础，基于三维 CAD 设计软件构建的三维模型能够有效减少物理实体样机制造和人工重复劳动所产生的成本。同时，三维模型所涵盖的产品的各种属性信息可以通过 PDM 平台，伴随产品的全生命周期，实现产品协同研制及产品从设计端到制造端的一体化，实现异地协同研发。例如，美国波音公司在其 787 的设计制造中利用了数字化建模技术，不但有效缩短了研制周期，大幅降低了研制成本，而且通过产品全生命周期的研发数据和流程管理，有效实现了产品设计与制造环节的信息协同，大幅提高了生产效率。此外，创成式设计技术还可以根据设计约束条件由软件系统自动生成符合条件的设计方案，颠覆了传统的设计方法。

在生产环节，大量采用计算机辅助设计 / 计算机辅助工程 / 计算机辅助工艺规划 / 计算机辅助制造等数字化设计、建模和仿真方法，以及制造资源计划 / 企业资源计划 / 产品数据管理等，有助于形成以计算机集成制造系统为标志的解决方案，促进生产全过程各个环节的集成和优化，提高生产管理的实时性和科学性，增强生产资源精细化和集约化管理程度，实现更好的产品质量控制和市场响应。

在物流环节，智能化技术及工具被应用到制造业供应链，以作业层面的自动化，运营管理层面的协同与管控，支持供应链可视、自优化、精准预测。传统的供应链信息化系统的边界都非常清楚，每一套系统都有自己的开发框架、主数据、业务规则、算法，无法满足客户多样化的业务场景需求。如今，依靠云计算提供强大的分布式计算和大数据处理能力，新一代供应链信息化系统基于中台架构，对接内外部业务系统、智能设备，驱动业务统一管理，为客户提供基于控制塔的供应链整体可视化服务，并能够融合不同细分领域的技术产品形成优势互补，更有效地支持供应链上下游企业的协同作业需求，针对不同业务场景快速配置流程的差异化解决方案。

4. 决策模式创新

数字化转型将物理世界的多维信息和产业知识数字化，产生海量数据，再通过基于“数据 + 算法”的决策，把大数据分析应用结果进一步反映到实体场景中，释放数据红利，持续创造价值。基于“数据＋算法”的决策如图 4–8 所示。

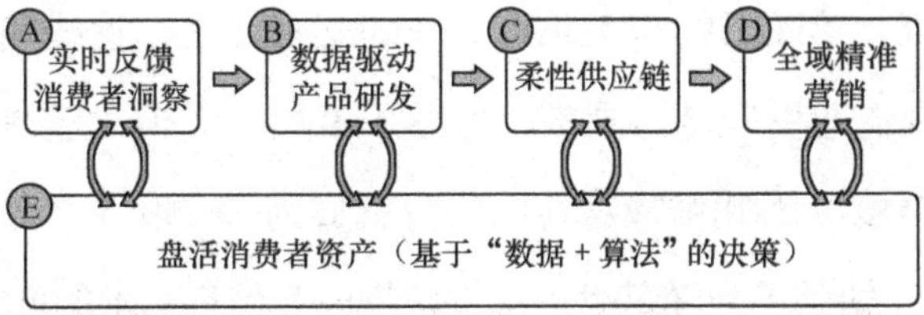

图 4–8　基于“数据＋算法”的决策

资料来源：阿里研究院。

一方面，数字化向企业生产的核心环节延伸，通过将传感器接入大量设备和工具，实时获取生产过程数据，提升生产运营管理的及时性、准确性与前瞻性，提高生产效率；另一方面，数字化向企业外部多角度延伸，连接供应链、销售链，充分掌握经销商和消费者的行为、态度、需求等数据，并通过大数据挖掘与分析，洞察新品机会，提高研发效率，重新定义产品结构和功能，科学决策，从根本上优化产品服务、业务流程和企业组织结构。

制造业供应链协同

制造业供应链协同的含义

制造业供应链是指在制造业的产品生产及流通过程中，将产品或服务提供给最终客户的上游与下游企业所有活动所形成的网链结构。

制造业供应链协同是指在设计上要实现内部供应链的高效协同和集成，其中包含计划、采购、制造、销售和服务 5 个维度的集成运作。制造业供应链协同帮助企业实现无缝的部门间协作，建立有效的协同机制和实时的监控体制，在此基础上，建立协同中心总领整个内部供应链的集成和协同，最终实现物流、资金流、信息流、商流的“四流合一”。另外，制造业供应链协同必然涉及企业外围，它体现在供应链的各个阶段和不同的层次中，涉及客户、分销商（区域分销和地区分销）、制造商/原始设备生产商、供应商和物流伙伴（第三方物流、第四方物流）几重关系的交易往复，这些角色彼此之间建立协同关系。制造业供应链协同构成如图 4–9 所示。但是这种跨企业的资源协同存在巨大难度。因此供应链协同平台就成为一个联系各个利益主体交流的、可视的载体。协同平台随着供应链管理集成和信息需求的增加而不断拓展，即从企业内部走到企业外部，直至网络交互中心。由此可知，制造业供应链协同核心的概念和定位表现为制造企业的内部协同集中和优化之后，与外部的协同平台共同发挥作用。

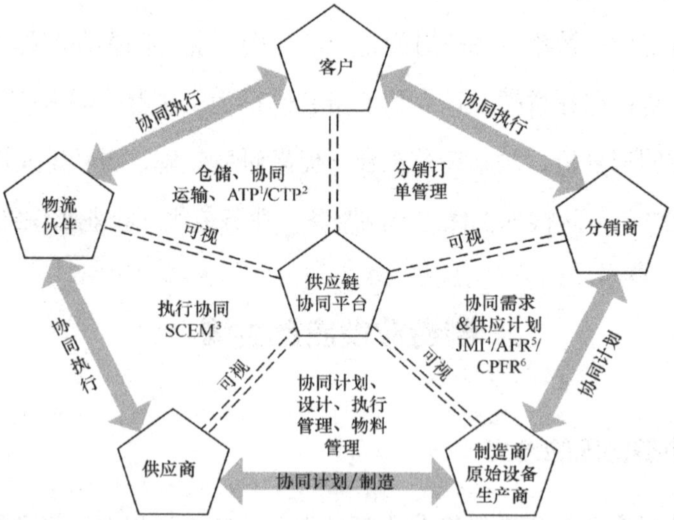

注：1. ATP（Available to Promise，可用量承诺）。
2. CTP（Capacity to Promise，可用生产能力承诺）。
3. SCEM（Supply Chain Event Management，供应链事件管理）。
4. JMI（Jointly Managed Inventory，联合库存管理）。
5. AFR（Aggregate Forecasting and Replenishment，合计预测与补给）。
6. CPFR（Collaborative Planning Forecasting and Replenishment，协同规划、预测与补给）。

资料来源：MBA 智库。

图 4–9　制造业供应链协同构成

制造业供应链侧重于生产制造，以提高工厂生产效率、产品价值为目标，包括对企业研发、设计、加工组装、制造等环节产生价值增值的过程。由于设备是制造企业的生命线，所以制造企业不但需要与产品的零售商、物流商、供应商和最终客户建立更加紧密的供应链协作关系，而且需要与设备、备件、维护等方面的供应商建立供应链协作关系。制造企业日益关注供应链管理及其信息化应用，以实现企业内部供应链与上下游企业的供应链协同与优化，从而更好地响应客户需求的波动，降低供应链成本。物联网、服务计算、云计算等信息技术与制造技术的融合，可实现软硬件制造资源和能力的全系统、全生命周期、全方位透彻的感知、互联、决策、控制、执行和服务化，使从入场物流配送到生产、销售、出厂物流和服务，实现泛在的人、机、物、信息的集成、共享、协同与优化的智能制造。通过互联网与供应链各个环节的紧密协同，制造企业由单纯的生产制造转向强调系统优化与全供应链的高效协同。

制造业供应链协同的变化趋势

1. 数字化

供应链的数字化能力是供应链协同顺利运行的前提和基础条件，供应链的数字化首先表现为技术迭代。数字技术所蕴含的创新潜能着重于同步计划、智能供应、智能运营、动态履约、数字开发、连接客户 6 个方面。供应链的数字化能力见表 4-3。

表 4-3 供应链的数字化能力

一级能力	二级能力
同步计划：通过整个价值网络中的计划和运营杠杆来实现企业战略。此功能集成了战略目标、财务目标和战术供应网络计划，以创建相互关联、并发和同步的业务计划。结果是实现更快的跨职能决策，更好的信息可见性，强大的客户服务，敏捷的供应网络，与业务合作伙伴的实时协作，有效的资源使用和改善财务绩效考核	智能需求管理 响应式供需匹配 动态流优化 企业计划对账 投资组合生命周期规划 供应网络设计

续表

一级能力	二级能力
智能供应：侧重于将构建自动化和智能能力纳入采购职能，通过影响采购职能的每个组成部分，以最大的价值从优秀的供应商那里采购商品和服务，同时提高采购运营效率，改善供应商关系并降低风险	总拥有成本 分类管理 寻源执行 智能合约管理 采购与合规 发票和付款处理 供应商合作
智能运营：采用数字和认知技术增强制造元素，实现数字供应网络中的高响应、自适应、数字化和连接功能，显著提高生产和运营的效能及安全性	动态运行感应 提高员工水平 流程数字孪生 行动指挥中心 总操作同步 自主过程控制
动态履约：通过跨企业系统的动态配送网络在正确的时间，以正确的数量、质量和状况为正确的客户或节点企业提供正确的产品和服务，同时为供应网络提供所需的水平，从而增强客户体验。通过应用领先的实践，增强技术能力和跨职能协作，提高物流的可见性、响应能力、可扩展性和灵活性	互连信号传输 产销监管链 全渠道订单履约 高效的仓库运作 最佳路径选择 自适应网络响应 高效的运输运营
数字开发：将数字化手段用于产品和服务的开发管理，这些产品和服务可以响应客户需求，并通过智能实时数据、先进技术和敏捷创新而转变，其直接结果是提高了设计质量和生产效率并增强了沟通效果	通用平台和产品架构 开发协作生态系统 基于模型的定义 开发自动化 消费模型设计 加速概念验证
连接客户：将供应链深入客户，侧重于收集实时反馈信息，并在整个供应链网络中使用这些信息，使公司能够增强传统的交易交互，从而使服务的全生命周期实现有效的客户参与	自助服务 定制体验 客户问题管理 智能产品跟踪 监控与洞察 产品即服务 互联现场服务

资料来源：罗戈研究院。

由此可见，把供应链系统与数字技术密切融合，通过数字技术的迭代升级为供应链协同创新赋能，是打造新型供应链的重要前提。

未来的供应链是大数据驱动下的供应链，通过对海量数据的整合和消费者需求分析，供应链核心企业将在真正意义上实现以消费者需求为驱动的供应链设计与精准的产品 / 服务。供应链未来真正要做的就是优化和预测。供应链数字化首先是把所有的环节连接起来，通过技术手段协同和共享各个环节；其次通过技术手段优化运营，用数据代替以前依靠人工经验的部分，自动化地一键完成这些环节，实施供应链全生命周期的管理与控制。制造业供应链数字化发展趋势如图 4-10 所示。

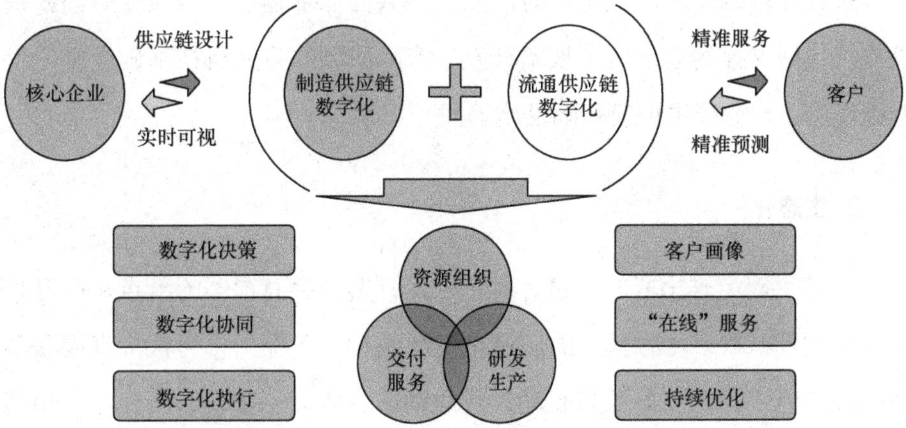

资料来源：数字岛研究院。

图 4-10　制造业供应链数字化发展趋势

物联网技术对制造业供应链协同的内容、方式产生变革性的影响。物联网会产生大量数据，企业应用物联网技术可以对原材料、半成品和成品的流动状态进行识别、跟踪与实时监控，使供应链系统中每家企业能及时地发现客户需求的变化，同步产品信息，以最低成本快速、及时地响应客户需求，从而实现供应链管理的集成化和智能化。

人工智能在制造业数字化供应链中扮演着“大脑”的角色。人工智能让数据参与自动化进程，并且区块链能确保进程的可追溯性与安全性。同时，人工智能的自主认知分析及控制还可用于提高预测的准确性、增强自动化决策水平，解决供应链时间安排问题，促进计划协同、流程改进以及重塑商业模式和生态系统，驱动供应链的自动动态调整与优化。

在供应链数字化的过程中，数字化基础设施的支撑作用比较明显。一是信息基础设施，包括以5G、物联网、工业互联网为代表的通信网络基础设施，以人工智能、云计算、区块链等为代表的新技术基础设施，以数据中心、智能计算中心为代表的算力基础设施等。二是应用互联网、大数据、人工智能等技术改造过的传统基础设施，包括智慧物流、智能交通、智慧能源基础设施等融合性基础设施。三是针对产业发展共性需求建设公益属性的创新基础设施，包括支撑科学研究、技术开发、产品研制的重大科技基础设施、科教基础设施、产业技术创新基础设施等。

2. 生态化

传统供应链是串联的长链，从供应商到客户会有很多的节点，很容易造成信息失真。数字化时代，供应链是并联结构，各部门可与客户直接联系，并以客户为中心，以需求为驱动，形成动态、协同、智能、可视、可预测、可持续发展的供应链生态网。从前，制造企业往往只注重供应链上下游，即自己的供应商和客户。未来，企业的竞争将逐渐转化为供应链生态圈之间的竞争。在供应链生态圈内，除了核心企业及其上下游企业，还包括信息系统和服务提供商、物流商、物流设备制造商等，供应链中企业之间的伙伴关系得到明显改善。传统供应链模式中各自为政、割裂的企业，将变成建立在合作共赢基础上的契约合作者。在供应链协同过程中，所有供应商、合作伙伴、客户、分销商联系在一起，不断选择价值链上最佳合作伙伴，实现协同工作，获得协同效应。通过对大量数据的挖掘和分析，供应链生态网可以协助企业预测和计划未来所销售的产品及数量，并根据客户需求、市场趋势、竞争形势、产品特性等来帮助客户进行选品规划，告诉客户哪类产品好卖，同时可以依据成本结构、市场均价、竞争对手的价格来建议定价，让客户产出更大的利润。对于供应链的各个环节，包括生产环节、供应商供货环节、产品配送环节，哪些商品供大于求，哪些商品供不应求，哪些产品要清仓处理，哪些产品要迅速补货或者调拨，供应链的应用流程模型都要清楚地知道，并且决策什么时候采购什么产品、分配多少、清理多少、放到哪儿去，从而在根本上控制整个链条上的库存，避免爆仓和缺货的现象，减少库存投资，让企业的利润率得以提升。制造业供应链协作网络如图 4-11 所示。

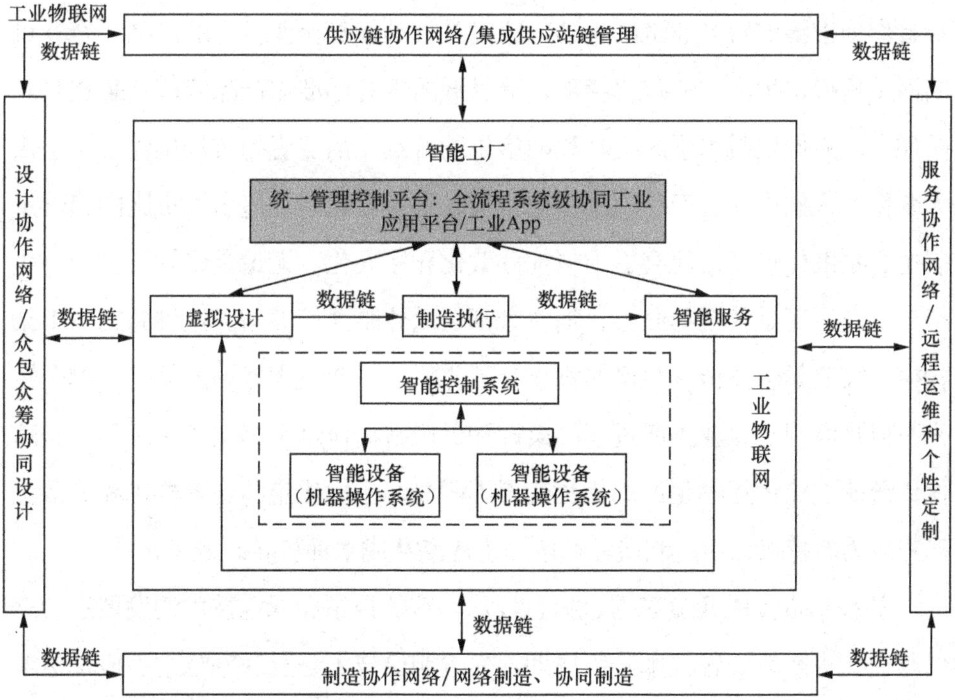

资料来源：民生证券研究院。

图 4-11 制造业供应链协作网络

制造业供应链协作网络既包括人与人的协同、企业与企业的协同、人与物的互联、物与物的互联等，是具有严密逻辑体系、丰富实践内涵的持续变化的复杂作用过程。供应链成员主体之间的相互作用及其效能的全面发挥以知识、信息、数据的充分共享为基础，以充分信任和满足各自的利益诉求为条件，以平台化、生态化的运行机制来实现。无论是在企业集团内部的各部门、各子公司间应用，还是由核心企业在外部供应链上拉动各个节点企业进行协同运转，网格化的每个环节都衔接良好，并通过两端向外延伸与扩展。

3. 智能化

智能制造日益成为制造业发展的主导方向。从需求的角度来看，过去消费者作为市场消费产业链的末端，往往是被动接受企业设计的产品，企业可以通过规模化生产、流程化管理，提供低成本的标准化产品获取竞争优势。而如今，人们生活水平的提高和网络化的普及使消费者的市场位置发生了很大变化，人们更注重产品的个性化特征，消费者逐渐从追求性价比向追求定制化、精细化转变，社会需求更加分散化和多元化。无论是研发与设计、生产与制造，还是营销与服务，消费者都可以体验式地参与。这种新的需求结构模式彻底颠覆了传统生产的垂直分工体系，虽然还未做到产品完全的个性化，但是对制造企业生产过程的柔性和供应链协作水平提出了更高要求，这使传统制造业大规模生产的优势变得不明显，个性化定制、多样化和分散生产将成为新特点，由此制造业竞争力也逐渐从成本优势转向效率优势。

从技术进步的角度来看，信息技术、智能技术和绿色技术的发展正使全球制造业进入新一轮技术升级周期，先进制造技术与互联网技术手段加速融合，以机器人、自动化生产线等为代表的智能装备开始在生产中得到广泛应用，信息化管理系统贯穿产品的全生命周期，又使设计环节到制造环节的时间大大缩短，新产品进入市场的时间成本得到显著节约，供应链上的各个环节更加紧密联系、高效协作，使个性化定制、分散生产与协同制造成为可能。

在市场需求和科技进步的双重推动下，制造业供应链智能化趋势明显。它以实现高效、优质、安全、敏捷生产为目标，运用智能软件、新材料、灵敏机器人等新制造方法，使生产方案和产业分工更加专业化与精细化，既保留大规模生产的低成本和高速度，又具有定制生产的灵活性，进而提高企业对市场的快速响应能力和竞争力。智能化技术及装备将被应用到制造业供应链的各个环节，以作业层面的自动化、运营管理层面的协同与管控，支持供应链可视、自优化、精准预测，并带动绿色制造和服务制造的发展，实现资源、能源的高效利用和对生态环境破坏的最小化。制造业供应链智能化的发展趋势如图 4-12 所示。

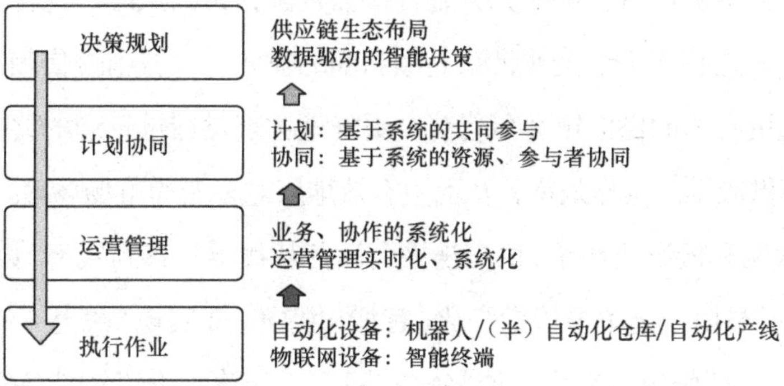

资料来源：数字岛研究院。

图 4-12 制造业供应链智能化的发展趋势

4. 集成化

集成不仅强调企业内部供应链高效协同，还强调按照企业任务管理的要求向上下游对外延伸。供应链通过对生产经营过程的物料流、管理过程的信息流和决策过程的决策流进行有效的控制和协调，将企业内部的供应链与企业外部的供应链有机地集成起来进行管理，达到全局动态最优目标，以满足在新的竞争环境下市场对生产和管理过程提出的高质量、高柔性和低成本的要求。供应链集成是供应链的体系各要素虚实合一的全面集成，并真正实现物流、资金流、信息流、商流“四流合一”。企业从传统的供应链转向集成化供应链模式，一般要经过5个阶段，包括从最低层次的基础建设阶段、职能集成阶段、内部供应链集成阶段、外部供应链集成阶段到最高层次的集成化供应链动态联盟，各个阶段的不同之处主要体现在组织结构、管理核心、计划与控制系统、应用的信息技术等方面。

随着供应链集成程度的提高，企业边界对于提高供应链效率和柔性方面不再举足轻重，供应链协作迈向更加精细、更加开放的层级，平台成为重要的产业组织形式。平台综合了来自不同渠道、地区、角色的数据与信息，发挥着引流、集聚和配置资源的枢纽作用，无论是推进供应链协同制造还是发展新型的服务型供应链，都能充分整合供需资源，评判风险、优化决策，把主要精力放在能够真正给企业带来高额利润的业务上，找到可信赖的合作伙伴，建立起更有力的供应链竞争优势，更好地实现供应链管理的终极目标，极大地提高供应链的运作效率，从而更有效地应对多变的市场环境。

在互联网和云端架构下，供应链平台运营从线下转移到线上，数据传输、信息处理、成员协作无不显现数字化、智能化特征。要实现“线上—线下”“实体—虚拟”交互作用，首先，要将物联网、云计算、人工智能等前沿技术和机器人等自动化装备嵌入供应链的各个环节，确保企业从客户需求到寻源、采购、制造，再到仓储和风险控制，能够与供应链体系内的任何相关方开展数据互换、数据访问和数据共享，并根据不同行业的产品和服务特点，协调软件接口，提高自身接入能力，实现基于数字化的企业、客户、供应商、渠道商等多接口的网络化效应；其次，应采用大数据分析和智能算法模型，建立人机互动协作体系，通过智能化手段开展对生产制造的监控、商品线上线下服务的跟踪等，提高需求预测的准确性、计划排产的有效性和物流配送的协同性，缩短从订单生成到交付产品的时间，提升供应链的响应能力和消费者满意度，实现产品的全生命周期管理；最后，借助数字化网络平台的优势培育提升系统数字化融合创新的能力，加强全球范围内供应链上下游企业间、同行业企业间的协作，在跨界整合、优化与协同的过程中形成供应链新的功能。

制造业数字化转型与供应链协同

制造业数字化转型与供应链协同的耦合关系

制造业数字化与供应链协同息息相关、相互作用与影响。一方面，制造业的数字化会促进供应链协同的开展，当制造过程局部的数字化水平提高、速度加快，就会引发供应链其他环节的瓶颈显现，继而引起企业对供应链协同的重视，促进供应链协同的改善与发展。另一方面，供应链上各个节点企业与组织之间分工越明确、配合越默契、协同效应越明显，就越容易推动产品和服务、软件与硬件、应用与平台相互交融，进而加快产业转型步伐，为不断发展新技术、新业态、新模式创造条件。

1. 数字化转型赋能供应链协同效率提升

受时间和空间的制约，传统供应链的信息传播局限于生产系统内原材料和成品端之间，这种线性传播途径灵活度较低，从工厂到客户之间的任意环节与距离都会产生效率和时间的损失，进而给供应链带来巨大的压力。由于没有数字化技术的有效支撑，需求预测将不具备指导性，客户需求将无法实时承接，订单及相关状态将无法实时反馈，多方企业的协作也将无法达成。而数据驱动下的供应链则完全不同，传统的价值链逐渐演变为矩阵式的价值网络。它采用互联互通的矩阵结构，具有较高的灵活度。这种结构摒弃了传统的线性传播途径，能够最大化地提高信息传播效率，以应对客户和市场需求的变化。基于这一网络，制造企业能够与生态体系内的任何相关方开展数据和信息的传送和接收，综合分析来自不同渠道和地区的数据与信息，为制造业产品实际生产和分销提供助力，从而有效应对多变的市场环境，并发掘新的价值。

相关调查显示，一半以上的供应链领域的高管认为大数据、云计算、人工智能、区块链等数字化技术可以彻底变革供应链管理，完整的数据采集、数据标注、时序数据库管理、数据存储、商业智能处理、数据挖掘和分析、数据安全、数据交换等能将供应链的反应时间提升 41%，将供应链效率提升 10%，将跨供应链的整合效率提升至 36%。由此可见，新兴技术的应用正在快速改变许多企业的产品设计、生产、分销和服务方式。这些变革引发的颠覆性影响达到空前水平，使数字世界和现实世界的界限日益模糊。只有以大数据、物联网、数字技术为先导，加强供应链系统与现代技术密切融合，形成数据管理和数据应用能力，逐步用数据和预测性的算法替代传统的库存和预测，避免多节点和冗余所产生的效率损失，持续促进供应链的技术升级，才能不断地增强供应链面向现代复杂性经济的敏捷性、适应性和协调性。

2. 数字化转型推动供应链标准化建设

2018 年，工业和信息化部发布的《工业互联网平台建设及推广指南》明确指出，要建立工业互联网网络标准体系，推动形成网络标准制定与推广机制，建立与国际标准化组织，主流开源项目的对标机制。完善标准体系建设已经成为加快工业互联网平台推进、实现全球引领的必要手段。因此制造业的数字化转型，必然带动和促进供应链标准化的发展。

目前，制造业数字化生产线还存在部分（半）自动化仓库对原材料不能适用的情况，其主要原因在于供应商包装标准化程度不够。包装标准化问题制约了供应链的协同发展，一直未能得到有效解决。现在一部分汽车厂商直接要求供应商采用与其装配线相匹配的料箱或者料架，这样零部件进工厂后就可以直接上线，实现了供应链协同与效率的平衡。然而，更多的制造企业却没有重视和提出办法来解决这个问题。在全球化的大趋势下，制造企业需要与零售商、物流商、供应商和最终客户建立更加紧密的供应链协作关系，方能在激烈的竞争中立于不败之地。企业在设计和制造生产线时，要考虑供应链标准化的事项，对物流上线方式与供应商的包装都要做相应改进，才能较好地解决供应链端问题，实现制造业的升级发展。

以华为巴西公司为例，华为应用工业互联网、大数据、云计算等技术，在供应链标准化基础上，实现端到端的企业与企业（Business To Business，B2B）对接。根据客户需求做好生产的大计划、小计划，再连通供应生产，实现物流可视、分包队伍可视、安装调试可视，以及验收、付款可视，每个业务领域都能够达到可视、可管理、可运营。一个中心仓库覆盖华为全巴西的业务，交付成本率从 27% 下降到 12%，华为巴西公司从原来 3000 多人，下降到 800 人左右，人力资源成本大幅下降。通过供应链标准化过程，华为巴西公司完成了端到端供应链的重组，应用智能供应链，从企业的业务变革、管理变革、组织变革等方面，实现了结构性的提质增效。

3. 数字化转型促进供应链服务延伸

在个性化需求极强的时代，人们已经习惯于享受快速服务、优质服务。延伸到供应链方面，企业需要考虑如何从原材料采购到生产制造，再到销售及末端的仓储运输，如何有效衔接以快速满足客户的诉求。数字化转型有助于打通全要素、全流程的数据链，促进产业链、供应链各个版块之间相互配合，实现企业与客户、供应商、物流服务商等实时互动，进而实现满足客户多元化需求的目标。数字化转型除了能精准定义客户需求，还能促进供应链流程再造和整合优化，鼓励制造企业专注于核心业务与产品研发，释放供应链物流需求，提升服务品质。这既有利于打破现有物流服务单一化、同质化、低附加值瓶颈，促进物流企业主动适应市场变化和客户需求，推动制造业和物流业“两业”联动，从简单外包、业务合作向深度融合、战略合作方向发展,不仅有利于把握物联网和5G等新一代信息通信技术成熟应用的发展契机，发展综合性、一体化、智能化的现代智慧物流，提高物流的综合效率，而且有利于优化制造业的物流服务环境，优化物流产业结构，不断适应制造企业创新发展需求，促进“两业”联动的进一步深化。

4. 供应链数字化助力转型价值实现

供应链的数字化过程与数字化转型的价值创造过程不谋而合。按照业务转型方向和价值空间大小，数字化转型的价值主要体现在生产运营优化、产品服务创新及业态转变上。而这些价值的实现需要研发、生产、营销、物流等方方面面的配合，只有站在供应链协同的系统视角上看待数字化转型过程，提升企业内外部供应链的数字化水平，才能产生良好的效应。传统供应链模式下，供应商、制造商、分销商、消费者之间信息交流存在迟滞，订单波动性放大，需求信息扭曲难以预测等导致的供应不确定性威胁着整条供应链的稳定，不利于企业经营效益的提升。在这种情况下，制造过程自动化程度再高，也达不到应有的效率。而数字化供应链通过内部供应链对机构与非结构数据的有效分析处理、外部供应链端到端的可视与透明度、良好的跨职能、跨组织协作能力，以及从“链”到“网”的转变，能使供应链的协同作用被充分发挥，保证企业乃至产业应需而变，进而实现上述价值目标。同时，不同供应链节点企业基于知识、信息、数据的充分共享、充分信任及共同利益开展协同创新，既是供应链核心竞争力构建的关键因素，也是数字化转型创新业态模式的重要手段。

制造业数字化转型与供应链协同的意义

制造业数字化转型与供应链协同以新一代信息技术与制造技术深度融合为特征的智能制造模式，正在引发新一轮制造业变革，数字化、虚拟化、智能化技术将贯穿产品的全生命周期，柔性化、网络化、个性化生产将成为制造模式的新趋势。制造业数字化转型代表着未来经济发展趋势。

1. 促进制造业高质量发展的新引擎

制造业从产业链低端向高端升级，需要充分整合产业链资源，进行更精细化的管理，提高效率、减少风险。随着制造业转型升级的提出，企业进行智能制造的需求更加迫切。越来越多的企业渴望收获数字化红利，实现更高的灵活性、更高的生产效率、更短的产品上市时间及更好的产品质量。信息技术向制造业广泛渗透，不断突破企业规模和组织界限，为产业结构优化调整、转型升级提供了新机遇。信息技术与能源、材料、生物和空间技术交叉融合，不断形成经济发展的新增长点。电子商务、现代物流、工业设计、软件和信息服务等现代生产性服务业发展步伐不断加快，成为制造业的"心脏"和"大脑"，为高端制造发展提供了重要支撑。近年来，我国企业管理的标兵——海尔集团以互联网技术为支撑，实施高水平的信息化建设，进行了适应互联网时代的商业模式、组织模式创新，供应链系统协同发展，进而推动海尔制造的转型升级，不但使海尔集团成功应对了"金融危机"的冲击，而且实现了逆势增长，尤其是利润的增幅远大于营收的增幅。

数字化转型以数据要素价值转化为核心，以多元化、多样化、个性化为方向，集中体现了创新的内在要求，使企业对外部环境的变化更敏感、更具灵活性和竞争力。数字技术大幅降低了信息、评价、决策、监督、违约等交易成本，加速了资源要素流动，提高了供需匹配效率，进而有效推动了产品与服务、硬件与软件、应用与平台走向交融，促进多品种、小批量、按需定制的灵活制造发展，形成基于市场需求、环境变化和项目任务快速建立工作团队的机制，充分理解客户需求，提供高效服务。

数字化转型带来的业务单元整合和跨组织供应链协作，有利于打破制造业生产、研发、售后的边界，通过协同研发、众包设计、网络制造等方式，延长产品的价值链，改变传统制造单纯靠产品赚钱的盈利模式，进而实现从提供传统产品向提供产品与服务整体解决方案的转变。随着供需之间距离不断拉近，线上、线下融合日益深入，制造业生产要素重构，产业新形态、业务新环节、价值新链条不断涌现，个性化定制、网络化服务、平台化运营、精准化营销的新型企业运营模式将激发大量新的消费需求，成为创新经济发展方式的强大动能。数字化转型蕴含着制造业高质量发展的活力因子，将形成强大的成长潜力，不仅有利于培育制造业发展的新动能，拓展制造业发展的新空间，对我国转变经济发展方式、构建现代化经济体系、引领经济新常态、推动供给侧结构性改革、建设创新型国家也将产生深远的影响。

2. 构建制造业生态圈的加速器

在传统封闭的工业技术体系下，制造业价值创造往往以产品为中心，关注的是企业内部生产过程中质量、效率的提高和人工的协同、物流成本的降低。数字化转型基于网络化思维将人、流程、数据和事物连接起来，连通企业内部和企业与企业之间的“信息孤岛”，通过企业内部、企业与企业之间的协同和各种社会资源的共享与集成，重塑制造业的价值链，快速、高质量、低成本地为市场提供所需的产品和服务。

数字技术、网络技术的普遍应用，形成泛在、及时、准确的信息交互方式，促进产业链的各个环节及不同产业链的跨界融合，搭建起信息互通、资源共享、能力协同、开放合作的价值生态圈。传统企业自上而下垂直的管理架构被打破，制造业组织加速从“金字塔”向扁平化、柔性化方向转变，全球化、服务化、平台化将成为制造业组织的新方式。企业与员工、客户、供应商、合作伙伴等利益相关者将更加紧密互动，通过精简流程、加强分权、扩大管理幅度、共享技术资源和能力，充分为个体赋能。企业与客户通过网络平台实现连接和交互，企业掌握用户的个性化需求，用户参与产品全生命周期活动，企业生产由以产品为中心向以用户为中心转型；企业能够通过设计和制造平台实现制造资源的全社会优化配置，生产过程更加柔性，能够实现小批量多品种的混流生产；整个制造系统的数据流、信息流被打通，实现企业及企业间的供应链、价值链的连接和优化，企业之间的协同效应更加明显。

3. 激发制造业创新创业的试验场

数字化转型以数字技术创新应用为牵引，改变了传统制造的生产方式，产品、装备及过程管理都呈现数字化特征，形成数字化创新产品、数字化制造生产线和数字化企业，进而满足信息技术创新、商业模式创新及制度创新的要求。

21世纪以来，移动互联、超级计算、大数据、云计算、物联网等新一代信息技术飞速发展，主要集中在人工智能技术的突破上。人工智能技术与先进制造技术的深度融合，形成数字化、网络化、智能化制造，成为新一轮工业革命的核心驱动力。通过深度学习、增强学习、迁移学习等技术的应用，制造领域的知识产生、获取、应用和传承效率将发生革命性变化。无边界化组织加速形成，基于跨行业、跨领域、跨主体的产业链平台，推动创新主体广泛参与协作，不再受既定的组织边界束缚，充分激发个体创新潜能。

当前，“互联网 + 制造”方兴未艾，背景、资金、技术对创新创业的制约大大减弱，各类群体面对开放、平等的创业、创新空间，其潜能被更大限度地释放出来，创业投资、创业平台得到“爆炸式”增长。大型制造企业积极转型，着力打造创业孵化平台，积极推动员工创客化，让员工变成创业者与企业的动态合伙人。中小企业创新的生态环境不断优化，创新创业成本大幅度降低，人人皆能创业的社会正在全面开启。

4. 防范制造业供应链风险的安全阀

数字化转型意味着打通产业壁垒，推动数据流动。在产业链上游，可以通过区块链、物联网等手段追溯到产品的生产源头及上游配件的供应商。这些数据对于产品的评估、升级的把控、资源的配置，以及避免供应链断裂和供应链风险至关重要。在产业链下游，可以利用物联网、大数据、互联网和智能终端等设备，直接获取客户对产品的反馈信息，将工业与服务业对接，既推动产品的销售，又增加产品后续的服务内容，提升产品价值。

目前，全球经济正进入一个深度调整的新阶段，我国及国际产业链和供应链安全压力日益增加。外部环境变化和疫情影响，使原材料断供和部分外贸撤单等情况频繁出现，给产业链、供应链带来极大的冲击。我国制造业积极利用数字化平台对市场需求、生产能力、产业链配套等情况进行监测预警，基于平台进行上游供给和全球采购，推动国内外上下游、产供销、中小微企业协同，全面整合国际市场和全球产业链的供应链资源，有效保证对可能停产断供的关键环节提前组织柔性转产和产能共享，在确保产业链主导权的前提下，补充供应链缺失环节，逐步形成以国内大循环为主体，国内国际双循环相互促进的新发展格局。

制造业数字化转型与供应链协同的原则

1. 以价值升级为引领

制造业可持续发展的根基在于不断创造价值效益。过去，制造业基于工业技术和专业化分工取得规模化发展效率，以增量带来长周期的回报。随着资源和环境约束的日益增强，制造业仅依靠增量和规模化发展已经很难应对市场环境的变化，而通过数字化转型实现价值体系的重构与优化，则可以提升制造业柔性发展和抗风险的能力，不仅可以提高产业链运行效率，激活存量业务，还能获取新的增量空间，推动产业链全面迈向高端化，实现价值升级的核心目标。

创造价值效益既是数字化转型的最终目标，也是促进供应链协同的落脚点。数字化转型的价值效益按照业务创新转型方向和价值空间大小，可分为生产运营优化、产品 / 服务创新和业态转变 3 类。数字化转型的 3 类价值效益如图 4–13 所示。

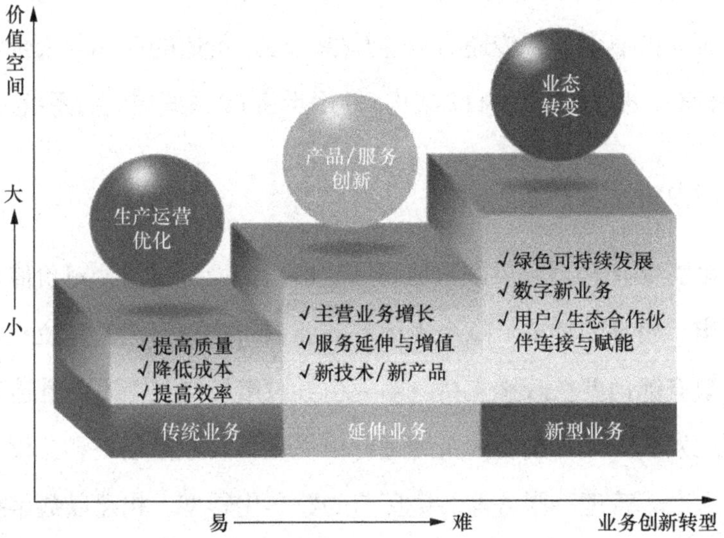

资料来源：点亮智库。

图 4–13　数字化转型的 3 类价值效益

其中，生产运营优化主要包括提高效率、降低成本和提高质量，活动往往集中在企业内部，价值获取主要源于传统产品规模化生产与交易。在提高效率方面，主要包括提高规模化效率和多样化效率；在降低成本方面，主要包括降低研发成本、生产成本、管理成本和交易成本；在提高质量方面，主要包括提高设计质量、生产 / 服务质量、采购及供应商协作质量和全要素全过程质量。

产品 / 服务创新类价值效益主要包括新技术 / 新产品、服务延伸与增值、主营业务增长，重在拓展延伸服务，延长价值链，开辟业务增量发展空间，价值获取主要源于已有技术 / 产品体系的增量价值。

业态转变类价值效益主要包括用户 / 生态合作伙伴连接与赋能、数字新业务和绿色可持续发展 3 个方面，侧重于发展壮大数字业务，形成新型业务体系，打造企业内外部有效链接的开放价值网络，价值获取主要源于对原有业务体系的颠覆式创新及与生态合作伙伴共建的业务生态。

当然，制造业门类繁多，不同行业应依据自身发展条件设置相对具体的业务场景和价值模式，参考上述价值效益分类体系，明确转型发展的总体需求，推动相关价值创造和传递活动的开展，促进价值的叠加与聚合。企业也应分阶段、有计划地部署新的 IT 架构，并逐步将 IT 系统与业务系统进行融合。

2. 以能力建设为主线

制造业数字化转型与供应链协同需要新型能力的支撑，对价值创造的各类主体提出了更高的要求。每个主体都需要重新找到自己的定位、发挥自身的作用。**政府部门**要在政策支持、产业引导、市场监管等方面营造有利于数字化转型的发展环境；**企业**要主动进行组织变革、业务创新和流程再造，推动研发、生产、管理、服务等关键环节的数字化转型，构建以数字技术为核心要素、以数据驱动为典型特征、以开放平台为基础支撑的新型竞争能力；**第三方机构**则要在数字化转型的标准规范制定、服务平台建设、知识产权保护和宣传交流推广等方面提供支撑。

以上各类主体也是数字化转型的主力军，数字化竞争以数据和算力为主导，在聚焦用户和追求精益的价值导向下，既要求具备数字化思维的领导者和员工能以开放的眼光和积极的心态拥抱变化，善于厘清问题的逻辑脉络，为制定战略与博采众长指明方向，也要求通过良好的数据采集、交换、开发将用户碎片化、个性化、场景化的需求连接起来，实现产业链供应链节点的数据集合，为科学决策和价值创造奠定基础，还需要基于融合应用和平台赋能开展生态合作，让供应链上的众多企业不再是一个个“信息孤岛”，实现研发创新和生产运营的敏捷执行和快速反应，提升全过程、全链条的综合效率。因此，制造业数字化转型必须加快数字化能力体系建设，大力促进制造企业在数据开发、产品创新、运营管控、用户服务、员工赋能、业态合作等方面能力的全面提升，为数字化业务转型与供应链协同实施落地提供保证。企业数字化新型能力体系如图 4-14 所示。

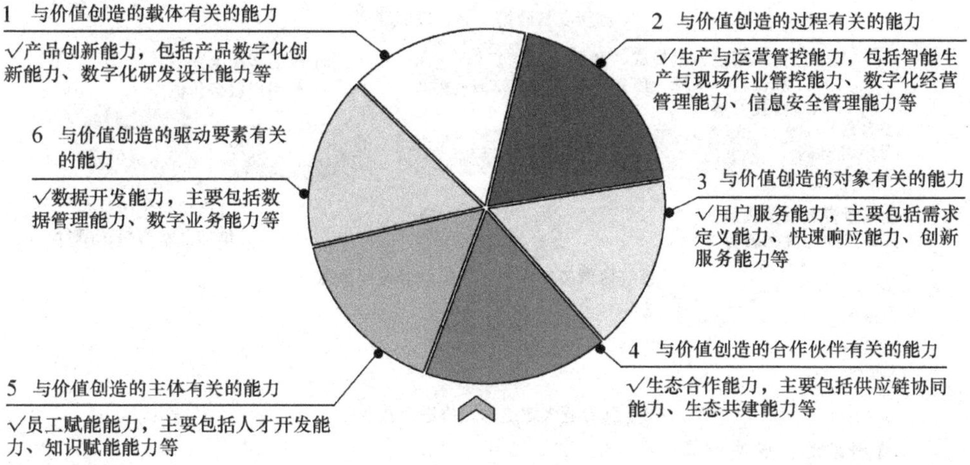

资料来源：点亮智库。

图 4-14 企业数字化新型能力体系

3. 以生态培育为重点

制造业供应链要素众多，发展不均衡，各类企业技术基础、生产能力、融资水平、运营效率有着较大的差别，整体效率和竞争力的提升并非易事。数字化转型与供应链协同就是要通过构建新型产业生态的方式改变这一局面，通过深度应用物联网、大数据、云计算、人工智能、区块链等技术，建立数据联通、业务交叉、运营协同的产业融合机制，增强企业间的连接能力、感知能力、响应能力与运作能力，为供需主体、供应链全链赋能。

平台是生态培育的载体，应将各类生产要素通过统一的规则和标准聚集于网络平台上，使生产、流通、分配和消费环节紧密连接，知识资源、技术资源、人才资源、金融资源广泛共享，企业、政府、中介机构协同运作，进而促进异质性企业、机构相互依存共生，形成共利、共赢、共享的生态体系。数字生态体系如图 4-15 所示。

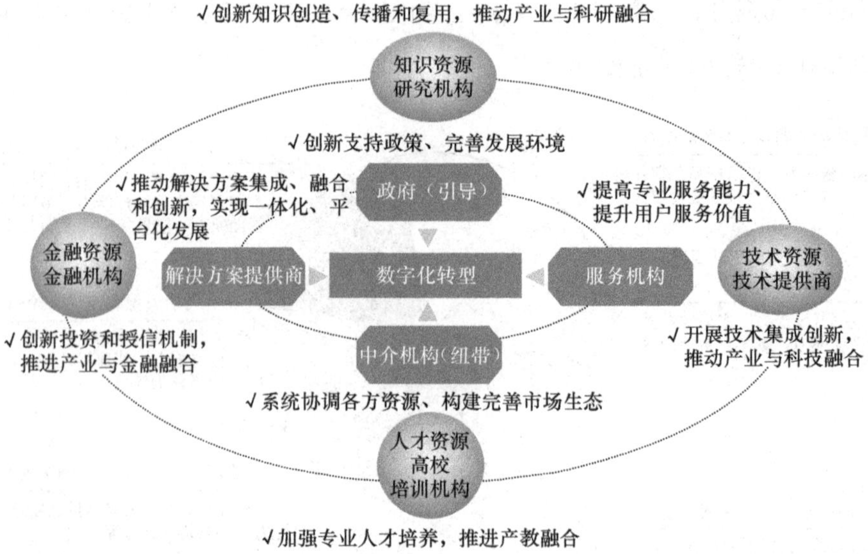

资料来源：点亮智库。

图 4-15 数字生态体系

在生态培育过程中，应促进大中小企业联动发展。要鼓励具有生态主导力的优质企业聚焦新一代信息技术、云计算、人工智能等前沿领域，攻克一批具有自主知识产权的标志性核心技术，提升数字化应用水平，并通过完善供应商长期合作机制，建立大中小企业长期稳定的协作关系，引领和带动上下游中小企业发展，增强供应链韧性。同时，为了提升中小企业数字化转型的内在动力，国家和行业要在基础设施、安全防护体系、数字化平台、人才教育、制度保障等方面向中小企业倾斜和提供支持，使更多中小企业能够以较小的成本压力、较适宜的转型速度推进数字化转型；核心企业和数字化方案提供商应依托自身优势为中小企业提供完整的业务指导、生产管理、交易撮合、流通服务、金融支持等，既保证自己合理的利润空间，也让更多的中小企业用得上先进的管理方式，用得起普惠的金融服务，用得好交易撮合服务，享受数字化转型的成果，从而促进行业整体性的转型升级。

第 5 章

全球制造业数字化转型与供应链协同现状

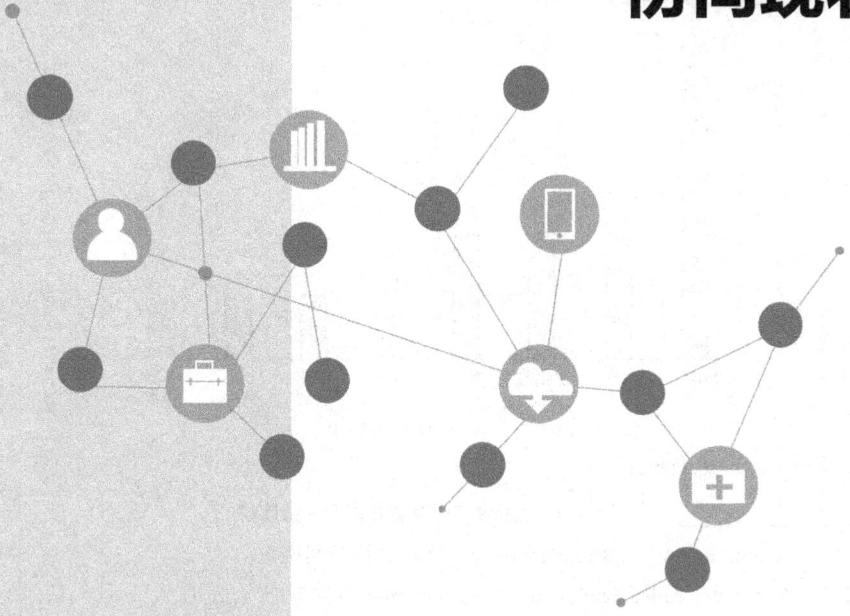

全球制造业数字化转型与供应链协同特点

数字化创新应用大量涌现

1. 工业大数据和人工智能服务于更多的应用场景

随着信息技术渗透到制造企业产业链的各个环节，条形码、二维码、工业传感器、工业物联网、工业自动控制系统、ERP、CAD/CAM[1]/CAE[2]/CAI[3]等技术广泛应用，企业拥有的数据日益丰富。德勤公布的《2019 年人工智能制造业应用调查报告》显示，2019 年，我国制造业可产生 1812PB 的数据量，远超过通信、金融等领域。巨量的数据信息使制造企业决策和控制活动难度骤然增加，迫切需要借助智能化技术进行分析解锁并加以应用。各行业 2019 年数据产生量比较如图 5-1 所示。

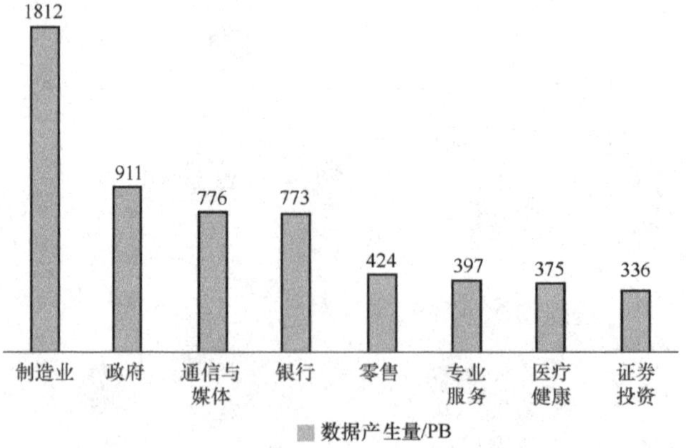

资料来源：德勤研究。

图 5-1　各行业 2019 年数据产生量比较

1. CAM（Computer Aided Manufacturing，计算机辅助制造）。
2. CAE（Computer Aided Engineering，计算机辅助工程）。
3. CAI（Computer Aided Instruction，计算机辅助教学）。

近年来，芯片运算能力提升、深度学习结合强化学习带来的计算机视觉、语音技术、自然语言处理技术使人工智能的应用日益广泛，效用也更为突出，成为新一轮科技革命的重要组成部分。人工智能产品和服务在现实生活中并不少见，小到多语言翻译软件、智能音箱，大到自动驾驶系统、协作机器人、工业设备远程运维系统、城市交通规划与安防系统，人工智能的发展已经远远超出人们的预期，各国政府纷纷将人工智能看作新一轮科技竞赛的制高点，研究机构、风险资本和企业也通过深度学习、增强学习、迁移学习等技术的应用，提升制造领域知识产生、获取、应用和传承的效率，积极寻求商业落地场景，协助技术转化，并集成专家经验，不断改进学习结果。

借助互联网、移动物联网等带来的低成本感知、高速移动连接、分布式计算和高级分析，工业大数据和人工智能在制造业中已经应用于智能化生产、产品与服务、企业运营管理、供应链、业务模式决策等多个场景，涉及产品创新、产品故障诊断与预测、工业生产线物联网分析、工业企业供应链优化和产品精准营销等方面。工业大数据与人工智能的典型应用场景及案例见表 5-1。

表 5-1 工业大数据与人工智能的典型应用场景及案例

应用场景	应用案例
产品故障诊断与预测	应用传感器和互联网技术，波音公司飞机系统的发动机、燃油系统、液压和电力系统等反映飞机在航状态的数据不到几微秒就被测量和发送一次。这些数据一方面被用于未来某个时间点进行工程遥测数据分析，另一方面也实现了实时自适应控制、燃油使用监测、零件故障预测和飞行员通报，能有效实现故障诊断和预测
工业物联网生产线分析	西门子公司在制造生产线上安装多个小型传感器用以探测温度、压力、热能、振动和噪声，每隔几秒就收集一次数据。利用这些数据，既可以进行设备诊断、用电量分析、能耗分析、质量事故分析等，又可以了解整个生产流程的每个环节是如何执行的，进行必要的生产工艺改进。一旦某个流程偏离了标准工艺，就会发出报警信号，快速地发现和解决问题

续表

应用场景	应用案例
工业供应链优化	海尔集团应用 RFID 等产品电子标识技术、物联网技术及移动互联网技术，将供应链各个环节中的客户数据、企业内部数据、供应商数据汇总到供应链数据体系中，通过供应链上的大数据采集和分析，持续进行供应链改进和优化，大幅提升仓储、配送、销售效率，有效降低成本，保证了海尔集团对客户的敏捷响应
生产计划与排程	美的家用空调公司在工厂的柔性装配线、工序、工板上安装 RFID 标签，实现家电装配过程数据自动采集，数据采集率提升至 99%，MES 数据准确率提升至 90%。通过及时采集在制品状态和生产工序状态，为 MES 提供数据支撑，保证 MES 及时地生产调度每个工作站，使每个工作站在周期内都处于繁忙状态，以完成最多的操作量，从而减少闲置时间，提高生产效率
远程运维服务	FANUC公司推出了零宕机服务，对正在服役的工业机器人提供远程运维服务，如果传感器指示关键零部件有故障隐患，则可以提前预警，并利用客户企业公休时间进行维修，确保客户能够正常使用
产品精准营销	本田汽车公司通过大数据技术，搜集并分析车辆在行驶中的一些信息，例如道路状况、车主的开车行为、开车时的环境状态等，这些信息一方面帮助汽车制造公司预测电池的寿命还剩下多长，以便及时提醒车主更换，另一方面也可以将其提供给研发部门，作为未来设计电池的参考

资料来源：根据网上资料整理。

2. 工业机器人提升装备智能化水平

在多学科相互渗透交融的基础上，全球机器人前沿技术迅猛发展，机器人正逐步由流程自动化的机器向能够感知甚至是决策的智能化设备发展，具备独立识别、推理、判断和决策的智能化机器人正在成为机器人的主流。工业机器人的研发更趋向采用组合式、模块化的产品设计思路，人机融合成为工业机器人研发过程中的核心理念。随着标准化结构、集成一体化关节、灵活人机交互等技术的完善，工业机器人的本体越来越小，标准化、网络化水平和器件集成度大大提高，具有更好的易用性与稳定性，部分人机互动机器人已经能够像人类一样主动适应不断变化的现实环境，并快速改变应用，以更安全、更精准、更灵活的方式工作。例如，2019 年，美国人工智能研究组织 OpenAI 的机械手 Dactyl 采用强化学习模式，具有自学习特性，不需要进行特定任务编程和频繁的人工干预，在 4 分钟内成功还原三阶魔方，向真正的人工智能机器人迈进了一步。麻省理工学院开发出一种新型机械臂系统 RoboRaise，可通过附着在人类二头肌、三头肌上的非侵入性肌电图传感器跟踪肌肉活动，对人类手臂做出的动作实时复制，与人类实现无缝配合。

机器人技术不断发展，不仅让机器人能实现的功能越来越多，机器人的便捷性、安全性和精确性更强，也促使机器应用领域不断拓展，市场化水平不断提高。国际机器人联合会的数据显示，2019 年全球机器人产业市场规模为 294.1 亿美元，其中，工业机器人市场规模为 159.2 亿美元；我国机器人市场规模为 86.8 亿美元，其中工业机器人市场规模为 57.3 亿美元。2019 年全球及中国机器人市场结构如图 5-2 所示。

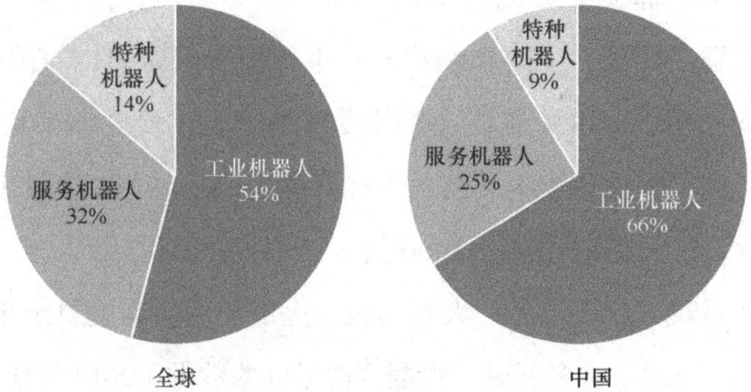

资料来源：国际机器人联合会，中国电子学会。

图 5-2　2019 年全球及中国机器人市场结构

世界上已有数百万台工业机器人正在各种生产现场工作，成为制造业转型升级不可或缺的核心自动化装备。机器人在各种场景下的应用不仅促进了智能生产、智能物流水平的提高，也进一步缓解了老龄化趋势下的适龄劳动力不足的问题，展现出提升全要素生产率的巨大潜力。

3. 3D 打印塑造市场快速响应能力

3D 打印技术集 CAD/CAM、激光技术、光化学、控制、网络和材料科学等多方面技术和知识于一体，是 CAD 建模、激光、测量、接口软件、材料、数控、精密机械等学科的集成，可以改变以流水线为代表的大规模的生产模式，使产品的生产转向个性化和定制化，应用场景相当多样。近年来，美国的大学和研究机构在 3D 打印技术领域进行了积极探索，取得了丰硕成果。例如，美国的北卡罗来纳大学研发出可一次性打印完整物体的 3D 打印系统，不需要像常规设备一样逐层打印，打印出来的结构表面也更光滑；美国劳伦斯 · 利弗莫尔国家实验室和加州大学开发新技术，将金属 3D 打印的残余应力降低了 90%，可大幅提升金属 3D 打印零件机械性能；美国伊利诺伊大学芝加哥分校开发出不需要支架即可 3D 打印生物组织的新技术，有助于解决生物 3D 打印中支架降解时机难把握、降解产生有毒副产品等问题。此外，中国和西欧国家也积极参与到 3D 打印技术的合作研究与开发应用中。中美高校合作开发出纳米级飞秒投影双光子光刻 3D 打印技术，在不牺牲分辨率的情况下能够实现微小结构的高速制造，速度比已有的双光子光刻技术快了 1000 倍。

小到儿童玩具、工艺品，大到飞机、火箭使用的高度复杂零部件，3D 打印机已广泛应用于诸多领域。根据赛迪顾问的数据，2019 年全球 3D 打印产业规模达 119.56 亿美元，同比增长 29.9%。独立制造是其最大市场，占比达 53.8%，其次是医疗保健、教育、专业服务等领域，2019 年全球 3D 打印应用领域占比如图 5-3 所示。在独立制造中，工业机械、航空航天和汽车行业的应用较多，分别占比 20.0%、16.6% 和 13.8%。

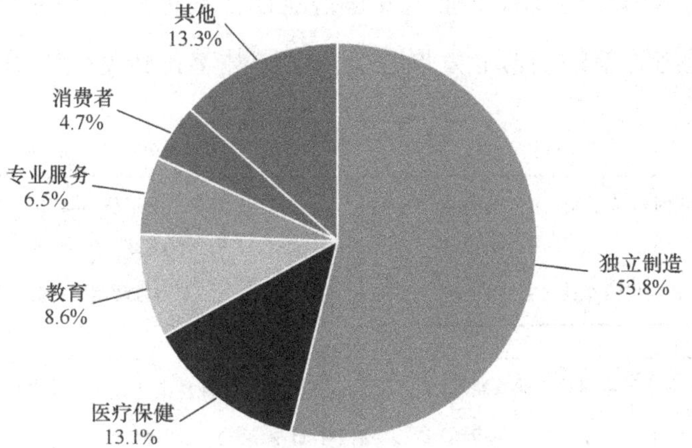

资料来源：赛迪顾问。

图 5-3 2019 年全球 3D 打印应用领域占比

各国制造业数字化转型战略不断升级

加快推动制造业数字化转型已经成为全球主要国家变革发展方式、重塑竞争优势的共同战略选择。发达国家布局较早，美国的《先进制造业国家战略计划》、德国的《德国工业 4.0 战略计划实施建议》、日本的《机器人新战略》等率先聚焦工业互联网、机器人、数字制造等领域，有效地促进了中高端制造业回流。

2016 年之后，人工智能在全球范围内兴起，面对智能化浪潮，发达国家进一步升级完善原有的数字化战略与政策，基于自身技术实力和产业优势密集部署人工智能计划。美国将人工智能置于其科技版图的核心，将政策态度从“引导和扶持”转为“必须领先”；德国把构建一个互联互通的全球数字生态作为“工业 4.0”的发展愿景，明确了数字化转型的五大行动领域，建立了技术、商业模式双轮驱动的推进机制；日本针对本国严峻的老龄化问题，着重研究人工智能在机器人、医疗、汽车交通等领域的应用，提出依靠技术创新和互联工业建设超智能社会的目标。英国、韩国、印度等国家也提出了新的制造业发展政策。各国数字化转型战略演变升级如图 5-4 所示。

美国：工业互联网（2012年）⇒先进制造业美国领导力战略（2018年）
高度重视新一代信息技术主导的先进制造业

英国：高价值制造战略（2008年）⇒英国工业 2050 战略（2018年）
着力推动制造价值链的数字化

德国："工业 4.0"（2013年）⇒国家工业战略2030（2019年）
推动新一代信息技术与制造优势融合

日本：工业价值链计划（2015年）⇒"互联工业"战略（2017年）
延续人、机、物互联的工业现场优势

韩国：制造业创新 3.0 战略（2014年）⇒制造业复兴发展战略蓝图（2019年）
发挥信息技术优势，打造新兴制造业强国

印度："印度制造"计划（2014年）⇒人工智能国家战略（2018年）
加强人工智能在工业领域的应用

资料来源：中国信息通信研究院。

图 5-4　各国数字化转型战略演变升级

与此同时，更多的国家积极加入制造业数字化转型的行列，出台了相关政策和官方计划促进本国制造业的数字化转型升级，例如，中国先后出台了《"互联网 +"人工智能三年行动实施方案》《智能制造发展规划（2016—2020 年）》等，推动制造业核心技术攻克、实际场景应用、跨界融合发展等；俄罗斯发布《2017—2030 年俄联邦信息社会发展战略》《俄罗斯联邦数字经济规划》等促进信息通信技术应用，加快智能制造、智能物流发展等。美国、中国、欧盟、日本、韩国、印度、新加坡等近 30 个国家和地区发布了与制造业数字化相关的战略规划和政策部署，在基础设施搭建、科研创新投入、人才培养、合作交流等方面给予了支持鼓励。世界各国支持制造业数字化转型的政策见表 5-2。

表 5-2 世界各国支持制造业数字化转型的政策

国家	政策	时间
美国	《先进制造伙伴计划》	2011年
美国	《先进制造业国家战略计划》	2012年
德国	《保障德国制造业的未来：关于实施“工业 4.0”战略的建议》	2013年
日本	《机器人新战略》	2015年
中国	《智能制造发展规划（2016—2020 年）》	2016年
俄罗斯	《俄罗斯联邦数字经济规划》	2017年
美国	《先进制造业美国领导力战略》	2018年
法国	《利用数字技术促进工业转型的方案》	2018年
日本	《日本制造业白皮书（2018）》	2018年
英国	《产业战略：人工智能领域行动》	2018年
韩国	《第四期科学技术基本计划（2018—2022）》	2018年
印度	《人工智能国家战略》（讨论稿）	2018年
美国	《国家人工智能研究和发展战略计划》新版	2019年
韩国	机器人制造业发展蓝图	2019年
德国	《国家工业战略 2030：对于德国和欧洲产业政策的战略指导方针》	2019年
新加坡	《人工智能治理框架建议模型》	2019年
俄罗斯	《2030 年前国家人工智能发展战略》	2019年

资料来源：根据网上资料整理。

领军企业开展数字化多元探索

面对数字经济大潮，国际领军企业纷纷顺应新形势，主动参与组织变革、业务创新和流程再造，通过战略并购、搭建平台等方式，推动研发体系开放化、生产方式智能化、产品服务个性化、价值网络生态化，形成以数字技术为核心要素、以开放平台为基础支撑、以数据驱动为典型特征的新型企业形态，巩固和增强自身在国际产业分工中的领导地位，力求占领数字化转型制高点。

以微软、IBM 公司、SAP 公司等为代表的信息技术领域的大型企业加紧布局大数据、物联网、人工智能、虚拟现实等数字技术新领域，致力于提供平台化的系统解决方案，逐步向数据驱动、在线协同、弹性扩展的服务商转型，成为数字化转型的推动者和率先实践者。例如，微软建立了拥有强大计算能力和数据存储功能的微软智能云 Microsoft Azure，在“云”上的智能企业应用平台 Dynamics 365 能全面整合 CRM 和 ERP 系统，提供现代化的细分功能模块，并应用微软在图像识别、语音识别、机器翻译、机器阅读理解等方面的突破性成果，为物流、制造、金融等各类企业的创新注入人工智能、商业智能、混合现实社交及移动应用。SAP 公司推出了涵盖边缘计算、大数据处理与应用开发功能的 Leonardo 平台，覆盖企业研发、供应、生产、销售、服务全价值链，连接相关利益各方，在物联网、数字孪生、企业资产管理、数字化工厂、机器学习、区块链交易六大领域，支持制造企业全方位的数字化转型。

通用电气公司（GE）、西门子公司（Siemens）、美国参数技术公司（PTC）等大型制造及自动化企业则加快布局以云计算与大数据为基础设施的信息物理系统，打通设备、平台、用户之间的数据链，通过对产品全生命周期的数据集成与分析，提升产品、装备、生产、管理、服务等全方位的智能化水平，构筑新的价值体系，并不断将数字化解决方案拓展到更多的行业，提供全行业服务。通用电气公司将公司数字化部门独立出来，组建独立运营的公司，整合包括资产绩效管理、自动化、制造执行系统、运营绩效管理等在内的公司内部多种数字化工具、资产和能力，构建了领先的工业互联网完整解决方案，服务于多个行业。西门子公司在 2016 年并购了计算流体力学仿真企业西递安科（CD-adapco）和电子设计自动化仿真巨头明导（Mentor Graphics），在 2017 年和 2018 年又分别收购了汽车和自动驾驶仿真测试企业 TASS International、前传网络创新测试供应商 Sarokal，建立了覆盖全生命周期的完整数字孪生模型体系，大幅提高了产品创新速度及制造效率。2019 年，西门子公司进一步推动过去各种割裂的数字化解决方案的集成与融合，率先实现了多种工业数字化解决方案的改善与整合。此外，为搭建低门槛的数字化平台生态，将需求端更多的服务开发者和中小企业纳入生态之中，跨越网络效应启动的临界点，实现平台生态的快速扩张，西门子公司还并购了代码应用开发平台 Mendix，以降低工业应用软件的开发难度，吸引更多应用开发者进入西门子的数字化生态中。美国参数技术公司也面向平台的需求端，通过并购软件即服务（SaaS）产品开发平台 Onshape，推动资产设备的连接、数据分析能力的建设及整体解决方案云化，带动从单次购买向订阅付费的商业模式转变，为广大中小工业企业提供弹性、按效果付费的服务，进而降低了工业企业数字化转型的成本，使更多中小企业加快进入其数字化平台生态。

在布局工业互联网、实现智能化生产及服务方面，许多企业也进行了有益的尝试。例如，无人机系统公司斯塔克（Stark）实施工业互联网解决方案，大幅提高生产能力，实现了先进制造工艺的数字化；施耐德电气公司（Schneider Electric）推出“透明工厂计划”，将精益化、数字化和自动化融合，结合系统级别节能增效解决方案，助力用户实现业务、数据及决策透明化；艾波比集团（ABB）利用能力解决方案、互联数字化技术、协作机器人技术及创新人工智能研究打造“未来工厂”；阿里巴巴平头哥半导体公司发布可运用于“城市大脑”、自动驾驶等场景的人工智能芯片，大幅提升了运算效率并降低了成本；敦豪航空货运公司（DHL）投资3亿美元在北美仓库部署智能技术、自动驾驶车辆和采摘机器人，并在芝加哥开设创新中心，开发新技术以探索数字化供应链。

供应链数字化协同效能大幅提升

数字化时代的供应链不仅局部应用大数据、人工智能等前沿技术，而且经过流程与先进技术的融合，通过过程场景设定、识别和响应机制，实现供应链上需求信号与供给信号的多触点对接，保证每个节点上的数据能得到跟踪，有效连接、高度协调节点企业，实现自动化、精确化的供应链运作。它还能利用在线数据管理、大数据集成管理、人工智能辅助决策等帮助解决供应链协作中的复杂性问题，从而使工业经济时代的全面质量管理、卓越绩效管理、精细化流程管理、计算机辅助决策等得以改进与优化，最大限度地提高效率，满足客户对增加灵活性、可视性和透明度的需求，做到对市场更快、更精准的响应，产生更多的全链路协同创新价值。

传统的供应链管理工具——ERP/SCM系统主要负责记录和存储订单交付、发运和交易数据，这样的系统扩展性有限，难以适应数字经济时代对速度、质量、准确性要求都较高的市场竞争。消费个性化、生产定制化的升级更迭，线上线下渠道的多元化融合趋势，使供应链的动态性和网络性进一步凸显，供需关系更加紧密、信息交流更加充分。基于供应链系统与现代技术密切融合的供应链协同创新，用数据和预测性的算法替代了传统的库存管理和预测，提高了过程能见度，有效地实现了客户集成及供应链需求和风险预测。供应链应用流程和原理如图5-5所示。伴随供应链流程数字化的推进，一系列供应链协同创新应运而生。

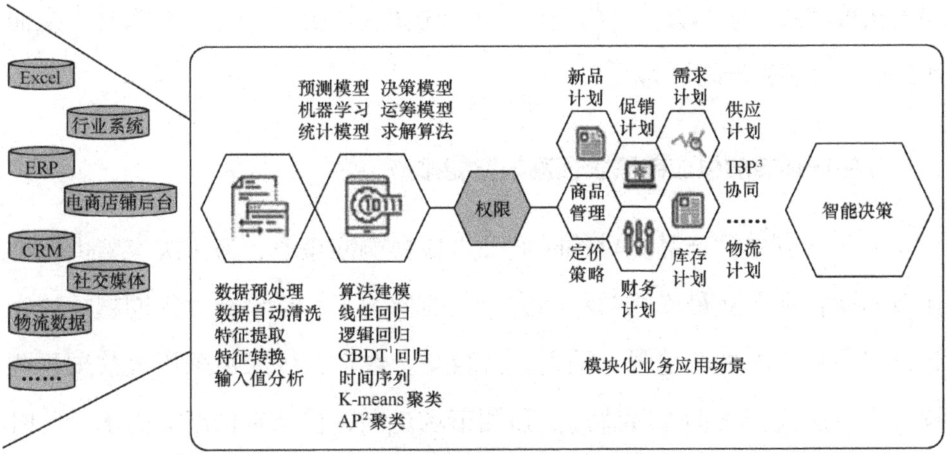

注：1. GBDT（Gradient Boosting Decision Tree，梯度提升决策树）。
2. AP（Affinity Propagation，近邻传播）。
3. IBP（Integrated Business Planning，集成业务计划）。

图 5-5 供应链应用流程和原理

1. 研发环节的供应链数据交互与过程仿真

在数字化转型的过程中，企业研发部门要站在全价值链的高度来思考产品的可制造性、可流通性、安全性、可靠性和客户的满意度，还要结合制造、物流、销售的智能化需求，以期缩短产品开发的生产周期，实现大规模快速定制化生产，提高消费者、客户对产品或解决方案的满意度。显然，这项活动需要来自供应链节点企业的大量数据交互和过程仿真。完整的数据采集、数据标注、时序数据库管理、数据存储、商业智能处理、数据挖掘和分析、数据交换等数据管理和数据应用能力是有效研发的基础。研发过程中通过智能嵌入技术获取和传输实时数据，减少因数据不精确、数据滞后或环境差别造成的产品开发风险；应用可视化技术，供应链能够实现可视化联动和虚拟个性化，在生命周期各阶段快速追踪到产品及零配件、元器件，以帮助研发部门得到及时的产品数据，不需要等待硬件到位就能进行性能测试，大大缩短了研发周期，提高了研发效率。此外，模块化技术还可以使客户在最短时间内获得解决方案配置，并将模块化设计运用到生产线制造流程管理，从而达到快速定制生产的目的。

2. 生产环节的供应链需求预测与智能排产

从生成订单到产品交付的时间及供应链响应策略，通常决定着供应链环节的库存和企业最终的盈利能力。一般情况下，订单交付周期越短的企业，客户响应能力就越强，反之，就越差。数字化供应链采用大数据预测和智能算法模型帮助实时感知、预测市场走向，精准定位产品需求。此时的需求预测和供应链资源计划不再是人工编制或者独立的部门计划模块，而是由基于物联网和大数据的智能化的供应链协同系统完成。在这种情况下，大数据反映的是消费群体、行为导向、典型事件影响等，供应链协同系统根据这些信息做出初步预测和引导，并结合大型客户和关键渠道包含的重要变数信息进一步修改和调整，以完成客户价值引导和快速订单响应，决定其进入和退出市场的节奏和方式。除了需求预测信息，销售速度、库存水平和消费者满意度等方面的信息也可以通过大数据在供应链企业和客户之间沟通传递。企业借助实时、准确的数据，实时掌控设备与产线的实际能力约束，对不同优先级的订单进行智能排产，既能长远规划产销平衡，也能短期应对产销波动。

3. 采购环节的供应商协同到货

数字化模式下的采购活动以供应链交付计划为驱动力，基于信息平台，在高度认同的供应链战略协同下开展，联动成品物流计划，形成主要的生产计划、作业计划，从而拉动供应物流计划、物流配套计划及产线工位配送计划，最终形成“计划—采购—物流—信息”一体化端到端的纵向管理体系。其中，供应商能够与采购方实现软件互联互通是先决条件，采购方的计划需要直接传递给供应商的主生产计划系统，供应商的发运计划必须与采购方的作业计划系统对接，采用软件系统完成，并且要求采购全过程条码化或者采用 RFID 技术。运营过程更是要求实时可视、模块联动。同时，由于每个订单、每个物料（产品）都有自己的资源要求，容易导致资源再分配计划，所以供应链运作部门还需要将不同运作逻辑的物料和订单横向协同起来，最终形成互联互通的供应链体系。

4. 物流环节的智能装备与协同方案

智能物流包括智能方案、智能输送和数字仿真，具体涉及采购环节的智能物流、制造环节的智能物流、成品环节的智能物流，以及回收环节的智能物流。其中，采购环节的智能物流主要涉及先期发运通知、EDI 互联互通、精益包装及配送、到货计划协同、智能化收货等。制造环节的智能物流主要是厂区内部智能仓库、仓库管理系统 / 仓库控制系统（Warehouse Management System/ Warehouse Control System，WMS/WCS）、智能输送至工位（与智能制造设施对接）、条码 /RFID 数据识别、智能单元化包装（与机器人对接）、自动化装配技术及制造过程数据化追溯等。成品环节的智能物流主要是成品进入智能化成品仓库、智能化装车算法、快速智能化装柜技术、智能化成品运输、发货计划协同、经销商智能仓库、全过程导航与追溯等。回收环节的智能物流主要是包装材料、容器具、不良品的智能循环、智能追溯的过程。

从信息驱动到库存控制，再到智能物流设施动态管理，物流技术的进步为供应链提供了智能的系统控制解决方案。在智能物流作业中，AGV 扮演着重要角色。在大规模定制的制造模式下，AGV 可以根据不同的运输和组装要求应用不同的模式。例如连续输送模式、堆垛机模式、密集存储模式、多向穿梭小车模式等，大大提高了运送效率，节约了成本。对于离散型制造特点明显、体积庞大的飞机、轨道交通等产品制造来说，AGV 移动工作台是一个不错的选择。随着工业机器人的广泛使用，人机交互更加频繁，不同的生产环节可以通过操作人员（或者人工智能控制的机器人）按照定制产品的需要来使装配流程做出改变，更可以通过系统仿真将虚拟世界和现实世界连接起来，通过虚拟订单，查看工厂里的各种物料、设备及工艺流程，及时发现问题并实时解决。

数据与供应链安全问题引起高度重视

在产业分工不断深化、资源要素全球配置的背景下，数据已经深度嵌入制造业生产和流通的各个环节，成为连接供给侧和需求侧的关键纽带，企业、产业甚至国家竞争都体现出供应链竞争的特征，各国对数据及供应链安全的认知也已从传统的个人隐私保护上升到维护国家安全的高度，并持续完善数据安全战略规划、法律法规及标准规范，以期实现数据安全、国家安全与经济发展之间的平衡。

欧盟是数据安全环境建设的重要推动者。早在 2016 年，欧盟立法机构就推出了首部网络安全法规——《网络与信息系统安全指令》，要求基础服务运营者、数据服务提供者履行网络风险管理、网络安全事故应对与通知等义务，并要求欧盟成员国制定网络安全国家战略，加大在网络安全技术研发方面的投资力度等；2018 年，欧盟出台的《通用数据保护条例》正式生效，进一步明确了互联网用户掌控自身信息的权利，要求企业数据管理和处置者必须严格履行用户隐私保护责任，否则将面临高达 2 万欧元或相当于 4% 全球营业额的罚款，这一条例成为全球各国数据保护和隐私定义的重要参考标准；2020 年，欧盟委员会发布了《欧洲数据战略》及其配套的《数据治理法案》提案、《欧洲数据保护监管局战略计划（2020—2024）》《为保持欧盟个人数据保护级别而采用的数据跨境转移工具补充措施》等一系列政策法规，旨在建立欧盟范围内统一的数据治理框架，全面加强数据安全和个人隐私保护。

在欧盟的带动下，其他国家也陆续强化了数据与个人信息保护方面的相关立法。2020 年，美国发布《联邦数据战略与 2020 年行动计划》，确立了保护数据完整性、确保流通数据真实性、数据存储安全性等基本原则；英国发布《国家数据战略》，强调搭建国家层面的数据安全治理方案，为建设促进增长和可信赖的数据机制提供指导方向；日本和新加坡分别完成了日本《个人信息保护法》和新加坡《个人数据保护法》的修订，明确了个人数据权利及外部使用限制；阿联酋和新西兰分别出台《数据保护法》和《2020 年隐私法》，加强了对数据安全及个人隐私保护的规制建设；加拿大出台了《数字宪章实施法案 2020》，提出了保护私营部门个人信息的现代化框架；西班牙数据保护局发布《默认数据保护指南》，阐释了默认数据保护原则的策略、实施措施、记录和审计要求等，为企业实践数据保护原则提供具体指导。在完善数据安全政策的同时，各国还建立了专门的数据安全监管执法机构，例如美国商务部成立了联邦数据服务咨询委员会，德国成立了用于打击网络威胁、开展网络安全创新的国家网络安全机构，巴西建立了国家个人数据保护局，韩国成立了个人信息保护委员会等，用以推进开展数据安全风险咨询评估、调查违法违规行为，并促进数据保护的国际合作等。为防止大型互联网企业滥用数据优势侵害到消费者隐私或进行非法数据贩卖，各国还加大了对大型互联网企业违法违规行为的惩治力度，Facebook 因违反用户隐私保护策略和进行数据非法跨境传输，分别被美国和爱尔兰政府施以 50 亿美元和 28 亿美元的巨额罚款；法国、加拿大等国家也对 Twitter、谷歌等企业的违法违规行为开出了高额罚单。

为应对日益突出的数据安全问题，我国也积极行动，已出台《中华人民共和国民法典》《中华人民共和国网络安全法》《中华人民共和国数据安全法》和《中华人民共和国个人信息保护法》4部数据安全保护基本法律，这些法律配套的法规制度也在加快制定出台。同时，数据跨境流动、个人信息保护、新技术新应用数据安全防范、重点领域数据安全保护等方面的数据安全相关国家标准也密集发布，对防范和遏制数据地下交易、跨境网络攻击、互联网平台企业滥采滥用个人信息并实施数据垄断等安全问题起到了良好的威慑作用。

随着制造业供应链越来越复杂，层级和节点越来越多，其不可预测的脆弱性也随之增加。当链条上的任何一环断裂时，上游和下游的供应商和消费者都会被波及，进而影响整个系统。尤其是关键节点被切断时，经济活动受到的干扰将更严重。新冠肺炎疫情的暴发令全球制造企业措手不及，恰好说明了这个问题。

于是在思考未来供应链协同的过程中，相比以往的只注重效率和成本，越来越多的企业开始将目光聚焦到供应链的韧性上。从成本导向转向成本与风险并举，从全球布局转向区域布局，从单一供应源转向多元化备份，成为制造企业应对未来不确定环境的战略选择。同时，企业加快供应链数字化进程，更好地了解生产过程中供应链的脆弱性，详细定位全部的直接和间接供应商，充分发挥信息流和数据价值，支持生产服务企业间的关系、生产流程和客户行为模式交流的规划和协调，尽可能降低供应链管理和交易成本。

此外，世界各国为保障本国或区域内的经济安全、民生安全和国家安全，将供应链从企业微观层面上升到国家战略和全球治理的宏观层面，把供应链政策作为提升产业竞争力和经济实力的重要手段和推进多边合作的战略工具。发达国家和地区的供应链政策主要包含两个方面的内容：一是构建高效、协同、可持续的供应链，推动关键领域产业竞争力以及综合经济实力的提升；

二是从供应链安全的角度出发，积极应对各类外部风险因素对关键产品和物资供应的影响，保障本国或区域内的经济安全、民生安全和国家安全。显然，构建有效应对供应链风险防范机制，加快建立供应链风险预警系统，形成供应链中断应急机制，积极参与供应链安全国际合作是国家层面解决供应链危机的主要手段。

发达国家制造业数字化转型与供应链协同的典型模式

面对世界竞争格局深刻变化、创新体系加速重构的复杂环境，发达国家纷纷将数字化转型与供应链战略作为打造竞争新优势的重要抓手，并积极采取一系列措施加快实施。

美国：引领科技创新，聚焦高端制造

美国是较早布局数字化转型的国家，制造业规模大，新兴部门和尖端技术发达，多年来持续推进新一代信息技术发展，为其取得数字化转型的领先地位奠定了基础。“金融危机”以后，美国政府一改自由市场自发调节的论调，积极实施了一系列非常规的财政政策和货币政策，明确提出“再工业化”、制造业回流、五年出口倍增、降低失业率等目标，通过财政支持、贸易保护等手段重塑制造业，尤其是高端实体制造业。

2009 年，美国提出“大数据”和“云计算”战略，按照原始数据、地理数据和数据工具 3 个门类公布智能技术等在制造业领域的应用。2011—2012 年，美国出台了《先进制造伙伴计划》《先进制造业国家战略计划》《国家制造创新网络计划》等多项计划，围绕税收减免、科技创新、扩大出口、支持中小企业、改革教育体系和加强基础设施建设 6 个方面强调推动创新和

引领高端制造业发展，并通过非常规油气资源投资带动能源密集型制造业投资，标志着美国“再工业化”计划框架从重振制造业过渡到大力发展先进制造业。

2014 年，《加速美国先进制造业》报告中提出要优先发展先进传感器，控制和制造平台技术，可视化、信息化和数字化的制造技术及先进材料制造 3 个领域。以此为契机，先进制造技术协会、制造业联盟、制造业扩展合作联盟、智能制造新研究所等旨在激活美国制造业发展、增强美国创新能力的机构和组织纷纷成立并发挥了积极作用。它们认为，企业之间不再是简单的一一对应关系，价值也不再是依托产品由单个企业独自创造并从生产端向下游传递，而是通过复杂网络中多主体间的互动协作和资源共享来共同创造。在此过程中，工业互联网平台通过运用大数据技术将海量、高增长率和多样化的信息资产进行分析处理，帮助企业获得更强的决策力、洞察力和流程优化能力，连接多样化的供应链资源，解决采购碎片化、生产集中化、产品同质化等问题，降低企业的运营成本，缩短产品的开发周期，成为信息交互、产品服务交易、数据汇聚和价值共创的关键载体，为制造业降本增效、转型升级提供新动力。

在此基础上，思科公司（Cisco）、AT&T 公司、GE 公司、IBM 公司和英特尔公司共同成立了美国工业互联网联盟，并于 2015 年发布“工业互联网参考架构”，提出全球工业系统与高级计算、分析、传感技术及互联网高度连接融合的工业互联网总体参考架构，拉开了美国工业领域网络化的序幕，形成有别于德国“工业 4.0”的先进制造业发展特色。

2016 年开始，美国明确提出“再工业化”战略的主导方向是以科技创新引领的更高起点的工业化，瞄准清洁能源、生物制药、生命科学、先进原材料等高新技术和战略新兴产业，加大研发投入，鼓励科技创新，培训高技能员工。特别突出了智能制造关键技术以及互联网、机器人和增材制造的作用，启动了一系列计划和项目针对基于模型的企业、信息物理系统、工业机器人、先进测量与分析、智能制造系统集成等智能制造关键要素的发展进行系统支持，包括《联邦大数据研发战略计划》《国家人工智能研究和发展战略计划》《先进制造业美国领导力战略》《美国机器智能国家战略》等，推动智能制造产业发展的思路越来越明确，有效促进了制造业数字化转型的发展进程。

2019 年，美国颁布了《维护美国在人工智能时代的领导地位》、《国家人工智能研究和发展战略计划》新版、《美国人工智能时代：行动蓝图》3 部重要政策，进一步表现出美国对人工智能技术的高度重视。美国采取的主要措施包括加强联邦政府资助，通过减税来鼓励企业加大研发投入；发挥硅谷创新力量，建立包括计算机视觉、语音语义、开源框架平台等在内的技术和产业生态链；重视以芯片为主的硬件层研发和领先地位，包括促进国内半导体制造产业、建立多边出口管制、保护供应链等；重视对国内人才的培育和国际人才的吸引，简化国际人才的签证申请程序，加强和国内外组织、研发中心或联合实验室的广泛合作，开展前沿技术研究等。

2020 年，《美国制造业创新网络计划宪章》再次明确美国建立制造业创新网络的根本目标是确保美国在先进制造业的全球领先地位，要在芯片、增材制造、机器人等领域提升美国的影响力。

由此可见，美国依托自身在全球信息技术产业发展中的领先地位，全方位布局和推动数字化转型，构建了以开放创新为基础、以确立全球领先地位为主要目标的制造业政策体系，涉及技术创新、基础设施建设、数据共享、隐私和安全保护、创新生态体系建设等方面的内容。美国推进制造业数字化转型的相关计划与政策见表 5-3。

表 5-3　美国推进制造业数字化转型的相关计划与政策

计划名称	时间	主要内容
《先进制造伙伴计划》	2011 年	美国国家科学基金会（NSF）、美国国立卫生研究院（NIH）、美国农业部（USDA）、美国国家航空航天局（NASA）共同投资 4000 万美元，发展先进机器人技术，提高产品质量、劳动生产率等，重点开发面向复杂系统的设计工具
《先进制造业国家战略计划》	2012 年	加快中小企业投资，提高劳动者技能；建立健全伙伴关系，加强研究和试验税收减免、扩大和优化政府投资；建设智能制造技术平台以加快智能制造的技术创新
《国家制造创新网络计划》	2012 年	建立强大的制造业创新机构网络，协调公共和私人投资，实施有效研发、技术转移和劳动力培训，提高美国制造业创新能力
《联邦大数据研发战略计划》	2016 年	构建数据驱动战略体系，形成基于大数据的分析、信息提取和做出决策的能力，加速科学发现和创新进程
《国家人工智能研究和发展战略计划》	2016 年	对人工智能的研究进行长期投资；开发有效的人类与人工智能写作方法；了解和解决人工智能的伦理、法律和社会影响；确保人工智能系统安全可靠；开发用于人工智能培训及测试的公共数据集和环境，制定测量和评估人工智能技术的标准；更好地了解国家人工智能的人力需求
《先进制造业美国领导力战略》	2018 年	先进制造是美国经济实力和国家安全的支柱，应高度重视先进制造业的创新和基础设施；提出开发和转化新的制造技术、教育、培训制造业劳动力、扩展国内制造供应链的能力三大目标，并确定优先计划事项
《国家人工智能研究和发展战略计划》新版	2019 年	在基础人工智能研究上长期投资，支持人工智能技术标准和相关工具的开发，推动人工智能研发队伍建设等
《美国制造业创新网络计划宪章》	2020 年	美国建立制造业创新网络的根本目标是确保美国在先进制造业的全球领先地位；集结美国政府、行业和学术界的努力，建立网络化组织架构，加强内部协作与外部沟通，共享经验教训与最佳实践，满足创新发展的需求；在特定新型领域（增材制造、机器人等）建立美国的领导地位和影响力，提高工业竞争力，解决技术、劳动力等方面的挑战，并加强美国国家安全

资料来源：根据网上资料整理。

这些举措有效地带动了制造业回流，也使企业创新机制得以不断完善，高端制造领域展现出良好的发展势头。波士顿咨询公司的数据显示，2010—2018年，美国回迁企业数量达到1912家，人工智能领域的专利数量从每年3万项猛增至每年6万余项。另外，根据欧盟针对全球研发投入最高的2500家企业开展的调查，Alphabet、微软连续两年位居全球研发投入最高企业前列。目前，在量子科技、特种机器人、3D打印、自动驾驶等领域，美国均处于领先地位。

在供应链政策方面，美国主要聚焦于维护国家安全，保障国防安全、民生安全、国际贸易等重要领域的关键产品和物料的供应。2012年，美国发布的《全球供应链安全国家战略》指出，全球供应链系统是对美国经济和安全"至关重要的资产"，同时提出"促进商品的高效和安全运输"和"培养具有弹性的供应链"两大战略目标，这标志着美国将其供应链政策上升为国家战略。为保障这一战略的实施，美国政府针对供应链安全问题进行了立法，并在特定行业出台了多项相关法案；采用供应链风险管理技术加强对不同领域供应链脆弱性的评估和预警；通过保留适当的物资冗余应对外部供应链中断风险，提高制造业供应链的弹性。2021年2月，美国总统签署"美国供应链行政令"，明确要求评估关键产品和材料及其所需的制造能力，可能对供应链带来风险的外部环境，影响国家经济安全和应急准备的制造业、工业、农业供应链的弹性与能力，并在此基础上确定关键产品和材料的优先顺序以加强美国供应链的弹性、多样性及安全性，振兴和重建国内制造能力，促进经济繁荣和国家安全。此外，美国还加强了数据安全防护和供应链安全国际合作，与其他国家和地区形成供应链合作框架和协议，推动企业积极响应当地政策，从数据源头、数据通道、数据运营管理等方面入手，运用差分隐私、区块链等技术手段强化数据安全保护，搭建具有鲜明数据安全保护特性的技术架构。

英国：强化政策扶持，推进技术创新

20 世纪 80 年代以来，英国开始推行“去工业化”战略，不断压缩传统制造业的发展空间，将汽车等许多传统产业转移到劳动力及生产成本相对低廉的发展中国家，集中精力发展金融、数字创意等高端服务业，这在一定程度上造成其制造业规模有所衰退，但英国仍有世界顶尖的企业，在钢铁、制药、生物育种、航空航天、机械、微电子、军工、环境科学等方面处于世界一流行列。2008 年的“金融危机”曾一度让推行“去工业化”战略的英国实体经济遭受沉重的打击，迫使英国政府开始重新强调制造业对于创新、技能、就业和经济再平衡等方面的重要性，制定了《高价值制造战略》，寻求重振制造业的方法，提升国际竞争力。

2009 年，英国政府推出了“数字大不列颠”行动计划，积极推动英国宽带基础设施建设和 ICT 技术的发展。为贯彻落实该行动计划，2010 年 4 月，英国政府颁布并实施了《数字经济法案》，将音乐、游戏、电视、广播、移动通信、电子出版物等列入数字经济范畴，规定通信管制机构须定期向国务大臣报告英国电子通信网络基础设施和业务发展、互联网域名注册使用、媒体内容发展等情况，从而保护数字经济中利益相关方的权利。

2011 年，英国政府确定了制造业的五大竞争策略，即占据全球高端产业价值链、加快技术转化生产力的速度、增加对无形资产的投资、帮助企业加强对人力技能的投资、占领低碳经济发展先机等。同年 12 月，英国政府提出“先进制造业产业链倡议”，支持范围不仅包括汽车、飞机等传统产业，还包括在全球领先的可再生能源和低碳技术等领域，英国政府计划投资 1.25 亿英镑，打造先进制造业产业链，从而促进制造业竞争力的恢复。为增强英国制造业对全球的吸引力，英国政府还积极推进制造基地建设，面向境外企业进行招商。

为应对全球产业格局的深刻变化，英国政府于 2012 年 1 月启动了对未来制造业进行预测的战略研究项目（后被称为《英国工业 2050 战略》），通过分析制造业未来面临的问题和挑战，提出英国制造业发展与复苏的政策。

2013 年，英国政府科技办公室发布《未来制造业：一个新时代给英国带来的机遇与挑战》。该报告认为制造业并不是传统意义上“制造之后进行销售”，而是“服务 + 再制造（以生产为中心的价值链）”，数字化技术将提升制造业附加值和强化竞争力。科技改变生产，信息通信技术、新材料等科技将在未来与产品和生产网络融合，极大改变产品的设计、制造、提供甚至使用方式。该报告还指出，未来制造业的主要趋势是个性化的低成本产品需求增大、生产重新分配和制造价值链的数字化。这将对制造业的生产过程和技术、制造地点、供应链、人才甚至文化产生重大影响。因此英国要在通信、传感器、发光材料、生物技术、绿色技术、大数据、物联网、机器人、增材制造、移动网络等多个技术领域开展布局，从而形成智能制造格局。

基于此，2014 年，英国商业、创新和技能部发布了《工业战略：政府与工业之间的伙伴关系》，提出通过创新平台加强创新研发与工业的衔接，并且提出完善技能培训体系，支持高成长性的小企业进行技术创新，激励商业合作创新，建立公平、透明的政府采购体系等多项政策措施，重点支持大数据、高能效计算、卫星及航天商业化、机器人与自动化、先进制造业等多个重大前沿产业领域。

2017 年 3 月，英国政府正式将数字化上升为国家战略，发布了《英国数字化战略》，提出了包括连接战略、数字技能与包容性战略、数字经济战略、数字转型战略、网络空间战略、数字政府战略和数据经济战略等多项数字化转型战略，目的是通过建设一流的数字化基础设施，加强公众数字技能培训、引导企业数字化转型、打造数字化政务平台和数据共享环境等积极调整和升级产业结构，全面提升数字化普惠能力，把英国建设成为世界领先的数字化强国。同年 11 月，英国发布《产业战略：打造适合未来的英国》，旨在推动与产业界共同开展科技创新与应用研究，实现人工智能技术的创新应用。

2018 年 4 月，英国政府出台《产业战略：人工智能领域行动》，再次强调支持人工智能创新发展，将英国建设成为全球人工智能的创新中心。为保障上述战略落地，英国政府还提出了一系列的政策措施。英国政府推进制造业数字化战略的措施见表 5-4。

表 5-4　英国政府推进制造业数字化战略的措施

措施	主要内容
打造网络基础设施	整合商业组织、政府和通信运营商的力量，共同制订宽带和移动连接详细方案；建立 4 亿英镑数字化基础设施投资基金，促进光纤供应商市场的发展；针对下一代移动连接，发布 5G 战略
提升公众数字化素养和网络监管能力	成立数字化普惠委员会以促进公私部门合作，投资 110 万英镑以支持数字化普惠能力建设；鼓励公共、私有和第三部门之间进行合作，资助相关项目来填补“数字鸿沟”；利用图书馆提升数字化普惠能力；培养个人与企业的网络安全技能，开展国家级课外培训课程（初中学生）、制定高等教育及学位级网络学员制度、实施重新培训计划（已就业人员）等措施来降低公众面临的网络风险
支持数字化创新	任命政府首席数据官、与科研院所合作打造数据共享环境；制定有效的税收结构以及适应数字技术发展的监管政策；促进数字化成果转移转化，支持自动驾驶汽车和物联网等新兴技术发展；鼓励针对社会公益的数字化创新
引导企业数字化转型	投资 1300 万英镑成立生产委员会，提升企业参与数字化业务和经济生产的能力；引导企业重点开展维护自身网站、在线销售商品、利用云、后台功能数字化 4 项核心数字化业务来增强企业竞争力；支持和发展数字化集群，推动数字化部门的经济价值提升；大力培养技术工人；基于数字化市场平台制订政府采购方案

资料来源：根据网上资料整理。

在供应链政策方面，2015 年，英国发布《加强英国制造业供应链政府和产业行动计划》，在供应链协作、创新、融资、弹性、安全等方面均提出了针对性措施。一是推动供应链技术创新和流程创新，加强数字化、智能化技术在供应链不同环节的应用，支持供应链上下游企业协同研发，制造咨询服务企业和制造企业密切合作；二是着力提升供应链中的中小企业的竞争力，推进政府部门、商业银行、设备制造商和供应链核心企业的合作，为供应链中的中小企业提供发展机会、融资渠道、员工培训及供应链绩效改进方案等，提升供应链的整体协同水平；三是搭建交流平台，鼓励各行业协会为供应链上下游企业的合作提供信息交流平台，大力推动跨行业领域的供应链管理经验和最佳企业案例的交流与分享。

德国：践行“工业4.0”，推进传统制造智能化

德国是高度发达的工业国家，在工业制造方面一直处于欧洲“领头羊”的地位。汽车和机械制造、化工、电气等重工业部门是其主要的支柱产业，食品、纺织与服装、钢铁加工、采矿、精密仪器、光学，以及航空与航天工业也很发达，主要工业部门的产品一半以上销往德国以外。

作为以实体经济为主导的国家，德国始终专注于工业科技产品的创新和对复杂工业过程的管理。凭借强大的机械和装备制造业，以及在嵌入式系统和自动化工程领域的高技术水平，德国成为世界工业化的领导者、行业规则的制定者之一，也是全球制造业中具有竞争力的国家之一。

面对新一代信息技术的迅猛发展，德国将发展数字经济作为其政治和经济层面的重要任务。2010 年，德国发布《德国 2020 高技术战略》，并将“工业 4.0”战略作为十大未来项目之一。2013 年，针对来自亚洲制造业的竞争威胁和美国“先进制造业”的发展，德国联邦教育与研究部、经济和技术部联合发布了《保障德国制造业的未来：关于实施“工业 4.0”战略的建议》，并得到德国工程院、弗劳恩霍夫应用促进协会、西门子公司等德国学术界和产业界的响应和推动，从而上升为国家战略。

“工业 4.0”以 CPS 为核心，将产品、制造、服务数据化和集成化，使

分布式、组合式的工业制造单元模块，通过工业网络宽带、多功能感知器件，重构包括制造、工程、材料使用、供应链和生命周期管理在内的整个工业流程，组建多组合、智能化的工业制造系统，形成一个物联网、互联网和服务化的智能联通的系统框架，实现企业内和企业间的集成和互联互通。“工业 4.0”颠覆了封闭式的传统工厂和车间管理模式，将智能化设备、智能化器件、智能化管理、智能化监测等技术集成全新的制造流程，实现真正的智能生产。同时随着开放虚拟工作平台与广泛使用人机交互系统，使企业的工作内容、工作流程、工作环境等发生了深刻的改变。

2014 年 8 月，德国出台《数字议程（2014—2017）》，提出积极构建网络化协同设计和制造体系，推进德国产业数字化进程。2016 年 3 月，德国联邦政府正式推出《数字化战略 2025》，对“工业 4.0”的进展和愿景做出了判断。德国“工业 4.0”的进展和愿景如图 5-6 所示。

现在：工业 3.8	2020 年：工业 3.9	2025 年：工业 4.0
本地控制	动态网络规则框架	本地控制动态网络
实时通信	额外的通信“词汇”	扩展的复杂通信系统
数字化“复制”产品与生产工艺	集成制造工艺仿真，涵盖产品生产与设计工艺	涵盖整个生产工艺和生产设备的数字化模型
制造执行系统	面向解决方案的动态架构	通过动态网络实现过程优化
工业安全解决方案	安全动态数据传输规则与机制	根据临时要求，自行配置安全解决方案
实施与决策主要由“人”来完成	通过规则，强化过程与模型仿真	由“人”定义决策规则和框架

资料来源：根据网上资料整理。

图 5-6 德国“工业 4.0”的进展和愿景

2018 年，德国又出台了《联邦政府人工智能战略》《高科技战略 2025》等，进一步明确了数字化转型的五大行动领域，包括数字技能、信息基础设施、创新和数字化转型、数字化变革中的社会和现代国家。德国经济部发布的关于“工业 4.0”应用潜力的研究报告显示，在德国“工业 4.0”技术布局中，全部项目三分之二的研究成果被应用于企业的生产制造环节，自主系统技术领域项目得到的资助最多，达到35个，经费为661万欧元，其次是硬件开发、软件开发领域。德国“工业4.0”研究命题涉及经费及数量情况如图5-7所示。

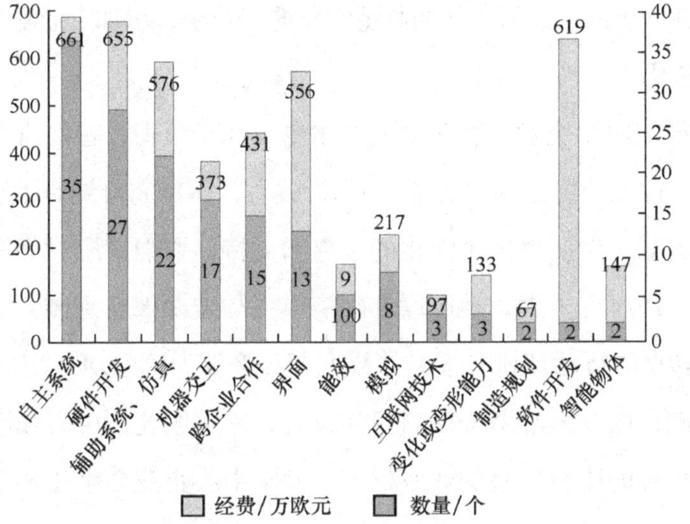

资料来源：根据网上资料整理。

图5-7 德国“工业4.0”研究命题涉及经费及数量情况

2019年2月，德国联邦经济事务和能源部发布了《国家工业战略2030：对于德国和欧洲产业政策的战略指导方针》的计划草案（简称《德国工业战略2030》）。《德国工业战略2030》是“工业4.0”战略的进一步深化和具体化的政策文件，意在推动德国在数字化、智能化时代实现工业全方位升级。其主要内容包括大力支持突破性创新活动，牢牢掌握工业主权和技术主导权；采取多种举措，增强德国工业整体竞争力；在对外经济关系中坚决反对他国强行干涉德国市场经济进程，系统维护德国整体经济利益等。《德国工业战略2030》指出，要扩大在钢铁及铜铝工业、化工产业、设备和机械制造、汽车产业、光学产业、医学仪器产业、环保技术产业、国防工业、航空航天工业和增材制造（3D打印）10个工业关键领域的领先优势，继续提高其全球竞争力，维持其世界领先地位。为此，德国必须不断反思与改进工业生产的框架条件，采取诸如稳定电力与能源价格、降低企业税收水平等措施，削减企业成本，强化产业整体竞争地位。同时，德国还要保持闭环的工业增值链，尽量把从基础材料生产，到整理加工，再到分销服务及研发等链条中的各个环节都放在一个经济区域，从而打造完整的产业链，增加工业附加值，实现或扩大竞争优势。

鉴于德国中小企业具有强大的技术专长和竞争力，在经济中发挥了突出的作用，德国政府还以“工业 4.0”为核心，逐步完善针对中小企业数字化转型的计划，专门提供个性化的优惠和支持，增强其应对颠覆性创新挑战的能力。2014 年 9 月，德国联邦经济事务与能源部特别制订了“中小企业数字化转型的行动计划”，构建了以联邦经济部为领导，以“中小企业 4.0”为资助方向，以众多小型资助项目为核心，以主题能力中心和区域能力中心为技术指导的比较完整的体系框架。德国中小企业数字化转型计划体系框架如图 5-8 所示。

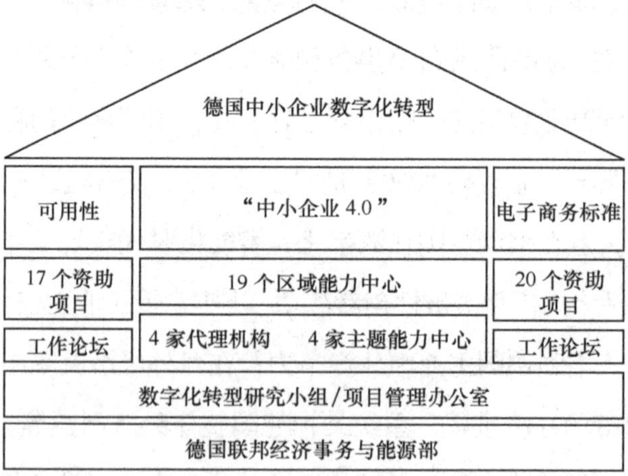

资料来源：安世亚太官网。

图 5-8　德国中小企业数字化转型计划体系框架

之后，德国联邦经济事务与能源部先后发起“中小企业 4.0——数字化生产和工作流程筹资计划”“中小企业数字化改造计划”，启动“中小企业 4.0”

能力中心建设，通过对中小企业投资补助、建设数字化试点，为中小企业更好地了解和运用新一代信息技术提供多项服务。

德国早期的供应链政策主要是在制造业领域构建绿色供应链，以实现供应链的可持续发展。主要措施包括：建立信息公开制度，要求企业参照“德国可持续发展准则”向公众公开供应链能源消耗、资源利用、气体排放等相关指标；强化环境标志认证，推出环境标志认证系统、包装废弃物回收利用系统等，并在汽车制造、纺织、机械等多个领域推出生态标签，设立政府奖项，表彰和支持企业可持续发展，推动环保型产品进入市场；立法明确生产者对供应链全生命周期污染排放的管控责任，完善供应链全生命周期监管。

近年来，德国开始重视人工智能等新一代信息技术的应用，积极推动制造业供应链的智能化，构建智能化供应链已经成为德国“工业 4.0”战略的重要内容。

日本：发展互联工业，建设超智能社会

日本是全球制造业技术水平和制造能力都位于前列的国家，汽车、电子信息、工业机器人、高端制造等领域在全球制造业分工体系中居于至关重要的地位。日本中小企业众多，它们围绕大型企业形成了完整的产业链，开展对外贸易，拥有独特的竞争优势。

不同于欧美等侧重于信息化产业，日本始终致力于信息化与制造业的有效融合。早在 20 世纪 90 年代，日本就发起了“智能制造系统”计划，投资 10 亿美元建立了 6 项工业界主导的“可行性国际合作测试案例”，包括“流程工业洁净制造”“全球化制造同步工程”“21 世纪全球化制造”“全方位制造系统”“快速产品开发”“知识系统化”等智能系统案例，重点研究了开发全球化制造、下一代制造系统、全能制造系统等技术。为应对国内制造业不断萎缩、贸易赤字日益扩大的状况，日本政府将机器人、下一代清洁能源汽车、再生医疗，以及 3D 打印技术作为今后制造业发展的重点领域，并提出

追赶国际信息技术向制造业渗透的潮流，使日本制造业的信息化程度从目前的30%提高到50%以上的目标，推动制造业中不同行业的融合，例如，汽车与电子、建筑与机器人、能源与信息等。

日本具有“机器人王国”的美誉。为在新一轮制造业竞争中取得优势，日本政府于2004年启动了“新产业创造战略”，将机器人、信息家电等7个领域作为重点发展对象，制定了机器人技术长期发展战略，组织编制了机器人发展路线图；2014年，日本陆续发布了与机器人相关的研究报告，重点推进对机器人产业发展影响重大的下一代技术和标准（人工智能、模式识别、机构、驱动、控制、操作系统和中间件等）的研发。2015年1月，日本政府又公布了《机器人新战略》并提出三大核心目标：一是成为“世界机器人创新基地”，通过增加产业、学校、官方合作，增加用户与厂商的对接机会，促进技术研发与创新，同时推进人才培养、国际标准化等工作，巩固机器人产业能力；二是成为“世界第一的机器人应用国家”，加强应用机器人所需的环境与体制建设，在制造、服务、基础设施、自然灾害应对等领域广泛使用机器人，使机器人随处可见；三是“迈向世界领先的机器人新时代”，即在物联网时代到来之际，制定机器人互联、自律性采集数据等方面的管理制度与国际标准，使机器人开始应用海量数据实现自律化，机器人之间实现网络化。为实现上述三大核心目标，该战略还制定了五年计划，旨在确保日本机器人领域的世界领先地位。

从2013年开始，日本政府每年都发布《科学技术创新综合战略》。《科学技术创新综合战略2013》提出从“智能化、系统化、全球化”的角度推动科技创新；《科学技术创新综合战略2014》提出重点聚焦信息通信（例如，信息安全、大数据分析、机器人、控制系统技术等）、纳米（用于开发元件、传感器及具备新功能的先进材料）和环保领域技术；《科学技术创新综合战略2015》则重点阐述了科研资金改革、借助物联网和大数据库培育新产业等内容，并计划在2016年投入147亿日元用于制造技术、230亿日元用于纳米材料、916亿日元用于信息通信领域的技术创新。

2016年，日本出台《第五期科学技术基本计划（2016—2020）》，明确提出将利用新一代信息技术促进网络空间和物理世界高度融合，加速数据跨领域应用催生新价值和新服务，并首次提出“超智能社会（Society 5.0）”这一愿景，即依靠物联网、人工智能等科技手段，融合网络空间与现实的物理空间，使所有人不分年龄、性别、地域、语言，均能在需要的时候享受高质量的产品与服务，在实现经济发展的同时解决人口老龄化、劳动力短缺等社会问题，最终构建一个以人为中心的新型社会。

该计划提出要集中投入尽可能多的政策资源，包括实施特殊税制、投资促进政策，以及政府数据开放共享制度等，促进新一代工业价值链优化；优先推进能源价值链优化系统、地球环境信息平台、高效基础设施的维护管理更新系统、防抗自然灾害的社会系统、高速道路交通系统、新型制造系统、综合型材料开发系统、地方治理系统、工作流程管理系统、智能食物链系统，以及智能生产系统11个系统的建设工作。日本计划建立共同的超智能社会服务平台，实现各个服务系统和业务系统之间的互通协作；强化战略性基础研究、跨学科和跨领域研究，推进国际共同研究打造世界顶尖的研究基地；不断完善知识产权和国际标准化战略，推动网络安全、物联网系统构建、大数据解析、人工智能等服务平台建设必不可少的共性技术研发，战略性地加强设施设备和信息基础，建立开放科学的推进体制，促进公共资助研究成果的共享共用；围绕机器人、传感器、生物技术、纳米技术和材料、光量子等创造新价值的核心优势技术，设定富有挑战性的中长期发展目标并为之付出努力。

该计划还提出，日本需要具备战略上抢先行动和应对各种变化的能力，立足于国际视野，建立开放的创新体系，最大限度地发挥各创新主体的能力，在新形势下提升日本国际竞争力。2016 年 12 月，日本正式发布了《工业价值链参考架构》，形成独特的日本智能制造顶层架构。该架构秉承松耦合、互联制造、人员至上三大理念，包括基础结构层、组织方式层和哲学观和价值观层 3 个层级，以及产品、服务和知识 3 个维度。

《日本制造业白皮书（2018）》明确指出，日本制造业已经处于一个“非连续创新”的时期，即“第四次工业革命”时期，面对激烈的自动化产品竞争以及日趋严重的劳动力短缺问题，要把“互联工业”作为日本制造的追求目标，“通过连接人、设备、技术等创造新的附加值系统”。在具体操作上，应利用机器人、物联网、人工智能等技术实现现场效率提升和流程变革，借助企业并购和开放创新等手段利用外部资源和提供自动化与数字化融合的解决方案，获得更高的附加值。日本的制造业理念如图 5-9 所示。

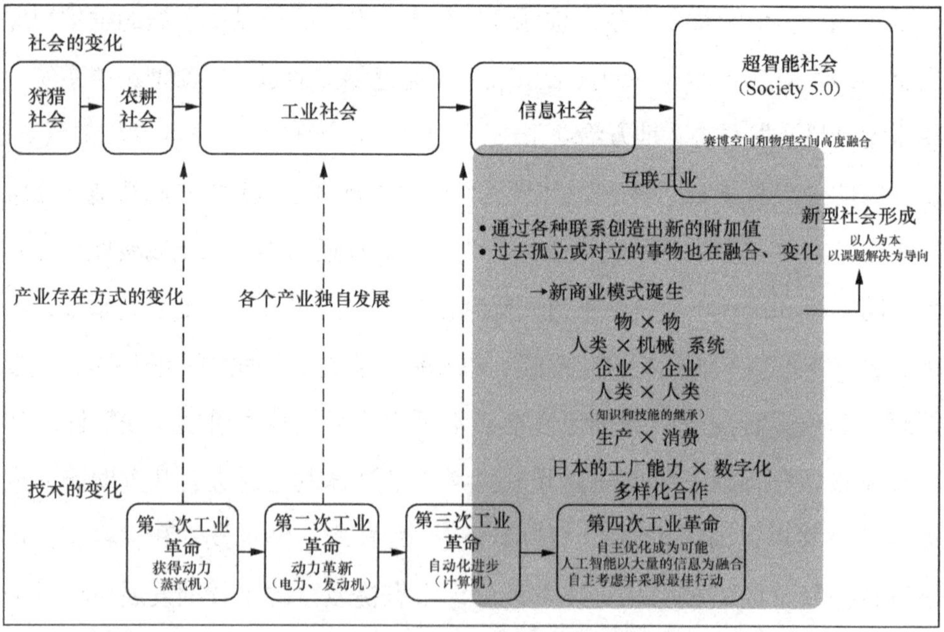

资料来源：《〈日本制造业白皮书（2018）〉深度解读：非连续创新、现场力、互联工业》。

图 5-9　日本的制造业理念

在提高制造业现场力方面，日本还特别重视数字化工具的运用。这从日本大型企业参与美国工业互联网联盟测试床工作推出的项目也可见一斑。日本在美国工业互联网联盟提交的测试床项目见表5-5。

表5-5 日本在美国工业互联网联盟提交的测试床项目

项目	下一代工厂	通过机器学习，提高零售操作效率	工厂可视化和智能化	深度学习设施
工具	工厂自动化服务测试平台	零售视频分析测试平台	工厂经营可视化和智能测试台	深度学习设施测试台
实施者	日立、三菱电机、英特尔（日本）	日本电气、微软	富士通、美国西斯科	东芝、戴尔
计划概要	验证开放物联网平台，无缝统一制造现场的自动化经营与业务支持	从录像中实时获取零售现场的客户属性信息，通过机器学习分析该信息（物联网平台积累），提升零售现场的附加价值	将安装在工厂机器上的传感器实时获得的机器运转信息和相关制造计划与作业实际等数据统一存储到云上	搭建针对设备、机器及办公室管理的深度学习平台，验证并运用建筑设施内的各种传感器数据

资料来源：工业4.0研究院。

在日本经产省的协调下，日本大型制造企业通过参与国际数字化技术研发项目，将获得的经验转化为各种形式的知识产品，提供给包括中小企业在内的日本制造企业，提升制造业整体的智能化水平。

在供应链协作方面，日本一直将构建全球供应链作为重要的经济发展战略，积极推动区域经济战略合作，采取风险应对措施保障供应链安全。为应对资源匮乏，2018年，日本主导推动了《全面与进步跨太平洋伙伴关系协定》，该协定对亚太地区供应链发展做出了约定：通过整合生产来降低贸易区供应链的成本；协助中小企业参与自由贸易区供应链；设立专门委员会来确定提升和加强供应链发展的措施；通过促进贸易和投资，利用原产地规则带动区域内创新价值链和供应链发展，创造新的亚太地区商业模式。2021年5月，《日本制造业白皮书（2021）》中指出新冠肺炎疫情给采购和物流造成障碍，建议通过分散采购源头等强化供应链，以应对“全球同时多发的断裂风险”

可能造成的潜在危机，同时推进去碳化和数字化革新。

法国：明确制造业转型方案，打造欧洲工业中心

法国拥有庞大且完整的工业体系，在核电、汽车、航空、轨道交通等制造业领域处于世界领先水平，并拥有空客、达索系统、施耐德、阿尔斯通、雷诺等一批世界级的软硬件企业。

面对伴随“去工业化”而来的工业增加值和就业比重的持续下降，法国政府于2013年9月推出了“新工业法国”战略，旨在通过创新重塑工业实力，使法国处于全球工业竞争力第一梯队。该战略主要解决能源、数字革命和经济生活三大问题，共包含34项具体计划，涉及可再生能源、无人驾驶汽车、电动飞机和新一代飞行器、软件和嵌入式系统、全电推进卫星、未来高速铁路、绿色船舶、回收和绿色材料、智能电网、新型医疗卫生设备、大数据、云计算、物联网、增强现实技术、超级计算机、机器人、网络安全、未来工厂等，展现了法国在新一轮工业革命中实现工业转型的决心和实力。在“新工业法国”战略公布后的一年时间里，法国已经推出了无人机、搭载氢燃料电池的雷诺电动汽车、外骨骼机器人、智能仿生腿、联网T恤、增强现实眼镜、教育平板电脑、小学生平板电脑、新型电动飞机等10项标志性成果。

“新工业法国”战略实施两年后，法国经济、工业与数字事务部宣布启动“未来工业计划”，并专门成立了由工业和数字技术领域相关单位组成的未来工业联盟，负责协调该计划的各项行动。未来工业依托于“未来工业计划”，致力于生产工具现代化，通过数字化技术实现经济增长模式转换。它提倡在一些优先领域发展工业模式，例如新资源、可持续发展城市、未来交通、未来医药、数据经济、智能物体、数字安全和智能电网等。该计划主要涉及5个方面：一是向有潜力的3D打印、物联网、增强现实等新技术企业提供支持，促进企业结构化项目实施，使其在3～5年时间内成为欧洲甚至世界的领军企业；二是

向中小规模的企业提供有针对性的个性化诊断服务和财政资助，加速企业的生产能力现代化进程；三是对年轻一代进行新兴职业培训，提升制造业从业者技能；四是在欧洲和国际层面孕育战略伙伴关系，推动与德国共建“工业 4.0”应用平台，通过欧洲投资计划范畴的共同项目开展合作；五是动员所有利益相关者，宣传和推动未来工业项目，包括到 2016 年年底，启动至少 15 个未来工业的窗口项目，参照德国汉诺威工业博览会组织具有国际影响力的未来工业活动等。

2017 年 6 月，法国未来工业联盟会同德国“工业 4.0”应用平台和意大利国家“工业 4.0”计划共同发布《共同行动计划——制造业数字化三方合作的路线图》，就数字化标准框架、中小企业整合测试平台及数字化政策合作达成一致。2018 年 3 月，三国再次共同发布《数据所有权》《智能制造三方合作的巴黎宣言》等，提出保持开放创新和数据保护之间的平衡，制定智能制造的全球标准，以及建立资产管理壳结构以满足涉及多个合作伙伴甚至是总体增值网络的需求，并提出了具体的政策路线。

2018 年，为建立更有竞争力的工业，法国通过《利用数字技术促进工业转型的方案》，提出加强法国本土工业生态系统建设，提高创新能力。之后法国又启动了“工业版图计划”和“技能投资培养计划”，通过整合工业园区、土地资源、创新要素，建立校企合作的数字化人才培养机制、为数字人才培养机构提供资助等促进产业迭代，支撑制造业数字化转型发展。

韩国：建设智能工厂，强化技术融合应用

韩国是后发工业国家，其产业门类齐全、技术较为先进，尤其是造船、汽车、电子、化工、钢铁等部分产业在全球具有重要的地位。

1991 年，韩国政府提出了“高级先进技术国家计划”，即“G-7 计划”，包括 7 项先进技术及 7 项基础技术，目标是到 2000 年把韩国的技术实力提高到世界一流发达国家的水平。由于亚洲“金融危机”给韩国经济带来了沉重的

打击，也重创了韩国制造业。为此，韩国政府基于新自由主义的理念，放松政府管制，积极发展高科技产业，对大企业集团进行改组，着手建立国家创新体系。这些改革措施很快有了成效，电子、汽车、钢铁、化工、造船和纺织等重要产业领域迅速恢复了原有地位，2001 年韩国重新进入高收入国家行列，三星、现代、LG、SK 等制造企业依靠自身过硬的技术和产品跻身于世界一流企业。

2008 年，韩国颁布《智能机器人开发和普及促进法》，将机器人列为国家级战略性产业，在人才培育、质量把控和平台搭建方面进行了顶层设计。2012 年，韩国知识经济部发布了为期 10 年的《机器人未来战略 2022》，计划投资 3500 亿韩元使机器人产业规模拓展 10 倍。2013 年，韩国又基于该战略出台了《第二次智能机器人行动计划（2014—2018 年）》，提出 2018 年韩国机器人国内生产总值要达到 20 万亿韩元，出口达到 70 亿美元，占据全球 20% 市场份额，挺进“世界机器人三大强国行列”的目标。在政策的强力推动下，韩国工业机器人市场以超过 12% 的复合增长率快速扩张，并于 2016 年成为世界上工业机器人使用密度最高的国家之一。

2014 年 6 月，韩国参考德国“工业 4.0”战略的基本理念，推出了被誉为韩国版“工业 4.0”的《制造业创新 3.0 战略》。该战略以促进制造业与信息技术相融合，创造出新产业，提升韩国制造业的竞争力为目标，制定了长期规划与短期计划相结合的多项具体措施，大力发展无人机、智能汽车、机器人、智能可穿戴设备、智能医疗等 13 个新兴动力产业，并计划在 2020 年之前将韩国 20 人以上工厂总量中的三分之一都改造为智能工厂。在战略执行上，充分考虑到韩国中小企业生产效率相对较低、技术研发实力不足的特点，采取了由大企业带动中小企业，由试点地区逐渐向全国扩散的“渐进式”推广策略。2015 年，韩国《制造业创新 3.0 战略行动方案》出台，针对韩国制造业在工程工艺、设计、软件服务、关键材料和零部件研发、人员储备等领域的薄弱环节，提出到 2017 年前，投资 1 万亿韩元研发 3D 打印、大数据、物联网等8项核心智能制造技术，尽快缩小与相关技术领先国家的差距。该方案还强调将积极发动民间资本的参与，计划通过对智能工厂、融合新兴产业等的投资，总计投入约24万亿韩元，其中，韩国政府的直接投入不到10%（2万亿韩元），其余拟通过吸引民间资本投入来解决。在韩国政府的协调下，以三星、LG、浦项为代表的企业积极参与了各类项目，在资金、技术、人力等方面对中小企业智能化改造提供了帮助。

在重新审视韩国智能制造和信息技术的发展的基础上，2018年，韩国政府发布了《第四期科学技术基本计划（2018—2022）》，提出将无人驾驶、智能城市、VR/AR、智能机器人、智能半导体等领域作为第四次工业革命的创新增长引擎，到2022年建设3万个智能工厂及10个智能产业园，并成立3000亿韩元规模的智能工厂设计建设企业基金。2019年6月，韩国政府推出"制造业复兴愿景"，进一步公布了人工智能产业的发展目标和投资计划，提出以智能化、生态友好及融合方式创新产业结构，以创新产业替代传统产业，以挑战为中心重组产业生态系统，强化政府投资和创新支持四大战略，计划到2030年，韩国制造业平均附加价值从25%提高到30%，新兴产业比重从16%提高到30%，具有核心竞争力的全球顶尖企业数量实现翻倍，发展成为世界四大制造业强国之一。

2020年，为应对新冠肺炎疫情和韩日贸易摩擦对供应链带来的不利影响，韩国政府公布了"材料、零部件和设备2.0战略"，大幅扩充供应链管理支持名录，将现有供应链重点管理产品从100个增加到338个，以确保供应链稳定；同时计划对半导体、生物、未来汽车三大产业及100家具有突出发展潜力的核心技术龙头企业进行重点扶持，提升制造业和尖端产业的国际竞争力。

与上述几个国家相比，韩国推进智能制造的战略思路和具体部署均体现了依靠大集团制造系统集成实力、最大化优势技术应用范围与效益的特点。韩国并没有把纯粹的技术突破作为重点，而是依托地区智能制造创新中心加快扩散、应用已有的先进技术，取得了明显的经济效益和示范效应。

综上可见，发达国家立足各自基础和特点，选择了适合本国发展需要的数字化重点领域加快突破，力争不断激发传统领域的新活力并塑造面向未来竞争的新优势，这为我国制造业数字化转型与供应链协同提供了有益的启示。

第一，应立足本国实际从国家战略高度推进数字化。发达国家在推动制造业数字化方面具有共识，各国都注重顶层设计，从国家战略明晰与完善、职能部门设立与支撑、研发预算支持、贷款税收优惠、人才培养与公众培训、国际合作等方面给予相关政策支持，加速其数字化落地。但各国在推进本国数字化与供应链战略的过程中选择的方向及采取的措施又具有不同的特点。例如，美国以信息技术优势主导新产业生态体系，德国推进生产方式变革保持装备的供应优势，日本则针对自身劳动力和技术情况，选择发展互联工业的策略。因此，我国也需要立足中国数字化发展的实际情况，综合考虑“中国制造”的优势与不足，扎实推进数字化战略在我国的实施。

第二，要区分行业特点开展数字化转型。不同行业具有不同的生产者和消费者特征及需求，在推进行业数字化进程时，需要基于不同行业的特点，给予不同的政策扶持、经济激励。例如，汽车行业出现了平台经济、共享经济的新商业模式，大规模定制可能成为汽车生产制造的主导方式；机械加工及装备行业则追求产品向数控化和智能化方向发展；电子行业、服装行业、医疗设备行业均出现了个性化、定制化的需求。因此，在助推不同行业实现数字化转型时要因“业”制宜。

第三，要充分发挥行业领先企业的引领作用。推进行业数字化进程并非易事。行业内既有主动变革者，也有既得利益者；既有兼具盈利性和前瞻性的领军企业，也有大批成长中的小企业。如果行业领军企业能紧紧抓住数字化转型的机遇，主动实施数字化变革，提高设计、测试、生产、服务到供应链管理及用户体验的全周期效率，就能在不断满足消费者个性化需求、提升自身竞争力的同时，对业内其他企业起到示范作用，带动一批效仿者，淘汰一批落后者，从而使整个行业更具有活力。

第四，要构建协同、智慧、安全的供应链体系。一方面要加快供应链数字化、敏捷化，促进数字技术与供应链深度融合，提升感知需求、平衡供需、高效配送及成本管控的效率；另一方面促进供应链多元化、安全化，面对日益增多的不确定性，应摒弃全球化的单一效率取向，把握好供应链效率和安全的平衡，进行多元化区域布局，保障本国关键产业、原材料、零部件及基础设施等供应链安全。

我国制造业数字化转型与供应链协同成果

制造业是我国实体经济的重要支柱，体量大、产业链完整、国际地位相对稳固，但行业附加值低，抗风险能力有待提升。数据显示，我国制造业 2000 年仅占全球制造业的 6% 左右，经过 10 年高速增长，2010 年我国制造业产值超过美国。2010 年之后，我国制造业虽然增速放缓，但产值仍然稳居世界首位。2019 年中国制造业产值实际增速 5.7%，占全球制造业的 27%。为更好地应对复杂多变的国际竞争，我国制造业数字化转型刻不容缓。

新一代信息技术的发展以及企业信息化水平的普遍提高，使数字技术、网络技术和智能技术日益融入制造业产品研发、设计、制造的全过程，推动产品生产和服务方式的重大变革。据 IDC 预测，中国排名前 1000 的企业有 70% 把数字化转型作为企业的战略核心，2019—2022 年数字化转型相关 IT 支出将超过 1 万亿美元。在这场新的融合碰撞中，国家政策、龙头企业、科技平台等多方面因素共同推动，“政、产、学、研、用”协同努力，我国制造业数字化转型的效果初步显现，传统产业数字化转型整体进度加快。

政策红利持续释放

近年来，推进制造业数字化、网络化、智能化发展得到了国家的大力支持。2015—2016 年，国务院以加快新一代信息技术与制造业深度融合为主线，围绕制造业与互联网融合的关键环节，发布了《国务院关于深化制造业与互联网融合发展的指导意见》等一系列政策意见，对制造业数字化转型进行了全面部署；之后，工业和信息化部、财政部等部门相继印发了《智能制造发展规划（2016—2020 年）》《国务院关于深化“互联网 + 先进制造业”发展工业互联网的指导意见》《工业互联网发展行动计划（2018—2020 年）》等，这些文件明确了制造业数字化转型的具体目标和重点任务。这些文件就技术研发、成果应用、重点领域突破，以及金融、财税、人才、基础设施、质量基础、信息安全、服务平台等方面给出了支持政策与措施，发挥了卓有成效的推动和促进作用。我国推进制造业数字化相关政策及主要内容见表 5-6。

表 5-6　我国推进制造业数字化相关政策及主要内容

时间	机构	相关政策	主要内容
2016 年 5 月	国务院	《国务院关于深化制造业与互联网融合发展的指导意见》	到 2025 年，制造业与互联网融合发展迈上新台阶，融合“双创”体系基本完备，融合发展新模式广泛普及，新型制造体系基本形成，制造业综合竞争实力大幅提升
2016 年 8 月	国家市场监督管理总局、国家标准化管理委员会、工业和信息化部	《装备制造业标准化和质量提升规划》	到 2020 年，工业基础、智能制造、绿色制造等重点领域标准体系基本完善，质量安全标准与国际标准加快接轨，重点领域的国际标准转化率力争达到 90% 以上，装备制造业标准整体水平大幅提升，质量品牌建设机制实现智能转型
2016 年 9 月	工业和信息化部、财政部	《智能制造发展规划（2016—2020 年）》	到 2020 年，智能制造发展基础和支撑能力明显增强，传统制造业重点领域基本实现数字化制造，有条件、有基础的重点产业智能转型取得明显进展；到 2025 年，智能制造支撑体系基本建立，重点产业初步实现智能化转型
2017 年 10 月	工业和信息化部	《高端智能再制造行动计划（2018—2020 年）》	到 2020 年，推动建立 100 家高端智能再制造示范企业、技术研发中心、服务企业、信息服务平台、产业集聚区等，带动我国再制造产业规模达到 2000 亿元

续表

时间	机构	相关政策	主要内容
2018 年 1 月	工业和信息化部、国家标准化管理委员会	《国家智能制造标准体系建设指南（2018 年版）》（征求意见稿）	到 2019 年，累计修订 300 项以上智能制造标准，全面覆盖基础共性标准和关键技术标准，逐步建立起较为完善的智能制造标准体系
2018 年 4 月	工业和信息化部	《工业和信息化部办公厅关于开展 2018 年智能制造试点示范项目推荐的通知》	将开展 2018 年智能制造试点示范项目推荐工作，项目推荐条件包括项目技术应处于国内领先或国际先进水平，项目使用的关键技术装备、工业软件必须安全可控

资料来源：前瞻研究院。

在国家政策的引导下，各地也纷纷出台鼓励政策支持制造业创新活动，推进智能制造发展。2019—2020 年长三角、珠三角、环渤海地区发布的相关政策见表 5-7。

表 5-7 2019—2020 年长三角、珠三角、环渤海地区发布的相关政策

时间	省（直辖市）	区域	相关政策	主要内容
2020 年 5 月	广东	珠三角	《广东省工业和信息化厅关于省级制造业创新中心建设管理办法》	省级制造业创新中心应围绕战略性新兴产业等领域创新发展和重点行业转型升级的重大共性需求，以提升制造业技术创新能力为目标，积累储备一批核心技术知识产权，建设发展一批产业共性关键技术的研发应用基地
2019 年 7 月	上海	长三角	《上海市智能制造行动计划（2019—2021 年）》	到 2021 年，上海市智能制造发展基础和支撑能力显著增强，5G、人工智能、互联网、大数据和制造业融合程度进一步深化，努力将上海市打造成全国智能制造应用新高地，推动长三角智能制造协同发展
2019 年 6 月	浙江	长三角	《浙江省数字化车间/智能工厂建设实施方案（2019—2022 年）》	到 2022 年，浙江省智能制造发展基础和支撑能力明显增强，智能制造新模式得到广泛的推广应用，制造业智能制造水平显著提升，累计建成数字化车间/智能工厂 500 家以上，骨干企业装备数控化率达 70% 以上，机器联网率达 50% 以上

续表

时间	省（直辖市）	区域	相关政策	主要内容
2019年5月	天津	环渤海	《天津市人民政府关于推动创新企业高质量发展打造“双创”升级版若干措施的通知》	推动筹建天津智能制造系统解决方案供应商联盟、重大技术装备研发创新联盟，落实国家重大技术装备众创研发指引
2019年5月	山东	环渤海	《山东省人民政府关于大力推进“现代优势产业集群+人工智能”的指导意见》	面向重点产业高质量发展需求，大力发展深度感知、智慧决策、自动执行的高端智能装备和产品，加快建设高端装备行业创新平台，突破装备产业人工智能关键技术

资料来源：前瞻研究院。

在强化政策支持的同时，国家还大力推进相关标准的制定和推广，目前已累计完成12项国家标准立项，7项国家标准发布实施，推动2项国际标准发布。全国已有3.9万余家企业开展贯标，21万余家企业开展自评估自对标，企业数字化研发设计工具普及率和关键工序数控化率分别为74.7%和54.2%，对制造业的生产方式、组织形态、业务模式等产生了深远的影响。

整体数字化水平不断提高

在国家政策推动以及企业技术升级的背景下，2019年，我国工业数字经济行业占比同比提升了1.9%，制造企业数字化水平（又称“两化”融合水平）明显提高。从企业的角度看，如果把企业数字化划分为起步阶段、单项覆盖阶段，以及集成提升与创新突破阶段，与2014年相比，2019年进入单项覆盖阶段的制造企业明显增多，占总数的52.4%；而处于起步阶段的企业数量则从51.6%下降到24.8%。2014—2019年制造企业数字化发展阶段变化示意如图5-10所示。

再从行业的角度看，2019年制造领域各重点行业数字化转型均进入加速发展阶段。其中，电子行业数字化水平最高，达到 60.1；装备行业年平均增幅最快，达到 12.8%。2015—2019 年重点行业数字化发展水平比较如图 5-11 所示。电子、交通设备制造行业在数字化管理、智能化生产与服务化延伸方面名列前茅，纺织、轻工行业在个性化定制级网络化协同方面相对领先。

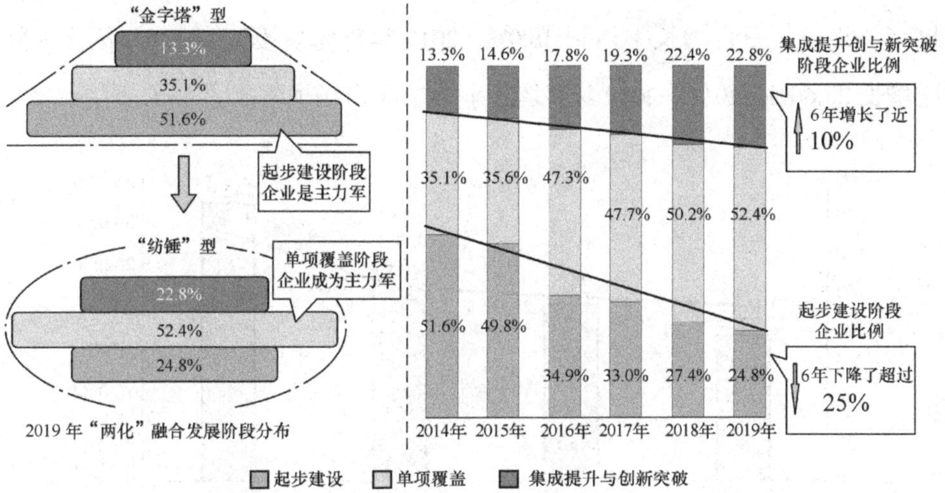

资料来源：国家工业信息安全发展研究中心。

图 5-10 2014—2019 年制造企业数字化发展阶段变化示意

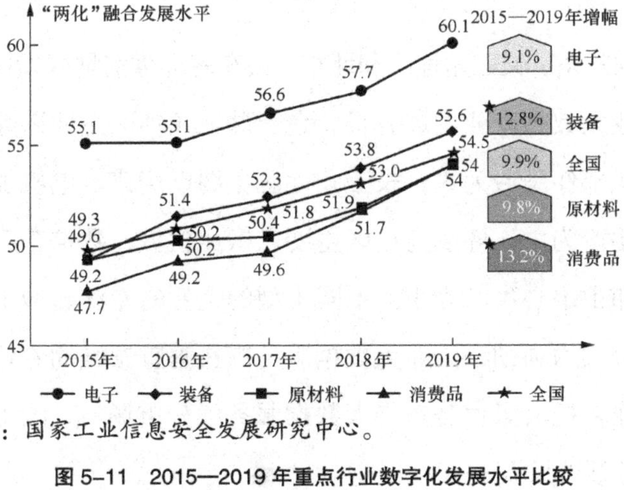

资料来源：国家工业信息安全发展研究中心。

图 5-11 2015—2019 年重点行业数字化发展水平比较

数据要素驱动效应初步显现

近年来，我国工业大数据技术发展、产业应用及其标准化进程不断加快，我国工业大数据发展呈爆发式增长态势，应用广度和应用深度不断加强，对传统制造产业转型升级和工业智能化发展的驱动作用日益明显。根据中国电子信息产业发展研究院赛迪顾问发布的数据，2016—2019 年，中国工业大数据市场规模年复合增长率达到 38.0%。2019 年整体规模达到 146.9 亿元，同比增长 28.60%，2016—2019 年我国工业大数据市场规模如图 5-12 所示。

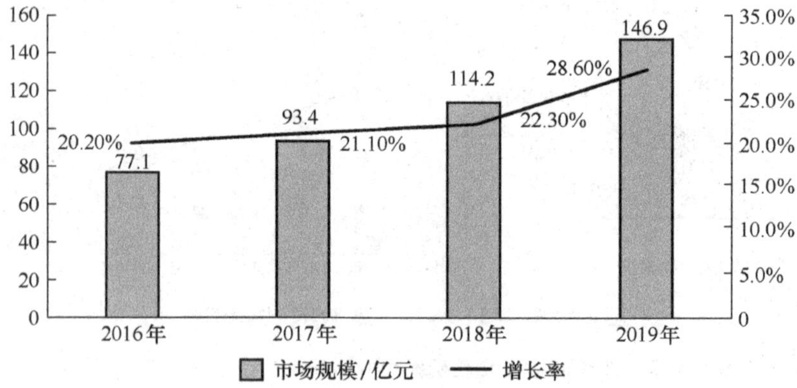

资料来源：赛迪顾问，由前瞻产业研究院整理。

图 5-12　2016—2019 年我国工业大数据市场规模

其中，珠三角、长三角地区和北京、山东等环渤海地区发展水平较高，不同区域工业大数据产业发展各具特色。珠三角地区主要以数控机床、数控系统、功能部件制造为主；长三角地区主要以磨床、电机加工机床、机床功能部件生产为主；环渤海地区主要以锻压机械、数控车床、高速龙门铣床、龙门加工中心生产为主。不同类型的企业的专注领域不同，大数据龙头企业综合实力强劲，工业大数据服务商在垂直领域的专业度较高，工业互联网企业依托流量优势布局大数据服务细分市场。我国工业大数据企业类型及服务领域见表 5-8。

表 5-8　我国工业大数据企业类型及服务领域

企业类型	具体分析	代表企业
大数据服务商	大数据服务商基于资源及技术优势丰富的业务类型，为多领域用户提供大数据服务。数据龙头企业通过打造面向工业大数据采集、处理、存储、分析、应用、管控为一体的大数据核心能力，为工业企业用户提供全流程大数据服务。该类竞争者综合实力强劲，且大数据产品体系成熟，盈利能力较强，位于工业大数据行业第一梯队	大数点：自主研发的大数据服务产品可以处理数据量达 10PB 以上。 海运数据：自主研发产品“图易”，已申请 30 项全球专利
专业工业大数据服务商	专业工业大数据服务商以工业大数据的全生命周期为主线，提供覆盖数据采集、存储、分析、决策全过程的数据工具和数据服务。部分专业工业大数据服务商通过布局产业链上游延伸产业链，丰富企业业务类型，构建技术壁垒。相较于其他参与者，专业工业大数据服务商技术实力及专业性较强	凯奥思数据技术：产品性能及可靠性与国外同类产品相似但成本大幅度降低。 云数据：产品及服务覆盖领域近 40 个，行业应用多达 200 个
工业互联网企业	工业互联网企业通过构建数字化认知平台、赋能增值创新平台及公共服务平台，打通工业价值链，为企业增添转型助力。例如，浪潮云工业互联网平台通过构建“平台 + 生态”，推进工业互联网生态体系应用创新及服务建设，企业现已面向工程机械等十大行业，构建涵盖研发、设计、采购、制造等九大领域的解决方案	浪潮：浪潮云推出工业互联网“1+*N*”模式，合作伙伴近 5000 家。 华为云：“FusionPlant”实现部分企业整体业务集成效率提升 20%，上下游产业链协同效率提升 30%

资料来源：前瞻产业研究院。

工业互联网支撑能力显著提升

近年来，国家在政策层面积极支持工业互联网发展，工业和信息化部于 2019 年和 2020 年相继发布了《“5G + 工业互联网” 512 工程推进方案》和《关于推动工业互联网加快发展的通知》，加快推进“互联网 + 制造业”“5G + 工业互联网”的融合创新。目前，我国工业互联网网络、平台、安全三大功能体系建设持续开展，工业互联网标识解析五大国家顶级节点和 158 个二级节点稳定运行，标识注册量近 600 亿；山东、广东、长三角、成渝等地区启动建设了 19

个工业互联网平台应用创新体验中心，广泛汇聚各类产业创新资源，满足制造业生产需要的大型传输、高精度定位等难点技术取得突破，工业5G的模组、网关等产品相继推出，价格有所下降；国家、省、企业三级联动的安全监测体系服务于9万多家工业企业、135个工业互联网平台，基本形成工业互联网安全监测预警处置能力，平台安全保障能力进一步增强。工业企业、工业软件和自动化企业、互联网企业、电信企业等纷纷转型，协同打造辐射全国的工业互联网标杆平台。据统计，全国具有一定区域和行业影响力的工业互联网平台超过100个，连接设备超过7600万台（套）。多层次平台体系基本形成，“平台+”解决方案不断涌现，工业互联网平台已全方位驱动制造业体系质量变革、效率变革、动力变革，渗透到工程机械、钢铁、石化等30余个行业。海尔、东方国信、用友等2019年十大跨行业跨领域平台平均工业设备连接数已达69万台（套）、工业协议兼容数已达125个、工业模型数突破1110个，赋能行业提质增效的作用显著增强。工业互联网平台典型案例见表5-9。

表5-9　工业互联网平台典型案例

政府部门/企业	典型案例
中铁高新工业股份有限公司	TBM[1]混合云管理平台及TBM掘进智能控制软件
中国船舶重工集团公司第七〇一研究所	面向大型复杂船舰总体设计的产品大数据管理解决方案
河钢集团有限公司	高炉大数据智能炼铁系统
成都飞机工业（集团）有限责任公司	面向航空武器装备研发的生产大数据应用解决方案
鞍钢集团自动化有限公司	钢铁企业智慧能源管控平台
海尔集团	海尔COSMOPlat（卡奥斯）

注：1. TBM（Tunnel Boring Machine，隧道掘进机）。

资料来源：赛智产业研究院《2020年大数据应用研究报告》。

其中，海尔集团作为全国首批智能制造试点示范企业，从2012年开始建设互联工厂，从大规模制造转型大规模定制，变产销分离为产销合一，形成了落实供给侧改革和转型智能制造模式的实践路径。2017年，海尔自主研发的工业互联网平台——COSMOPlat上线运营，它以大规模定制为核心，强调用户全流程参与、零距离互联互通、打造开放共赢新生态，将大规模定制的全流程实践进行软件化、云化，打通交互定制、开放研发、数字营销、模块采购、智能生产、智慧物流、智慧服务等业务环节，沉淀出研发、采购、生产等七大模块构成的数字化解决方案。海尔 COSMOPlat 平台架构如图 5-13 所示。

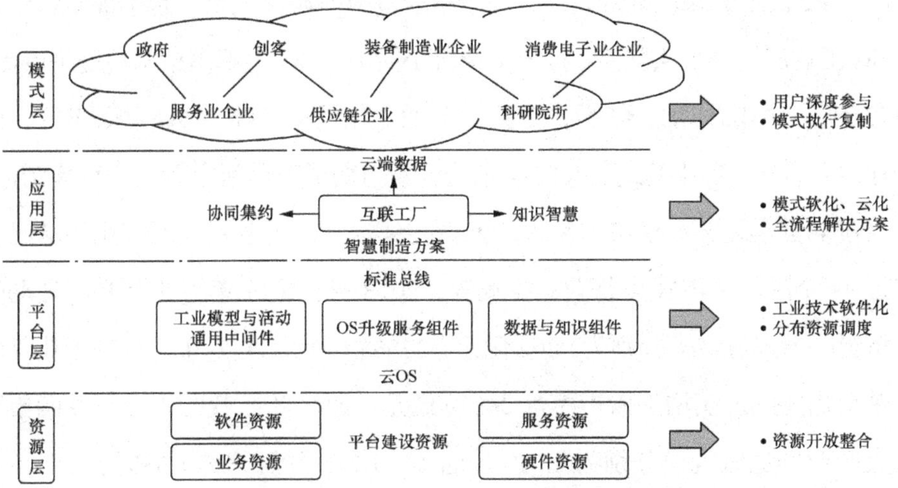

图 5-13　海尔 COSMOPlat 平台架构

COSMOPlat 面向全球 25 个工业园和 122 个制造中心，将众多一流的资源纳入平台中，有效连接人、机、物，企业可以快速匹配智能制造解决方案，用户可全流程参与产品交互、设计、采购、制造、物流、体验和迭代升级等环节，进而形成了用户、企业、资源三位一体的有机生态，赋能各类企业转型升级。2018 年，COSMOPlat 被评为全国首家国家级工业互联网示范平台。目前，COSMOPlat 已延伸出服装、建材、模具等 15 个垂直行业生态，连接了超过 2121 万台的智能终端，吸引了 390 多万家企业、3.2 亿个用户在平台上注册，其赋能成果在 20 多个国家、中国十二大区域复制推广，实现了跨领域、跨行业的数据贯通以及生态的融合创新，实现了跨行业、跨领域生态赋能。

通过制造能力和工业知识的模块化、平台化及构建多边交互、共创共享的“$1 \times N$”生态体系，海尔实现了与千企百业的共创共赢，让更多的中小企业有机会上平台、用平台，也为全球用户提供了衣、食、住、行、康、养、医、教等全方位的美好生活体验，生动地诠释了推动工业互联网产业发展的全新逻辑，为赋能传统产业与中小企业实现数字化转型升级提供了新路径和新引擎。在“工业互联网 + 5G”方面，海尔也积极促进人工智能、5G 等关键技术的深度融合，已经先于行业取得阶段性成果，包括成立行业首家 5G 工业应用联合实验室、推出全球首个智能 + 5G 大规模定制验证平台等。海尔还联合中国移动、华为，正式发布了全球首家智能 + 5G 互联工厂，以企业组织方式、商业模式及 ICT 技术的创新与变革来重新定义未来智能制造。

随着数字化转型解决方案供给能力持续提升，工业互联网应用领域已覆盖近 40 个国民经济重点行业。据测算，2018 年、2019 年工业互联网带动的经济影响增加值规模分别为 9808 亿元、15953 亿元；2020 年，我国工业互联网带动的经济影响增加值规模达 24850 亿元。2019 年，我国工业互联网带动三大产业增加值规模分别为 0.049 万亿元、1.775 万亿元和 1.585 万亿元，名义增速分别达到 23.92%、20.05% 和 24.51%。工业互联网带动 3 次产业发展情况如图 5–14 所示。其中，带动制造业的增加值规模可达 14694.68 亿元，名义增速 18.41%，带动就业 1154.77 万人。

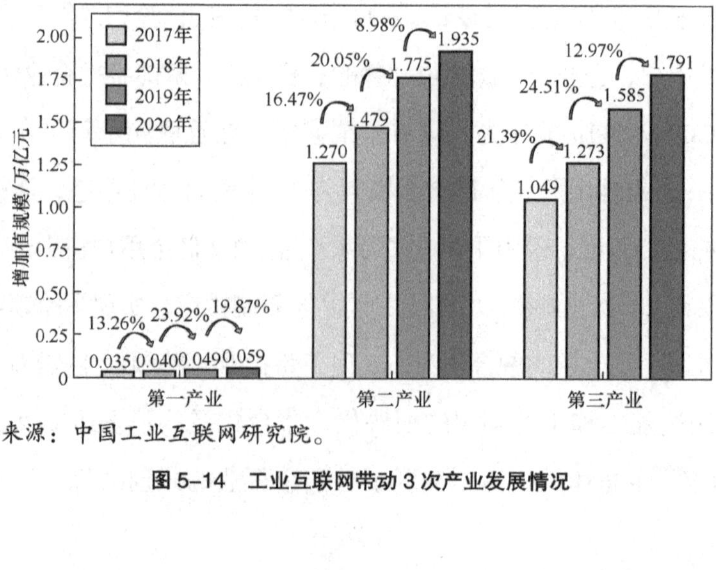

资料来源：中国工业互联网研究院。

图 5–14 工业互联网带动 3 次产业发展情况

智能制造业试点示范取得良好成效

工业和信息化部组织的智能制造专项和试点示范项目行动计划，200 多个智能制造试点示范项目实现省、市、行业全覆盖，试点示范项目生产效率平均提升 30% 以上，运营成本平均降低超过 20%。初步建成一批智能制造工厂和数字化车间，开展了 180 多项智能制造标准研制，突破应用了一批关键技术装备。一批数字化、网络化制造水平比较高的示范企业，例如，实现服装定制化规模生产的红领制衣，全面实施智能制造技改而取得良好效益的九江石化，采用国产装备、国产数控系统和国产管理软金建设精密加工数字化车间的东莞劲胜公司等，对全国智能制造的推广应用起到了重要作用。2019 年，智能制造装备行业产业规模达到 17776 亿元，这一数据是 2015 年的近 2 倍。其中，工业机器人和增材制造发展较为迅速，中商产业研究院的数据显示，2020 年我国智能制造装备产值规模达到 20900 亿元，未来 5 ～ 10 年，我国智能制造装备产业将迎来重要的战略机遇期。2015—2020 年我国智能制造装备产值规模如图 5-15 所示。

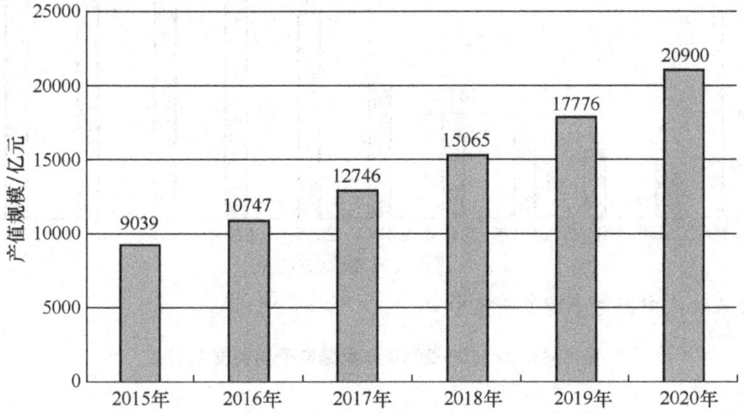

资料来源：中商产业研究院。

图 5-15　2015—2020 年我国智能制造装备产值规模

同时，随着互联网加速向制造领域渗透，越来越多的制造企业意识到需要通过互联网对生产制造全过程、全产业链和产品全生命周期进行改造提升，服务型制造模式创新取得新进展。传统制造企业纷纷基于互联网开展规模个性化定制、线上线下融合、制造服务化转型等新业务。例如，青岛 3D 打印研究院等多家单位联合搭建 3D 在线打印平台，汇聚制造工厂、设计师、物流配送、客户等产业链上下游资源，有效推动创意产品的个性化定制，山西鼓风机集团整合线上线下不同的优势资源，大力开展远程运维等。根据国家统计局电子商务交易平台的调查数据，2010—2019 年，我国电子商务交易规模从 4.55 万亿元增长至 34.81 万亿元，年均复合增速达 25%。2019 年，全国电子商务交易额为 34.81 万亿元，同比 2018 年增长 6.7%，有力地推动了数据、劳动、技术、资本、市场等全要素的全面互联和资源配置优化。2010—2019 年我国电子商务交易规模如图 5-16 所示。

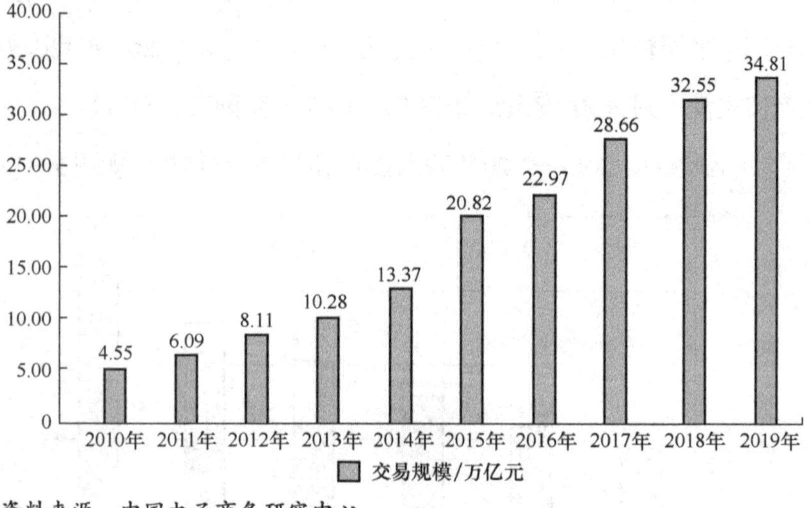

资料来源：中国电子商务研究中心。

图 5-16　2010—2019 年我国电子商务交易规模

第 6 章

沈阳制造业数字化转型与供应链协同创新的路径选择

沈阳制造业数字化转型与供应链协同的基础

沈阳是中国工业重镇，地处东北地区中心，紧邻大连港、营口港，京沈高速、哈大高铁、沈大高速、沈丹高速纵横交错。沈阳拥有已被列为全国区域性航空枢纽的沈阳桃仙国际机场，海、陆、空等客货运方式多元化聚集，是我国东北地区重要的交通和物流枢纽，也是沈阳经济区连接东北亚的桥梁。

产业基础

沈阳拥有雄厚的工业基础，曾经创造过数百个全国第一。“十三五”以来，沈阳持续实施“工业立市”的发展战略，经过不断调整产业结构，形成以传统汽车制造、机械装备等传统制造业为发展主体，以新能源汽车、新一代智能装备、航空航天等战略性新兴产业为引领的工业格局，涌现一批优势产业、龙头企业、拳头产品和核心技术。

从总量上看，沈阳工业总体保持缓慢且稳定的增长。“十三五”期间，全市规模以上工业资产总额从2016年的7706.2亿元增加到2020年的7841亿元，年均增长0.43%。2020年，沈阳规模以上工业企业数为1592家，营业收入亿元以上工业企业达548家；规模以上工业总产值从2016年的5012.4亿元增加到2020年的5360.4亿元，年均增长率为1.7%；规模以上工业增加值从2016年的1208.3亿元增加到2020年的1419.1亿元，年均增长率为4.1%。2020年，规模以上工业增加值占全口径工业的比重达84.4%，增速为2.8%。

从结构上看，沈阳以重工业为发展主体，传统装备制造业占据主导地位的工业结构较为突出，汽车制造业和机械装备制造业是支撑沈阳经济发展的主要力量。2020年，沈阳轻重工业比例约为20：80，装备制造业工业增加值在重工业中的占比达到 67.1%。其中，汽车及零部件制造业占比逐年提高，从 2018 年的 44.4% 增长到 2020 年的 47.7%，几乎占据全市工业总量的一半；机械装备制造业占比略有下降，从 2018 年的 20.9% 降到 2020 年的 16.8%；农副产品加工业保持第三大行业地位不变，占比保持在 13.6%；石油化工业、医药制造业分别以 4% 和 3.5% 排在第四位和第五位；其他行业中建材业占比 3.2%、电子信息产品制造业占比 2.2%、钢铁及有色金属加工业占比 1.4%、航空航天制造业占比 0.4%、纺织业占比为 0.2%，占比较小，且波动不大。2020 年沈阳各行业工业增加值占比情况如图 6–1 所示。

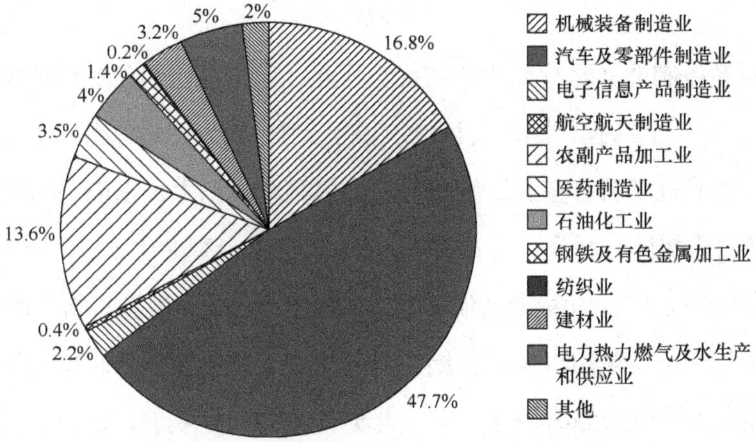

图 6–1　2020 年沈阳各行业工业增加值占比情况

汽车制造业作为沈阳最重要的支柱产业，其工业增加值占比逐年提高，2020 年达到 47.7%，几乎占据沈阳工业总量的一半。目前，沈阳拥有华晨宝马、华晨雷诺金杯、上通北盛、华晨中华、金杯车辆整车生产企业 5 家，并通过外引内育、引育结合的方式形成以德国采埃孚和本特勒、美国安道拓、日本三菱发动机、上海汇众等为代表的汽车零部件及供应链相关企业 336 家，产业规模达到 500 亿元，占全部汽车产业产值的 21%。

沈阳整车企业在智能制造方面具有一定的优势。华晨宝马已在沈阳建设全球领先的智能制造工厂，华晨中华工厂的智能化水平也位居全国前列。经过多年的积累，以乘用车和汽车发动机为重点，以商用车、专用车、轻卡及汽车零部件制造业为补充，具有一定整车制造和零部件配套能力的、较为完备的供应链体系已经形成，并可向下延伸至服务贸易领域，包括汽车销售、维修、金融等服务。同时，新能源汽车产业加快布局。华晨宝马 X1 混合动力乘用车及之诺 60H 混合动力轿车上市，iX3 纯电车远销 39 个国家和地区，宝马集团全球第三家以及德国之外第一家完整的动力电池中心在沈阳开工建设，累计建设充电终端 1633 个。沈阳华龙新能源客车样车下线，国创新能源矿车、上海威马智能新能源汽车等项目签约落地，智能网联车路协同示范区启动建设。

机械装备制造业是沈阳的传统优势行业，也是推进装备制造业振兴的主导产业之一。“十二五”末期，沈阳的金属切削机床、矿山设备、变压器、电力电缆、交流电动机、空调压缩机等产品名列全国前茅，随着百万吨乙烯装置用裂解气压缩机、百万伏级输变电设备、国内首台智能化数控机床等重大技术装备研制成功，沈阳机械装备制造业成为国家重大技术装备研制的骨干力量。“十三五”时期，沈阳机械装备制造业开始进入缓慢发展的转型时期，淘汰落后产能、加快供给侧结构性改革、实现产业升级成为行业发展的主旋律。

2020 年，沈阳拥有机械装备制造业规模以上企业 534 家，主要分布在高档数控机床、电力装备、通用石化重矿装备和轨道交通装备等子行业，大型数控机床类产品、特高压交流变压器类产品、大型压缩机类产品及硬岩掘进机类产品等在业内具有较强的竞争力。

其中，沈阳机床行业规模以上企业 33 家，2020 年完成工业总产值 40 亿元，机床集团数控车床、数控车削中心、立式加工中心、高速攻钻加工中心四大系列产品享有较高声誉，i5 智能数控系统与智能机床、数控铣镗床服务于航空航天、汽车、能源等重点行业核心领域和消费电子等新兴产业；电力装备行业规模以上企业 136 家，2020 年完成工业总产值 272.3 亿元，特变电工沈阳变压器集团的高压交流电力变压器、高压直流换流变压器等产品在设计研发水平、工艺制造水平及试验水平上处于国内甚至国际领先地位，引领着我国变压器行业技术发展的方向；通用石化重矿装备行业规模以上企业192家，2020年完成工业总产值385亿元，沈鼓集团、北方重工集团、三一重装公司、远大压缩机公司、中航机电三洋公司等代表性公司拥有比较完整的研发与制造体系，持有200余项专利和专有技术，各类大型压缩机、石油管道泵、矿山机械、工程机械、输送机械、盾构机等的设计、制造、服务和成套能力达到国际先进水平；轨道交通装备行业规模以上企业19家，2020年完成工业总产值40亿元，中车沈阳机车车辆公司和沈阳铁路信号公司分别是我国铁路货车检修和新造龙头骨干企业、轨道交通信号控制核心制造企业，沈阳铁路信号公司还是中国铁路信号继电器的研发中心和生产基地，承担着中国铁路70%的市场供应。

近年来沈阳还在新兴产业的一些重点领域取得了突破。

一是机器人产业。“十三五”期间，沈阳机器人产业年均增长率达到14.9%。沈阳新松公司（即沈阳新松机器人自动化股份有限公司）、中科院沈阳自动化研究所、沈阳高精数控公司等在研发、制造、系统集成等方面具有较强的实力，智能制造系统解决方案已应用于电子、医药、汽车及零部件、航空、军工及基础装备等领域。随着产业链条不断完善，安川电机、沈阳新松数字驱动公司（即沈阳新松数字驱动有限公司）、中科数控、中科院沈阳自动化研究所等关键零部件配套企业和机构能够提供伺服电机、控制器、机器人操作系统等软硬件配套产品。

二是民用航空产业。“十三五”期间，借助于国际民用飞机市场需求旺盛，以及通用航空、无人机市场增长等有利因素，沈阳航空产业产值实现了翻番，规模在全国副省级城市中位居前列。国内领先的自主知识产权燃气轮机产业基地项目实现了在沈阳签约落户，中国航发燃气轮机有限公司AGT-110重型燃机完成了总装下线，沈阳航空产业集团有限公司组建成立，沈阳航空产业园（浑南园区）基本建成并获批国家通用航空产业综合示范区和国家无人机驾驶航空试验基地（试验区），民用“航空 + 燃机”产业格局初步形成。在民机大部件、燃气轮机、通用航空等领域的优势使沈阳成为我国唯一同时具备新能源电动飞机量产能力和单双发通航整机制造能力的城市。

三是电子信息制造业产业规模不断扩大，产品种类不断丰富。2020 年，沈阳电子信息制造业拥有规模以上企业 60 家，实现产值 204.4 亿元，产品涵盖集成电路装备、数字医疗设备、通信及智能终端、传感器、计算机等多个领域。其中，集成电路装备和数字医疗在技术水平上形成国内领先优势，成为电子信息制造业的发展新动能。集成电路装备覆盖沉积、光刻、刻蚀、封装多个工艺领域，开发出的等离子化学气相沉积设备、涂胶显影设备、罗茨干式真空泵、洁净机械手等产品可实现国产化替代；在数字医疗领域拥有东软医疗、新松医疗、迈思医疗等 9 家重点企业，主导产品包括东软医疗的 CT、PET−CT、超声、磁共振等高性能医学影像设备，新松医疗的医用氧气机、呼吸机，火炬北泰的医疗影像显示设备等，企业发展水平位居全国前列。

技术条件

沈阳地处东北亚经济圈和环渤海经济圈的中心，不仅是沈阳经济区的“核心城市”，更是东北地区唯一的特大型城市，以及经济、文化、交通和商贸中心，还是我国通向东北亚、连接欧亚大陆桥的重要城市。丰富的科研与教育资源为沈阳推进智能制造发展提供了重要的技术基础。

沈阳的高校和科研院所密集，科技创新资源非常丰富。《2020 年沈阳市国民经济和社会发展统计公报》显示，截至 2020 年年底，沈阳市拥有市级以上民口独立科学研究与技术开发机构 53 个，市级以上重点实验室 337 个，其中国家级 8 个；市级以上技术创新中心（工程技术研究中心）262 个，其中国家级 7 个，在辽宁省位居第一。2020 年，沈阳市科技活动经费支出 151.16

亿元，比2019年增长9.27%；拥有有效知识产权共计57000项，比2019年增长32.56%。各类技贸机构技术贸易成交额为303.9亿元，2020年全年获得专利授权21153项，其中，发明专利授权3596项；全年争取省级以上重大专项和重点研发计划项目2029个，争取资金10.2亿元。其中，国家级项目600个、资金7.2亿元，省级项目1429个、资金3亿元，12个项目获得国家级科学技术奖励。

沈阳拥有庞大的高素质产业人才队伍，多层次的人才结构有力地支撑了制造业的发展。截至2020年年底，沈阳共认定高层次人才6980人，取得专业技术任职资格人员69.8万人。全市共有中国科学院院士、中国工程院院士24名，其中，中国科学院院士5名，中国工程院院士19名。普通高等院校和科研机构招收研究生2.6万人，在校研究生6.9万人，毕业研究生1.8万人，其中，东北大学、沈阳航空航天大学、沈阳工业大学、辽宁大学、中国医科大学等在相关学科领域具备较强的科研实力，区域创新基础得到进一步增强。同时，沈阳还拥有各类高等职业学校100余所，在校生总数约20万人，每年输出技能型人才约6万人。制造业具备进行产业创新、持续升级的巨大潜力。

高新技术企业是持续推进研究开发与技术成果转化的重要载体。近年来，沈阳高新技术企业数量的快速增长，不仅为经济稳定增长提供了新动能，也为产业转型升级增加了新供给。"奋斗者"号载人潜水器、110兆瓦级重型燃气轮机、百万吨乙烯装置用裂解气压缩机、特高压干式直流套管、洁净轴承钢、小牛翻译云平台5.0、工业机器人伺服电机等一批重大技术成果，均由高新技术企业研发或承担关键科研任务。2020年，沈阳市高新技术企业数量首次突破2000家，达到2560家，净增724家，较2019年增长39.43%，近3年的平均增长率达到44.64%，高于全市规模以上工业企业38.8个百分点，数量位居东北地区前列。沈阳以电子信息、新材料、生物医疗为代表的战略新兴产业领域高新技术企业数量增长率分别达40.21%、24.43%、19.85%；高新技术企业营业收入达2649.2亿元，同比增长10.66%；工业总产值达1913.26亿元，同比增长4.37%；实现净利润和税费上缴额分别为156.36亿元、92.3亿元，分别比2019年增长109.49%、10.67%。2020年，沈阳高新技术企业共有各类开展产品研发、工艺改造、产品测试、技术咨询等服务活动的研发平台575个，较2019年增长15.7%，其中，高新技术企业承担建设国家工程技术研究中心3家（全市共7家），国家重点实验室5家（全市共8家）；工程研究中心3个（全市共11家），企业技术中心10个（全市共13家）；拥有科技人员66639人，较2019年增长4.48%。

此外，沈阳建有国家级众创空间15家，省市级众创空间50余家，居东北地区前列，形成以浑南区国家双创基地与和平区创业创新大街为代表的众创空间集群；拥有国家级科技孵化器10个，省市级科技企业孵化器70余家，成为推动企业成长、科技成果转化、新兴产业培育的重要载体。随着国家机器人创新中心落户，沈阳材料科学国家研究中心获批，沈阳成为中国机器人智能制造技术的发源地和中国新材料领域的“梦工厂”。沈阳还组建各级产业技术创新战略联盟33个，包括国家级联盟2个，省级联盟14个，市级联盟17个，凝练了一批重大科技项目，形成并转化了众多核心技术成果。

沈阳制造业数字化转型与供应链协同的现状

“十三五”以来，国家宏观经济发展进入新常态，面对国内外政策、市场环境的明显变化，沈阳加快制造业转型步伐，着力淘汰落后产能、加速结构调整、开展精益管理、推进智能化应用、拓展绿色服务型制造。

先进制造示范应用持续开展

先进制造代表着未来制造的发展方向，近年来，沈阳加强与国家、省级重大项目协同，积极开展智能制造、绿色制造、服务制造试点示范，取得了良好效果，有30余家企业（项目/平台）列入国家试点示范名单。

在智能制造方面，2015年，围绕制造业稳增长、促升级，沈阳出台了《沈阳市制造业智能升级三年行动计划（2016—2018年）》，支持企业加强信息化基础设施建设和生产过程、制造工艺智能化改造，加大重点领域智能核心装置、装备和系统的推广应用，累计支持智能升级项目共104个，财政补助资金4.96亿元，拉动企业投资66.8亿元。2019年，为进一步提升制造企业数字化、网络化、智能化水平，沈阳又发布了《沈阳市支持智能升级示范项目政策及管理实施细则》，重点培育智能生产线、智能工厂、数字化车间，积极推动制造业行业示范项目建设。截至2019年年底，沈阳共评选通过了5个智能工厂、10个数字化车间示范项目。

2020年，沈阳机床集团、东软医疗、沈鼓集团和沈阳新松公司成为国家智能制造试点示范企业，沈阳海尔电冰箱工厂、华晨宝马汽车新工厂等成为国家智能工厂，沈鼓集团成为国家第一批蝉联制造业单项冠军示范企业，沈阳新松公司的机器人数字化工厂成为国内首个“机器人生产机器人”国家智能制造试点示范项目。

随着东软医疗的“高端医学影像设备智能制造新模式”、沈阳富创精密公司的“集成电路装备零部件柔性数字化车间建设”项目被列入国家智能制造新模式应用项目，沈阳新松公司的智能制造系统解决方案——“家电行业的数字化车间集成”入选智能制造系统解决方案供应商项目，沈阳累计获批国家智能制造综合标准化与新模式应用项目15个、智能制造解决方案供应商项目1个，东北制药集团原料药生产基地智能工厂、沈阳航天三菱汽车发动机制造公司智能工厂、沈阳海尔电冰箱公司数字化车间、沈阳飞机工业集团数字化车间等项目正在推进中。智能制造国家级示范应用项目一览见表6-1。

表 6-1　沈阳国家级智能制造示范应用项目一览

项目类型	项目名称	承担单位
智能制造试点示范项目	智能机床试点示范	沈阳机床（集团）有限责任公司
	智能医学影像设备试点示范	沈阳东软医疗系统有限公司
	鼓风机远程运维服务试点示范	沈阳鼓风机集团股份有限公司
	机器人数字化工厂	沈阳新松机器人自动化股份有限公司
智能制造专项项目	面向传感器制造领域数字化车间关键应用标准研究	中国科学院沈阳自动化研究所
	新能源汽车动力电池系统智能制造数字化车间综合标准化与试验验证系统	中国科学院沈阳自动化研究所
	智能制造系统层级模型及水平评价体系	沈阳飞机工业（集团）有限公司
	飞机座舱盖、风挡智能装备生产线建设	沈阳飞机工业（集团）有限公司
	飞机结构件智能制造新模式应用	沈阳高精数控技术有限公司
智能制造综合标准化与新模式应用项目	机器人制造数字化车间运行管理及装备互联互通互操作标准研究与验证	中国科学院沈阳自动化研究所
	医药包装材料智能化丁基胶塞车间项目	沈阳新松机器人自动化股份有限公司
	大宗原料药及医药中间体智能制造新模式	东北制药集团股份有限公司
	工业互联网应用协议及数据互认标准研究与试验验证	中国科学院沈阳自动化研究所
	面向铝冶炼行业的智能工厂通用模型标准研究与验证	东北大学
	高端医学影像设备智能制造新模式	沈阳东软医疗系统有限公司
	集成电路装备零部件柔性数字化车间建设——多品种、小批量智能制造新模式应用	沈阳富创精密设备有限公司
	面向高端医学影像设备（CT）的远程运维标准研究和验证应用	沈阳东软医疗系统有限公司
	基于供应链的工业机器人协同设计 / 制造标准研究与试验验证	沈阳新松机器人自动化股份有限公司
	时间敏感网络（TSN）与用于工业控制的对象链接与嵌入统一架构（OPC UA）融合关键技术标准研究与试验验证	中国科学院沈阳自动化研究所

续表

项目类型	项目名称	承担单位
智能制造解决方案供应商项目	数字化车间集成 - 家电	沈阳新松机器人自动化股份有限公司

资料来源：工业和信息化部网站。

在绿色制造方面，积极实施工业节能技术改造工程，大力推动制造企业实施节能化改造，促进生产过程低碳化、废物处理绿色化、资源利用循环化。沈阳有省级绿色制造示范企业 40 家，2017 年以来，华晨宝马、玖龙纸业（沈阳）公司、赛莱默水处理系统（沈阳）公司、沈阳三生制药公司、沈阳航天三菱汽车发动机制造公司、沈阳新松公司、禾丰牧业等 18 家企业先后进入工业和信息化部“绿色工厂”名单，中德产业园成为国家级绿色工业园区。

在服务制造方面，沈阳坚持制造业与服务业、制造业与互联网深度融合，完善和提升生产制造辅助环节，探索大规模个性化定制、网络协同制造、全生命周期管理、总集成总承包、信息增值服务等新业态、新模式，推动制造业向“制造 + 服务 + 互联网”转型。2020 年，沈阳全市规模以上工业企业服务性业务收入占总收入的 10%，沈鼓集团、三一重装等国家级服务型制造示范企业占比达到 30%。2019 年，沈阳获批省级服务型制造示范企业（项目、平台）21 家，有 7 家服务型制造示范企业（项目、平台）获评国家级服务型制造示范单位，包括东软医疗、沈鼓集团 2 家国家级服务型制造示范企业；沈鼓集团流程工业设备健康服务中心项目、三一重装公司“供应链管理项目”、沈阳机床集团基于 i5 智能机床全生命周期管理的产融深度融合项目 3 个国家级服务型制造示范项目；沈阳创新设计装备制造业工业设计公共服务平台和沈阳格微软件工业大数据综合服务平台 2 个国家级服务型制造示范平台。

新兴产业综合实力明显提升

沈阳在机器人及成套装备、集成电路装备、数字医疗设备、软件等产业的发展可圈可点，为先进技术的推广应用和制造企业的数字化转型奠定了良好的产业基础。

1. 机器人产业

机器人是制造业转型升级、实现高质量发展的战略性装备。“十三五”期间，沈阳机器人产业做强本体制造端，做优配套端，一直保持较快增长，规模以上企业年均增长率达 14.9%，2020 年完成产值达 110 亿元。

沈阳机器人研发实力突出，机器人系统集成应用端处于国内领先水平。2018 年，中科院沈阳自动化研究所自主研制的“海星 6000”有缆遥控水下机器人圆满完成首次科考应用任务，并创造了我国遥控无人潜水器（Remote Operated Vehicle，ROV）下潜的最深纪录。2019 年，其自主研制的深海机械手完成了现场测试和验收，并实现首套出口国外。另外，中科院沈阳自动化研究所研发的油井远程监测与优化控制系统在吉林油田、胜利油田、辽河油田等多地实现应用，“MQB 自动换挡器装配生产专线”项目通过一汽大众验收，第四代核电专用激光清洗设备中标中广核研究院有限公司“废物最小设备采购”项目。

沈阳新松公司产品涵盖了工业机器人、洁净（真空）机器人、移动机器人、特种机器人及智能服务机器人五大类 70 多个品种，100 多种标志性产品已在汽车、航空航天、工程机械、半导体、医疗、公共服务等多个领域批量应用，累计出口 30 多个国家和地区。其研制的工业机器人智能重轨轧制生产线、大型焊接工作站、仓储移动机器人等产品在鞍钢股份有限公司、山东临工工程机械有限公司、杭州老板电器股份有限公司等企业得到成功应用。其研制的室外重载型移动机器人成功打入国际市场，医疗物流配送机器人在中国医科大学附属盛京医院启动示范应用，5G巡检机器人在华晨宝马厂区的5G环境下开展示范。沈阳通用机器人技术股份有限公司研发的立体车库在北京、贵州等地实现应用。这些产品和应用极大地提升了传统产业的自动化水平，对于传统产业转型升级、提质增效，以及智能工厂、数字化车间、生产线/生产环节自动化建设具有强大的促进作用。

同时，中科院沈阳自动化研究所中标工业和信息化部“2019年先进制造业集群项目”，建设的国家机器人质量监督检验中心（辽宁）成为国内第一家专业机器人整机及核心零部件专业检测机构，国家机器人创新中心脊柱手术机器人项目、工业机器人中间件应用平台项目、工业机器人远程运维与诊断系统研究等突破了机器人核心技术并实现成果转化，这些均为沈阳机器人产业创新发展提供了新的驱动力量。

2. 集成电路装备产业

沈阳拥有国内完整的集成电路（Integrated Circuit，IC）装备产业链条，整机装备核心技术实现突破，零部件发展水平全国领先，形成“关键IC装备研发+零部件加工平台+材料+技术创新联盟+‘产、学、研’合作体系建设”的特色发展模式，跻身该产业全国前列。

沈阳仪表科学研究院已建成1个国家级平台（传感器国家工程研究中心）和2个省部级研发平台（金属弹性元件工程技术研究中心、光学薄膜元件工程技术研究中心），是国内唯一的自主知识产权的硅基敏感芯片科研生产基地。沈阳在集成电路设计和制造、封装测试方面开始突破技术瓶颈，逐步形成集设计、制造、材料为一体的全产业链条。沈阳芯源微电子公司成为东北首家科创板上市企业，其12英寸（大约为30.48cm）前道涂胶显影设备占国内市场份额超过40%；沈阳富创精密公司自主研发的国内首件300mm物理气相沉积设备大型传输平台，核心制程已达到国际先进水平，实现替代进口；中科院沈阳科学仪器公司生产的先进真空仪器设备、干式真空泵产品打破了国际巨头的技术和市场垄断，实现进口替代；拓荆科技公司的 12 英寸 PECVD（化学气相沉积设备）产品已成功在 65nm/55nm/40nm/28nm 集成电路生产线实现量产，进入国际上最先进的 5nm/3nm 研发线。

3. 数字医疗产业

沈阳拥有国内唯一能够生产四大医学影像设备的专业基地，自主研发能力和国产品牌市场竞争力不断提升。东软医疗、迈思医疗、新松医疗在疫情防控中做出突出贡献。重点企业方面，东软医疗开发研制了国内首台 CT，打破国外垄断，其产品已远销全球 110 多个国家和地区、9000 多家医院，覆盖一批“一带一路”沿线国家；迈思医疗 2020 年产值增长了 776%，是国内知名的高流量湿化治疗仪和医用无创呼吸机企业，其部分产品达到国内领先、国际先进水平；新松医疗 2020 年产值增长了 200%，其双水平无创呼吸机和医用氧气机在国内同行业内排名分别为第一和第二；沈大内窥镜公司的“软性内窥镜一次性防护系统”是为避免医源性交叉感染而开发的世界首创产品，内窥镜临床前景可期；海龟医疗 2020 年产值同比增长了 465%，该公司专业从事呼吸类医疗设备的研发、制造和销售。

4. 软件及信息服务产业

截至 2020 年年底，沈阳有规模以上软件企业 1149 家，2020 年完成主营业务收入 1188 亿元。中科院沈阳自动化研究所“工业软件定义网络基础标准与试验验证”“工业互联网边缘计算测试床”等项目先后入选工业和信息化部“工业互联网创新发展工程项目”；沈阳卡斯特科技有限公司的“水泥生产装置控制软件”荣获“2019 年中国软件行业优秀解决方案”；鸿宇科技、安新自动化等公司研发的工业 App 入选工业和信息化部“工业互联网 App 优秀解决方案”；东软集团面向工业装备、汽车电子、智能终端、数字医疗等领域，发展嵌入式软件系统；荣科科技、盘古网络、易讯科技在大健康、智能网联车、智能电力等领域的行业地位不断提升。

沈阳国际软件园是中国骨干软件园区十强之一，截至 2020 年第三季度末，已入驻企业 1303 家，其中，世界 500 强企业 45 家，中国软件百强企业 22 家，上市公司及上市公司子公司 95 家，细分市场领军企业 30 家。辽宁省信创产业园落户皇姑区，重点按照国产芯片、国产化整机设备、基础软件、网络安全、系统集成、行业应用六大主题，聚集国产化替代核心企业，已吸引东华软件、联想集团、麒麟软件、上海兆芯等 18 家信息创新头部企业入驻。

信息基础设施建设初具成效

沈阳是东北地区最大的网络通信枢纽、“宽带中国”示范城市、国家级互联网骨干直联点。2020 年，沈阳全市电信业务总量达 908 亿元，互联网出口带宽已达到 7800Gbit/s，城区光纤网络和 4G 无线网络实现全覆盖，城区及行政村具备 1000Mbit/s 光纤宽带接入能力。目前，沈阳已建设窄带物联网（NB-IoT）无线基站万余个，初步形成运营商数据存储中心，华为云、紫光云、腾讯云等云计算数据中心，东北能源大数据中心，国家工业互联网大数据中心辽宁分中心等行业大数据中心的建设布局。其中，东北能源大数据中心是全国首个全面支撑工业互联网的区域级能源大数据中心，起到能源汇集传输和转换利用中的枢纽作用，国家工业互联网大数据中心辽宁分中心是中国工业互联网研究院继重庆、青岛、杭州后设立的全国第 4 个分中心。

作为首批 5G 实验组网示范城市、5G 通信网络首发建设城市，2021 年，沈阳全年新建 5G 基站超过 1 万个。5G 基站建设规模在东北三省排在首位，实现市内城区及周边郊县核心区域全覆盖，并对全市交通枢纽、重点产业园区、三甲医院、院校等 406 个重点区域进行 5G 网络重点覆盖。禾丰牧业、辽宁联通两个二级节点获批建设，成功与国家顶级节点连接并启动运营。沈阳正在积极推进IPv6（第6版互联网协议）网络升级和规模部署，47所高校、107所科研院所、40余家重点企业完成IPv6外网改造。华晨宝马铁西厂区、大东厂区已成功实现5G信号的全覆盖、测试车辆数据5G传输，以及基于5G传输的智能安防机器人的应用。此外，沈阳新松公司的5G巡检机器人已在华晨宝马铁西厂区的5G环境下开展示范应用。

数字技术融合应用加速推进

沈阳一直重视推进企业“两化”融合工作，相关统计分析显示，2020年，沈阳处于信息化起步建设阶段企业比例为18.58%，较2016年减少近20%；处于单项覆盖阶段的企业为54.42%，仍是“两化”融合发展水平较为集中的阶段；实现集成提升及以上阶段的企业比例上升至26.99%，较2016年增加13.66%。这为工业5G、工业互联网、大数据、物联网等新一代信息技术与制造业深度融合应用打下了坚实基础。截至2020年年底，沈阳获批国家和省级“两化”融合管理体系贯标试点企业已达39家，其中，国家级试点企业36家，省级试点企业10家，沈阳机床集团、沈鼓集团、特变电工沈阳变压器集团、远大博林特、三一重装、禾丰牧业、辉山乳业7家企业同为国家、省级试点企业。沈阳亨通、奥维通信等企业在光纤光缆、通信模块、通信设备、芯片材料等领域拥有了近10项5G关键产品和技术，美行科技“5G+交通出行”等解决方案产品的发展势头良好，其车载导航引擎和移动互联网位置服务占国内市场近40%；沈阳仪表科学研究院生产的传感器、划片机产品主要技术指标达到国内领先水平；晨讯科技的物联网通信模块、无线通信终端等已在医疗检测、电力、导航定位等领域得到广泛应用。

为加快培育数字经济发展新动能，沈阳聚焦制造业数字化转型全流程和关键环节，研究设计了工业领域“九大类应用场景”和“61小类细分场景”，并于2021年3月公布了沈阳第一批工业应用场景需求清单，涉及5G智能装备制造集成应用、特种车辆智能化升级、工业互联网赋能、航空产业黑灯工厂试点、低碳产业园区和循环产业集群建设等多个行业和领域，旨在促成更多产业数字化领域的潜在合作。

沈阳还积极打造各级平台，鼓励企业上云、用云。沈阳每年拿出支持企业上云补助资金达9000万元，全市80家具备一定技术能力和典型案例经验的数字技术解决方案服务商积极帮助全市装备制造、汽车及零部件、机械加工、航空航天、石油化工、电子信息等行业企业加快转型升级的脚步，促进制造企业缩短生产周期、降低人员成本、提升产品交货率和市场竞争力。**一是搭建企业级平台。**三一重装的企业协同控制中心全面应用物联网、边缘计算及5G等新兴技术，配合企业智能“灯塔工厂”建设，智能化调度企业及产业链上下游各项生产经营要素，有效提升煤炭装备产品品质、缩短研发周期，提升作业效率；沈阳新松公司的工业软件控制平台通过优化机器人控制器的安全策略和智能工艺算法，完善平台的交互工具、使用手册、培训课程和各类控制器、驱动器与电机、编码器等产品的生产工艺，实现机器人控制器、可编程逻辑控制器、计算机数字控制机床、编码器的小批量生产。**二是联合信息通信企业、互联网企业和制造业打造云平台。**沈阳机床集团自主研发的iSESOL云平台已在全国签约建设19个5D智造谷，接入1.3万台i5智能机床；沈鼓集团的沈鼓智慧云服务平台已接入大型机组2000台、机泵4000台，实现监测数据接入、物联网接入、智能诊断、社交型服务等系统功能，可为用户降低运维成本30%，提升运维效率45%。**三是培育行业互联网平台。**紫光中德输配电工业互联网平台、麦克奥迪智慧能源平台、格微软件生产要素平台等10个工业互联网重点服务平台已初步建成。装备制造业工业设计公共服务平台已初步形成工业设计产业链云服务可推广模式，为对接产需、成果转化、提升企业网络化生存能力提供支持。以格微软件生产要素平台为例，该平台已累计采集包括美国、英国、德国、日本等100多个国家的发明专利、工业标准、科技情报等各类工业大数据近1.9亿条，涉及2000余个细分行业，拥有20余万家企业会员，为400余家大型企业建立了企业知识中心，为3300家中小企业建立了商情中心，为1万余家中小微企业建立了网络商城；该平台运用深度感知、全网分布、实时精准对接需求的150万个比特能机器人，为航空航天、装备制造等行业的200余家大型企业及4000余家中小企业提供个性化定制服务，促成了425个项目的深度合作，为企业创造价值增值在100亿元以上。

沈阳制造业数字化转型与供应链协同面临的挑战和不足

随着国家经济发展进入新常态，经济增长方式发生了巨大变化，沈阳以传统重工业为主导的制造业发展面临着刚性的制约。

面临的挑战

1. 工业增速放缓，传统制造下行压力增大

"十三五"期间，沈阳规模以上工业增加值年均增长率为4.1%。装备制造业年均增长率为1.7%，全市工业投资年均下降29.6%，占全市投资比重由26.6%下降至18.1%。特别是2020年，电力、热力生产和供应链的投资大幅下降，工业固定投资增速放缓至1.7%，且项目数量和投资总量均偏低，沈阳续建、新开、储备工业项目仅有600个，开工复工亿元以上工业项目429个。受项目数量不足、投资额低加上市场环境及突发事件等客观因素的影响，沈阳工业增长速度较缓，工业增加值增长2.8%，制造业增加值增长2.9%，装备制造业增加值增长2.6%，低于全国平均水平。对标全国其他14个副省级城市及郑州、长沙两市的规模以上工业主要指标可以看出，2020年沈阳规模以上工业增加值增速在17个城市中排在第14位，低于大连、杭州1个百分点，较长沙、郑州、西安、济南分别低2.3、

3.3、4.2 和 9.4 个百分点。2020 年重点城市规模以上工业主要指标情况见表 6–2。

表 6–2　2020 年重点城市规模以上工业主要指标情况

序号	地区	2020 年工业增加值	
		增速 /%	位次
1	济南	12.2	1
2	长春	10.4	2
3	西安	7.0	3
4	南京	6.5	4
5	郑州	6.1	5
6	厦门	6.0	6
7	青岛	5.5	7
8	宁波	5.2	8
9	长沙	5.1	9
10	成都	5.0	10
11	哈尔滨	4.2	11
12	大连	3.8	12
13	杭州	3.8	13
14	沈阳	2.8	14
15	广州	2.5	15
16	深圳	2.0	16
17	武汉	–6.9	17

2. 结构矛盾突出，新兴产业支撑能力不足

沈阳制造业重工业占比近 80%，具有比较优势的成套和大型装备产品需求主要依靠投资拉动。

一方面，沈阳面临传统制造市场严重萎缩的不利局面，除了少数骨干企业外，相当一部分的行业、企业和产品下行态势明显，竞争乏力。以制造业中占比较大的汽车行业和机械装备制造行业为例，在汽车行业中，产业发展不充分、不平衡现象比较突出，合资品牌强，自主品牌相对较弱，华晨宝马的产值占沈阳车企整车总产值的 80% 左右，受产品设计更新缓慢、技术研发投入不足、体制机制不够完善等因素的影响，金杯车辆、华晨中华等自主品牌在沈阳汽车产业所占比重持续降低，无法显示集团作战优势。沈阳新能源汽车行业发展不充分，产业链尚不完善。除了华晨宝马，其他整车企业均未实现新能源汽车量

产，配套资源不足，出行生态布局较为迟缓，服务层次不高。机械装备制造业是实现制造产品高端化、制造过程绿色化、制造服务个性化的重要载体。沈阳机械装备制造业虽然根基深厚，创新资源也比较丰富，但是面对全球制造业高技术化、成套化、低碳化的竞争，出现了市场需求下降、制造成本上升、融资难度增大等一系列问题，加之核心功能部件空心化问题没能有效破解，行业总体经济运行情况不容乐观。2017–2020 年沈阳机械装备业主要子行业产值情况对比见表 6–3。从表 6–3 中可以看出，沈阳机械装备制造业市场总体呈现萎缩态势，过去依赖投资拉动和规模扩张的发展模式已难以为继，加强基础能力建设和进行产业链、供应链重构完善等任务艰巨。

表 6–3　2017–2020 年沈阳机械装备业主要子行业产值情况对比

单位：亿元

	2017 年产值	2018 年产值	2019 年产值	2020 年产值
高档数控机床	165.7	149.3	36.0	40.0
电力装备	292.8	240.6	301.3	272.3
通用石化重矿装备	473.4	473.4	417.0	385.0
轨道交通装备	61.1	81.0	46.2	40.0

另一方面，沈阳新兴产业规模较小，具有比较优势的机器人、IC 装备、生物医药等行业产值在几亿元到百亿元之间，2020 年战略性新兴产业总体规模占比仅为 25%，高技术制造业增加值不到规模以上工业的十分之一。部分新兴产业虽然成长较快，本地化应用也逐渐升温，但“墙里开花墙外香”的情况仍然突出，引领和支撑作用有限，对沈阳经济的引领作用远未发挥出来。

存在的不足

1. 数字化战略谋划不充分

数字化转型不仅是技术更新，而且是理念、战略、组织、运营等全方位的变革，需要做好顶层设计，明确发展目标、推进步骤和工作举措，确保战略性、整体性、协同性、安全性和可操作性。政府和企业对于数字化转型的重要性虽然已有共识，但是战略性思考不够，因此政府政策的综合效应和制造业转型的总体效果有限。

从产业的角度来看，细分行业数字化转型的区分度不够。数字化转型涉及众多行业，不同行业技术特点、装备要求、转型重点和推进方式应该各有不同。例如，离散型制造对制造装备的智能化要求较高，以生产过程的智能化为主；流程型制造注重流程模拟设计和生产环节的监控管理和优化，对设备要求较低；网络协同制造侧重于制造资源的有效协同，形成网络化产业生态系统；大规模个性化定制要求实现用户需求、研发设计、柔性制造、物流配送和售后服务的集成；远程运维服务则利用远程监控技术和诊断服务能力，开展各类增值服务。沈阳在产业数字化转型方向的把握上较侧重制造装备和产品，对新业态、新模式的关注较少，工业互联网平台利用率不够高。新兴产业、高技术产业布局有限，分布面相对较窄，产品种类较少。例如，在生物医药产业中，70% 以上的企业为医药制造企业，中药、生物医药企业占比不高；在新能源产业中，46.9% 的企业为火力发电企业，风电、光伏企业较少，核电、氢能源企业空白。

从企业的角度看，沈阳大多数企业都有推动数字化转型的强烈意愿，但相当一部分企业对数字化转型的实质没有清晰的把握，缺乏将研发、设计、应用、服务各个环节进行系统诊断和智能化整合的战略思维和全盘规划，主要体现在 3 个方面：一是将数字化转型等同于传统的企业信息化，仅停留在为生产端引入现成的信息系统和智能化加工设备，进行局部信息化改造上，而没有意识到传统制造模式和商业模式将改变，制造业传统供应链也将转变为基于互联网的开放式网络供应链；二是将数字化转型视为企业发展目标而非工具，没有深入思考自身的资源基础、技术架构和配套能力，盲目投资攀比，为转型而转型；三是认为数字化转型可以一蹴而就，只要肯投资，硬件和系统就能一次性解决问题，取得立竿见影的成效，没有意识到数字化转型是一项周期长、投资大的复杂性系统工程，需要长期坚持与不断改进。这3种情况都会导致企业数字化转型的主动性、积极性不强，上云率低，短期看不到经营的提升就左右摇摆、打退堂鼓，甚至转型失败。更有个别企业对数字化转型的紧迫性认识不足，对上云、上平台持迟疑态度，这也在一定程度上抑制了制造业数字化发展的现实需求。

2. 数字基础能力较薄弱

数字化转型需要数字化基础能力的支撑，受传统发展方式和产业布局的影响，沈阳的传统制造行业企业中，国有企业占比较大，“一企独大”的情况明显，国有企业与民营企业之间、大中小型民营企业之间的协同性不强。虽然龙头企业在产业发展上发挥着不可替代的支撑作用，在数字化转型方面也先行先试，起到示范作用，但总体上看，仍有相当数量的企业，尤其是中小企业在技术、融资、人才供给等方面基础薄弱，这在很大程度上束缚了这些企业参与数字化转型的意愿和行动。

首先，在信息系统建设方面，数据共享水平不高，供应链协同存在阻滞。制造企业设备种类繁多、应用场景较为复杂，每天产生和利用大量数据，不同环境有不同的工业协议，数据格式差异较大，不统一标准难以兼容，也难以转化为有效的资源。同时，工业数据涵盖设备、产品、运营、用户等多个方面，其安全要求远高于消费数据。而在早期的信息化建设中，沈阳的一些制造企业虽然有较完善的内部网络，基本实现了企业内部信息共享以及供应链关联企业信息互通，但它们将信息资源单独规划管理，并未从供应链企业动态联盟和网络共建的角度进行数据资源环境建设，数据往往局部有序，但兼容性不够，对需要跨企业共享的业务信息因其描述格式与方式不统一，“信息孤岛”普遍存在。系统嵌入困难，数据质量和标准不统一，碎片化严重，使企业间信息交流内容比较单一，加之一些企业为了自身利益的最大化而向合作方隐瞒部分信息，导致信息不对称，大大降低了供应链整体效率，从而陷入协同阻滞。市场环境不确定程度越高和供应链层级越多，这种协同阻滞现象越明显。

其次，在组织管理方面，流程与生态数字化建设滞后，难以适应数字化转型的需要。沈阳制造业在形成发展的过程中并非完全依靠自发市场机制，管理层级多，资源分散，上下游产业链关联效应较弱，分工协作体系不健全，供应链中的主机制造企业纵向一体化特征明显。这些进一步造成工业设计、专业物流等服务性功能嵌入供应链不够，制造与服务衔接不紧密，数字化工业场景开发滞后，产业集聚和辐射效应难以充分发挥。近年来，我国主导推进智能制造试点示范和重大项目推进，企业“两化”融合水平有所提高，但在敏捷开发、流程协同、网络化协同、平台化运营等方面还存在短板，智能工厂与智能车间建设、高端装备研制赶超、关键零部件核心技术突破、工业互联网平台支撑等方面相比东南沿海、京津、成渝地区还有差距，生产设备数字化率、关键工序数控化率等“两化”融合关键指标位于全国中游水平。

最后，在融资方面，高昂的数字化成本让许多制造企业望而却步。全方位的数字化改造投入成本较高，从软硬件购买到系统运行维护，从设备更新换代到人力资源培训，都需要持续投入资金。尽管政府对于企业上云、智能设施建设等提供了一定的支持，但沈阳多数传统企业，尤其是中小企业面临的生存压力较大，融资能力弱，数字化转型的资金缺口大。与大企业相比，中小企业普遍存在资本缺乏、资产规模小、持续经营能力弱等问题，对改造成本及改造成效回报更为敏感。如果依赖自有资金进行技术升级，加之投资回报期较长，那么这必然导致中小企业缺乏转型的内在动力。显然，数字化改造成本高是制约企业数字化转型的主要因素。

3. 协同创新水平待提高

科技创新是推进转型升级、提升产业素质的重要驱动力。沈阳装备产业的核心企业虽然具有良好的技术基础和研发能力，科研院所内部创新数量也不少，但多数创新行为来自大型龙头企业，指向重大装备和整机产品。固有的发展模式使多数创新行为的关注点主要在产品和装备的制造上，业态创新、服务创新不足。出于对创新成本和创新风险的考虑，各类行为主体在产业关键技术尤其是共性技术上的联合研究较少，供应链协同创新有限，造成制造业产业链发展不均衡，整机和配套发展不同步，大量关键材料和基础件不得不从外地采购或从国外进口。

在汽车领域，与整车企业相比，汽车零部件企业规模较小、创新能力弱、产业链条不完整。在沈阳全市汽车零部件企业中，年产值超过亿元的企业不足100家，世界百强汽车零部件企业仅有17家，且均为生产工厂，缺少像上海延锋、浙江万向这样带动力强的大型汽车零部件企业。在沈阳，自动变速箱、增压器、汽车电子控制模块等附加值高、技术含量高的产品市场尚属空白；动力电池关键材料、电机及控制器、电子电控系统、燃料电池及关键零部件等领域的产品大多处于市场导入期，市场份额不高。同时，只有沈阳航天三菱发动机制造公司、沈阳华晨动力机械公司、沈阳华铁散热器公司等少数企业设有研发中心，大部分企业缺乏系统设计、系统配套和模块供货能力。

同时，在一些关键核心技术领域，技术无法突破的问题仍然存在。通用石化重矿装备配套的高精度、高可靠性的轴承、减速机、齿轮箱、变频器、阀门、液压系统等还需要从国外进口或从外地采购；作为变压器核心零部件的特高压交直流套管基本上是从国外进口的。进口的物件不但价格昂贵，而且交货时间无法保证，严重制约特高压输变电工程进展；高端机床数控系统需要进一步研发和产业化，高速大功率电主轴等核心功能部件及高精度轴承、导轨、丝杠、刀具等关键零部件仍然依赖进口，对汽车、航空航天、船舶、军工领域的成组成线供给能力不足。

在工业机器人领域，关键零部件的平均本地配套率为 27%，精密运动控制专用处理器与系统平台、机器人仿生驱动关节核心技术研究与开发和国外相比还有差距，关键工业软件、底层操作系统、嵌入式芯片、开发工具等技术领域基本被国外垄断。核心技术缺失不仅给沈阳的制造企业带来了沉重的经济负担，也使智能制造在发展过程中难以形成以集成制造厂为核心，上下延伸的强大产业链，供应链安全往往也要经受考验。

4. 数字化人才供给不足

人才是企业将数字化转变为自身优势的决定性因素，数字化转型涉及研发、生产、销售等环节，涉及数据分析、智能装备的维修服务等领域，需要富有眼光的领军人才和技术开发、市场运营、社会融资等领域的高水平人才共同参与，掌握数字技术及管理的专业人员结构必须合理。教育部、人力资源和社会保障部、工业和信息化部联合印发的《制造业人才发展规划指南》显示，2020 年，新一代信息技术产业、电力装备、高档数控机床和机器人、新材料是人才缺口最大的几个专业。其中，新一代信息技术产业人才缺口预计达 750 万人。由于体制、待遇及资金等方面的制约，沈阳对高层次、创新型人才的吸引力相比北京、深圳等一线城市和长三角、珠三角等经济发达地区有着差距，再加上制造业数字化人才的教育培训体系尚未有效建立，现有培养体制存在高校制造业人才培养与企业实际需求脱节，“产教”融合不够深入、工程教育实践环节薄弱，职业学院基础能力建设滞后等问题，数字化人才缺口更加不容忽视。沈阳制造业人才结构性过剩与短缺并存，制造业数字化产业领军人才紧缺，基础制造、先进制造技术领域人才不足，支撑制造业数字化转型升级能力不强，人才素质提高和转岗转业任务艰巨。《2021

年度沈阳市急需紧缺人才需求目录》显示，在汽车制造、航空航天制造、装备制造、新一代信息技术、生物医药、新型材料、绿色食品、城市规划、传媒融合体、医疗卫生、城市服务、云计算与大数据、人工智能、网络安全、智能传感器、智能终端制造、5G 基础设施、新一代人工智能 18 个领域中，机器人操作技师、控制系统设计师、铸造工程师等 44 个岗位为“五星级别”的紧缺岗位。本科学历的人才需求量最大，要求硕士以上学位的岗位有 54 个，占 40%，要求博士学位的岗位有 13 个，占 9.6%。

从企业用人的角度来看，人才缺失一方面会让制造企业对数字化改造产生顾虑，另一方面也会给企业参与供应链协作、实现降本增效带来阻碍。目前，沈阳制造业数字化改造开始时间不长，大部分企业仍处于数字化计划实施初期，其人员构成尚可应对较少数量的试点项目，或采用外包业务模块等完成数字化升级转型计划。但随着数字化供应网络计划的推进，人才短板问题将日益凸显。

5. 数字化发展环境不完备

数字化转型作为一项系统工程，政府扶持政策的推动不可或缺。近年来，沈阳市政府及相关部门先后出台了多项促进制造业转型和智能制造发展的相关政策，涉及科技创新、成果转化、智能制造、服务制造、绿色制造、市场培育、人才引育等多个领域，发挥了一定的政策效力，但点多面少、支持工具较为单一的问题也比较突出。由于部分政策之间衔接不紧密、主要面向大中型骨干企业，且政策工具多为财政支持、贴息、奖励等。同时，操作中也存在重制定、轻管理，宣传力度不够，相关实施细则不够完善，后期扶持、孵化和服务不到位等现象，政策落实效果不明显。从实践层面和企业反映来看，一些政策还存在订立的门槛过高、标准过严、相关激励机制不够完备的问题，这使很多企业特别是非常具有活力的中小微企业，无法享受到实实在在的政策支持。例如，一些企业仍不了解鼓励企业开展研发活动的“研发费用税前加计扣除”政策；企业上云享受财政支持政策的要求较高，对海外研发团队人数不低于 3 人进行财政支持的政策让很多掌握核心技术但又苦于人数不够的企业望而却步。这些因素在一定程度上影响了企业，尤其是中小微企业参与数字化转型的积极性，难以形成制造业创新发展的良好氛围。

数字化服务有待提升。数据的有序流动与安全共享是实现数据价值的基础。沈阳尚没有建立统筹全市的大数据中心，在公共数据资源共享和开放、数字化场景培育、数据服务市场规范等方面落后于国内先进城市。沈阳的数据资源开发和开放范围较小，数据集约化、网络化运用水平不高，数据相关产业生态与价值网络建设相对滞后，在推进公共服务“一网通办”、5G 融合应用、工业互联网平台体系建设方面还有巨大空间。同时，沈阳在数据安全法规、标准制定和宣贯落实上启动时间不长，在管理上还存在一些漏洞。工业数据涵盖设备、产品、运营、用户等多个方面，其安全要求远高于消费数据，数据在采集、存储和应用过程中一旦泄露或系统被入侵者攻击，企业不仅会面临操作系统无法正常使用和大量隐私信息（例如核心工艺参数）被窃取的风险，而且还可能因关键数据被篡改、重要设备损坏，产生巨大的经济损失。因此，缺乏有效的数据安全预警机制，缺少法律、行政、经济等方面的惩罚措施，没有给数据窃取、篡改者足够的威慑，这些将给制造企业的数据采集、供应链协作及平台应用带来严重的安全隐患。

沈阳制造业数字化转型与供应链协同创新之策

签于在产业结构、市场主体活力和工业整体竞争力方面存在的问题，沈阳制造业必须结合产业发展规律、企业数字化发展阶段及数字科技发展走势等制定科学合理的转型策略。

明确产业发展方向，加强转型战略部署

制造业数字化转型是一项系统工程。沈阳制造业一旦错失业务创新、模式创新、机制创新的机会窗口，就会丧失优化、升级、转型的良好机会，难以在新一轮产业发展大潮中形成核心竞争力。沈阳制造业数字化发展需要从大力发展数字经济、提升制造业竞争力的大背景出发，充分考虑制造业各细分行业产业的基础条件，明确细分行业数字化转型的特点和核心，积极发展智能制造、绿色制造、服务制造。

沈阳制造业点多面广，数字化转型既要着眼现有的产业基础，又要谋划未来布局，从做优传统行业、做大新兴产业、布局未来产业 3 个维度推进产业数字化进程，提升供应链协同水平。沈阳制造业数字化转型目标体系如图 6–2 所示。

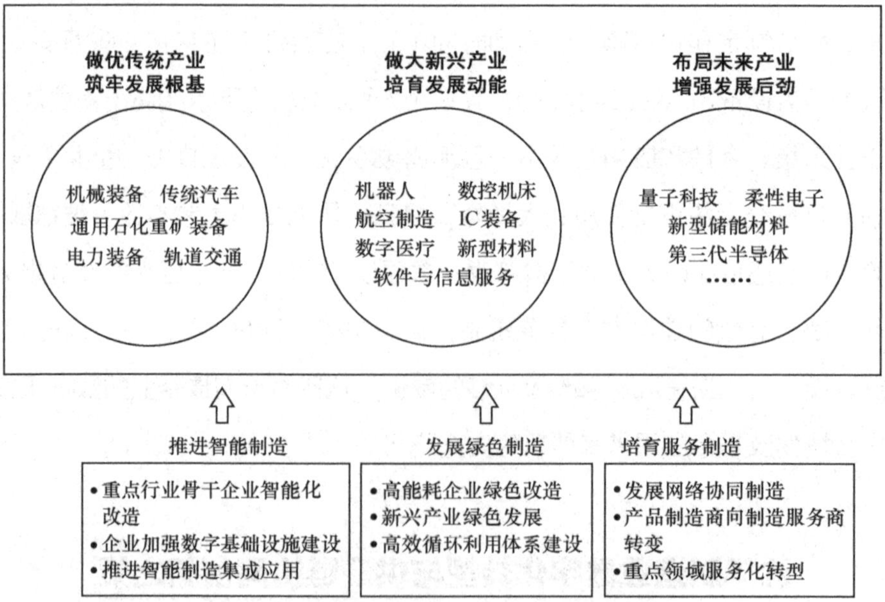

图 6–2　沈阳制造业数字化转型目标体系

1. 做优传统产业，筑牢发展根基

针对沈阳传统制造行业的特点，依托骨干企业，继续推进智能化、绿色

化改造升级，促进传统产业基础高级化、产业链供应链现代化，使产品可靠性、成套能力不断提升。

推进智能制造。加快企业生产过程和制造工艺智能化改造进度，加强数字化设施建设，推广智能控制、工业机器人、快速成型、工业控制软件与系统的应用力度。在汽车、机械装备、电力装备、轨道交通装备等离散制造领域，持续开展数字化车间、智能化工厂的集成创新与示范应用，鼓励“机器换人”“设备换芯”“生产换线”，推进数字化设计、装备智能化升级、工艺流程优化、可视化管理、质量控制与追溯、智能物流等数字化应用，建立产品全生命周期管理系统；在医药、材料、食品、化工等流程制造领域，实现过程控制系统、制造执行系统与企业资源计划系统等多个系统的集成协作，实现生产过程信息共享、量化管理，以及成本、质量、安全动态跟踪；在服装、家具、家电等领域，应用数据分析、优化建模等技术手段对消费者的个性化需求进行有效挖掘，探索大规模个性化定制模式。

发展绿色制造。加快新一代可循环流程工艺技术开发，支持冶金石化装备、重型矿山和工程机械、节能环保装备成套化、智能化、绿色化发展。在冶金、化工、建材等高耗能行业推广应用先进节能低碳设备和绿色生产工艺，提高能源利用效率；加快智能电网装备、智能建筑材料及多网融合、智能物流等发展；在机床、铁路机车装备成套设备和关键零部件等领域发展再制造产业。

培育服务制造。在汽车制造、机械装备、电力装备等领域，利用工业互联网技术，开展以供应链优化为核心的网络协同制造和远程运维服务，通过网络化制造资源协同平台实现创新资源、生产能力、服务能力的跨企业集聚与对接，以及供应链上下游企业之间的并行组织和协同优化；在轨道交通装备领域，加快国际领先的高速重载、环保机车、城际列车和磁悬浮列车等整机制造，依托数字化、信息化技术平台，拓展“制造＋服务”商业模式，加大先进轨道交通装备核心系统和重要零部件的研发力度，建立国内领先的轨道交通装备产业创新体系；推动百万吨乙烯装置、盾构机等重大成套装备企业由注重采购供应向注重供应链管理优化转变，由提供设备向提供系统集成总承包服务转变，逐步成为有较高知名度和竞争力的，具有系统设计、系统集成和工程总承包能力的装备承包公司。

2. 做大新兴产业，培育发展动能

在新能源汽车领域，积极引导节能与新能源汽车产业向电动、网联、智能方向发展。积极提升新能源整车研发、生产能力，大力发展智能网联汽车软硬件配套体系。面向智能汽车关键技术、车联网技术及应用示范等重点方向集中突破自动驾驶、智能座舱系统等关键技术，重点研发智能车载通信系统、车联网大数据平台、智能检测平台等创新型产品。

在机器人及智能装备领域，重点发展智能机器人标志性产品。突破高精度减速器、电机、伺服驱动、激光器系统等核心零部件和关键技术，形成研发协同创新机制完善、企业梯度发展、产业链条完整的产业体系；支持企业和科研机构开展设计分析、制造工艺、试验检测、标准规范等共性技术研究，推动沈阳新松公司、中科院沈阳自动化研究所、中科院沈阳计算研究所成为智能制造系统解决方案提供商；以汽车整车及零部件、民用航空、电力电子、基础零部件、食品饮料、危险化学品制造等行业为重点，建设数字化车间和智能化工厂，做好引领示范。

在电子信息领域，推动基础电子、智能硬件、高速光通信器件、新型元器件、应用电子等电子核心产业规模化发展。做大做强集成电路装备，补齐封装测试等产业链短板，推动集成电路全产业链发展；着力突破低应力封装工艺、高可靠结构设计等关键技术，对接应用场景需求，推动传感终端产业化；以

OLED[1] 新型显示器为重点，引进培育骨干企业，扶持通信模块、结构件等配套企业做大做强，不断提升产业链配套能力；以智能仪器仪表研发生产为主线，发展压力、流量、燃气智能终端、智能水表、电力仪器仪表、用电信息采集系统等智能仪器仪表产品；鼓励无距科技、辽宁联通等企业发展“5G + 无人机”巡检系统，研发智能图形拼接、分析及传感器数据融合技术；发展可穿戴设备、行业定制终端、车载智能终端等新型智能终端，形成多元化发展的格局。

在航空制造领域，积极探索航空智能制造模式，加快推动国家科技重大专项建设进度，力争实现民用航空总装项目布局，完善通用航空产业链，实现航空产业专业化、集群化、规模化发展，形成区别定位、互补发展的“三个园区和一个空港经济区”的空间布局。其中，沈阳航空产业园主要推进民用航空产业和动力产业双核心配套业务发展，沈北航空产业园以集航空制造配套、航空研发和教育、航空总装集成、航空维修服务于一体为特色，法库通航产业园（沈阳通用航空产业基地）重点提升通航和无人机制造能力，苏家屯空港枢纽经济区依托航空物流带动航空全产业链发展。

在数字医疗装备领域，重点发展各类 CT、超导磁共振、血管造影机及其核心部件等高端医学影像设备，以及各类医疗机器人、眼部诊疗设备、呼吸康复设备等临床治疗和健康养老设备，并针对复杂产品建立从产品研发到售后服务的全生命周期过程管理系统，为客户提供演示安装、客户培训等交付服务和远程在线监测 / 诊断、健康状况分析、远程维护、故障处理等质保服务，使医疗售后服务超越传统的简单设备维修，上升到帮助医院提高生产力并提供一体化数字解决方案的高度。

在新材料领域，把握新材料技术与信息技术、纳米技术、智能技术等融合发展趋势，加快增材制造、特种材料、无损检测等再制造关键共性技术创新，

1. OLED（Organic Light Emitting Display，有机发光显示器）。

围绕金属纳米线、碳纳米管、氧化锌、聚乙烯醇、聚酰亚胺等材料，开展柔性电子器件中传感材料、界面材料、智能材料、衬底材料和电极材料的技术研发，并促进高性能、轻量化绿色新材料、新工艺的产业化应用。

在软件和信息技术服务领域，积极开展工业大数据标准体系建设、产品认证和应用示范，大力推动软件产品工业场景应用，面向重点行业开发研发设计类、生产调度和过程控制类等高端工业软件产品和解决方案，打造特色行业通用型工业软件品牌。抢抓国家信息技术应用创新产业新发展机遇，推动鲲鹏生态创新中心等信息技术应用创新基地建设，促进本地信息技术应用创新产业服务生态建立。推动人工智能、大数据等基础支撑平台建设，提升企业新技术开发能力和大数据挖掘能力，加速中小软件企业转型升级。

3. 布局未来产业，增强发展后劲

超前布局增材制造、柔性电子、第三代半导体、量子科技、储能材料等新兴技术与未来产业，引导相关科研院所和骨干企业搭建创新联盟，努力打造东北亚未来产业创新资源聚集高地，建设新型创新创业服务组织等各类众创空间，引进培育一批具有影响力的未来产业龙头企业，培育一批知识密集型、高成长性企业，打造标志产品和领军企业，形成新的产业梯队。

推动沈阳仪表科学研究院、沈阳工业大学和中科院沈阳自动化研究所、辽宁大学量子研究院等相关单位联合研发，着力突破高性能芯片设计、低应力封装工艺、高可靠结构设计、低功耗电路设计、试验及性能评价等关键技术，加快发展高灵敏度、高适应性、高可靠性、智能化的传感器；依托东大传感技术、辽宁天久、聚德视频、美行科技等重点企业，联合东北大学、东软集团研究院、中国移动等开展协同创新，推动交通信号采集等智能传感器及终端与信息技术深度融合渗透，积极发展微机电系统（MEMS）、射频识别、图码识别、通信传输、多媒体采集、导航定位等产品；支持沈阳仪表科学研究院投资建设国产智能传感器敏感芯片及器件工程化示范线，推动浑南区建设传感器及仪表产业园；依托辽宁增材制造研究院、东北大学、中科三维、中科煜宸等单位，开发高品质的钛合金、高温合金、铝合金等金属粉末，以及高性能稳定性的光敏树脂、黏结剂、催化剂、蜡材等增材制造专用材料；依托中科院金属研究所等单位，围绕气相缓蚀剂技术、SEBF 重腐蚀防护技术等腐蚀控制技术，研发具有广阔市场前景的防腐材料，推进沈阳防护新材料研究院成立，建设防护材料实验室和中试基地；围绕金属纳米线、碳纳米管、氧化锌、聚乙烯醇、聚酰亚胺等材料，开展柔性电子器件中传感材料、界面材料、智能材料、衬底材料和电极材料的技术研发；开展氢燃料电池系统及核心零部件、关键材料、制氢、储运氢设备制造等领域技术攻关、工程研究、产品开发及成果转化。

树立正确转型观念，提升数字基础能力

企业是数字化转型的主体，也是数字化转型的受益者。制造企业数字化有其自身的规律，往往是大企业示范，小企业跟进。在大部分小企业完成 IT 架构和业务双转型后，企业内部“孤岛效应”基本消除，数据和信息借助云平台贯穿整个产品生命周期和企业运营的各个环节，进而实现从需求的源头到消费的终端的数据闭环，提升行业资源利用效率，促进供给侧结构性改革。

沈阳制造业要形成龙头企业引领、中小企业跟进、大众参与创新创业的制造业供应链协同发展的新格局，必须先从转变观念入手。制造企业的领导者必须强化数据驱动的意识，将数据资产作为企业核心资产，将数字化转型当作一项长期的、持续性的工作，把握其递进规律，给予企业数字化转型充

分的支持，深度参与数字化战略方向的规划、数字化系统的设计和数字化实施节奏的把握，而不是单纯由 IT 部门负责推进。同时，制造企业中层管理者和员工也要提升自身的数字化思维，培养相关技能，运用数字化工具为自己的工作赋能。只有企业上下形成合力才有助于克服数字化转型实施中遇到的各种问题，从而提高企业转型成功的可能性。

为避免盲目性，企业在数字化转型启动前必须摸清“家底”，通过全面梳理自身情况认清两个问题：一是企业需要通过数字化转型解决哪些问题，是降低成本还是提升响应客户能力，是局部改进还是全面跃升等；二是企业实施数字化转型的基础如何，这其中既包含企业的业务运营、组织管理、人员配备，又包含企业现有 IT 架构、软硬件系统、供应链协作水平等。显然，大企业和中小企业拥有不同的基础，在时机和路径选择上会有明显差异。对大企业而言，它们的技术、资金实力较强，往往在行业数字化前期就是转型的参与者，多选择自上而下的系统改革，全面进行数字化改造，并较早建立了自身的专网和私有云，甚至有的大企业还在取得智能化改造、数字化工厂经验和技术的基础上建立了公有云，搭建服务于行业和其他类型企业的工业互联网平台；而大量的中小企业起步较晚，它们不具备足够的人力财力和思维技术进行全面的改进，往往从单一业务部门出发，针对明确的短板和痛点，从平台企业获取 SaaS、PaaS 等服务开展数字化转型。今后，大企业、工业互联网平台企业应进一步发掘数字化技术和智能装备与传统制造业之间的耦合点，以企业和行业解决方案为发展方向，开发面向细分行业中小企业的数字化产品和服务，依靠平台网络的溢出效应来弥补中小企业自身的不足。当云平台上的基础功能模块经过复用、沉底和重构后，平台开发者、应用开发者和企业用户就可以共同构建完整的相互促进、双向迭代的生态系统，全面提升整个行业和制造业的数字化应用水平。协同推进制造业各类企业数字化转型如图 6–3 所示。

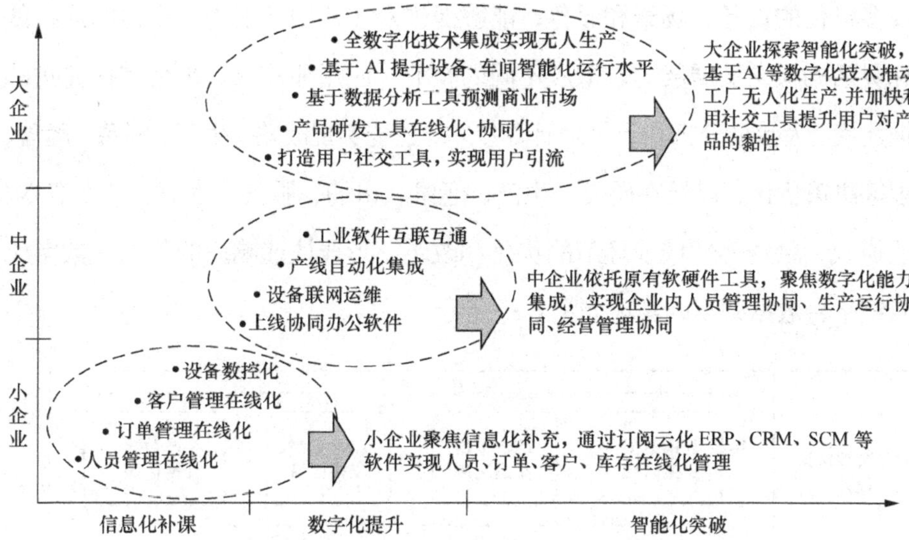

图 6-3 协同推进制造业各类企业数字化转型

数字化转型实施过程是数字化能力提升的过程，反过来数字化能力的提升也是数字化转型成功实施的保障。针对实际情况，沈阳制造业应进一步加快工业互联网平台、数据中心等新型基础设施的布局和建设，加快智能传感、数字孪生、人工智能、行业软件等关键技术的研发和产业化，培育面向特定行业、特定领域、特定场景的优质数字化解决方案。在此基础上，沈阳制造企业从两个方面提升数字化能力：一是促云化，加快企业上云 / 用云；二是优化管理，加强产业和企业管理变革。

企业上云的关键是建立符合数字化转型要求的供应链协作平台，加快形成以平台为核心，基于“数据 + 模型”的制造发展新模式。制造业数字化供应链平台应具有满足制造业行业、制造业供应链和制造业生态圈的特性和需求，其功能的实现主要依靠基础平台层的数据处理平台化和云化，中间支撑层的数据系统动态优化，与业务紧密结合的数据实时开放与共享。这个平台可能是企业自己建立的云平台，也可能是第三方建立的云平台。这种平台以云架构为核心，以云服务、分布式和“去中心化”为特点，提供丰富的接口，连接多样化的设备、场景和服务，能够提供众多的服务能力、丰富的连接能力和灵活的横向扩展能力，适应不同的企业、应用和需求。平台依托先进的数据建模、大数据分析和云平台计算技术，还能实现战略、生产、消费、运营、管理等决策优化，以及在研发、生产、运维、市场、服务、物流、人力资本、商业模式、融资等领域或环节的优化和改革，形成快速响应的能力。数字化供应链平台数据共享的实现如图 6-4 所示。

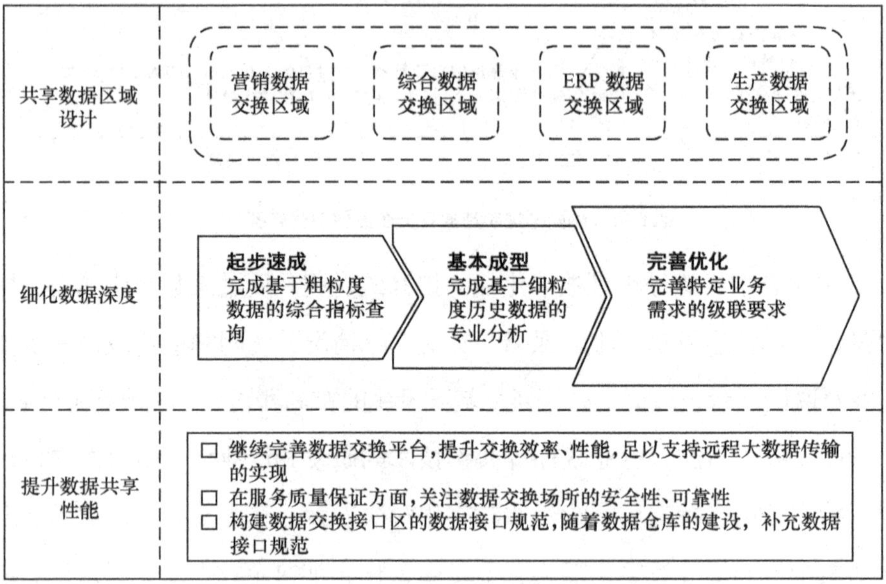

图 6-4　数字化供应链平台数据共享的实现

借助上云，广大中小企业可以跳过大量的信息基础设施的建设和投入，逐步将企业业务功能与云平台整合，通过 PaaS 和 SaaS 的方式实现业务功能。根据业务安全需求，企业应尽量选择技术成熟的服务方案和服务能力强、技术实力雄厚的服务商，选取敏捷开发架构，对于购买的服务应签订服务级别协议（Service Level Agreement，SLA），确保业务开展合理、合规，同时制定完善的管理流程并严格执行，杜绝重大事故，保证业务稳定运行。

数字化转型不仅是技术渗透和融合的问题，而且是一个创新组织、流程、业务模式，以适应信息技术变革和信息时代发展趋势的问题。从产业角度看，沈阳制造业应充分发挥大企业的产业组织和引领作用，围绕打通汽车、机械装备等重点产业链、完善资源整合与产业配套体系，加快发展虚拟平台等新型产业组织，推动行业协会、公共服机构社会化运营，并以沈阳高新技术开发区、沈阳国际软件园、中德产业园等特色产业基地和高新园区为依托，打造一批先进制造业集群，吸引产业链各个环节集聚，缩短供应链距离，促进产业链供应链上中下游高度协同，提高产业的本地根植性，形成良好的空间布局和生态黏性。从企业角度看，企业不仅要加快设备、生产线的自动化、数字化改造，制定核心设备和业务数字化转型解决方案，还要积极推动组织、流程变革，构建平台型组织、生态型组织、网络型组织，并塑造创新型文化，培养员工数字化技能，建立符合数字化转型要求的管理团队和技术团队，形成组织、人才、梯队和技术保障，促进企业的“产、学、研”协同和供应链合作。

在组织变革中，基于相互信任构建战略伙伴关系，加强供应链协作是第一步。伙伴关系的建立与巩固既需要科学系统的评价筛选，也有赖于利益分配机制的保障。首先，可以从战略协同、合作兼容性、企业自身能力和服务水平等多个维度进行能力评估，寻找合适的研发、生产、服务方面的合作者，建立战略联盟。其次，基于契约的利益共享协调机制，在充分考虑供应链不同成员做出贡献和承担风险的基础上，确定合理的利益分配比例及必要的成本、价格补偿机制。在此基础上，企业通过强化核心业务能力，外包非核心业务，与更多的企业形成分工合作、共存共赢的联系，进而改变原有的垂直型组织结构，实现流程的优化。最后，借助云平台，不同协作层次的供应链节点企业都可以获得相应的数据信息共享，开展面向全链的技术资源合作、在线科技服务，完成智能设计、协同制造、网络化实时服务等一系列业务活动，更加方便地实现制造过程和物流服务的敏捷性与高效性，实现产业链、供应链价值创造的最优化。

构建协同创新网络，打造供应链融合生态

技术是制造业竞争的焦点，制造业数字化转型和供应链协同本质上是知识集约化、重构化、协同化，行业知识、技术知识、业务知识在整个转型过程中起着根本性作用。而这些知识的获取往往来自供应链或者生态圈内各主体和个体具有的学习能力、适应能力和创新能力，取决于“知识、科技、能力、文化、价值”体系方面的有效匹配机制。要想提升沈阳制造业的竞争力，摆脱为国际头部制造企业“打工”的局面，必须提升集成创新意识，围绕产业链部署创新链，围绕创新链布局产业链，加快关键核心技术突破和科技成果转化，加强制造业创新力量布局和能力建设，提升制造业创新体系整体效能。

1. 构建智能制造协同创新网络

沈阳制造业应建立以“用”为核心，“产、学、研、用”相结合的创新体系，发掘以机器人为代表的智能装备产业与传统产业间的耦合点，以企业和行业解决方案为发展方向，推进智能装备企业与航空航天、电力能源、汽车造船等大型企业的合作，提升成果产业化的能力。

首先，应以高新技术企业为依托，进一步突出企业创新主体地位，促进各类创新要素向企业集聚，发挥大企业和平台的引领作用，支持创新型中小微企业成为创新的重要发源地，提升企业技术创新综合能力。培育壮大科技型企业，特别是“雏鹰”“瞪羚”“独角兽”“小巨人”等类型企业，提升企业在细分领域专业化能力和水平，推动大中小微企业协同创新。

其次，通过线上线下融合、实体虚拟交互、集中与分布并存、运行管理与业务服务分离的架构，将制造业上下游各个环节、供应链上不同的企业、

生态圈内各个主体的创新力量整合在一起，构建线上与线下结合、继承与创新结合、传统与领先融合、内在驱动与外在联动的开放式协同创新服务载体，形成局部创新与迭代创新、关键创新与一般创新相互补充、相互促进的创新格局。对一些在短期内难以取得突破的重点前沿技术领域，还要加强与国内外顶尖研发机构的合作，通过并购国际品牌来整合国际创新资源。

最后，充分重视和努力促进新兴技术的发展和快速迭代，汲取云计算、物联网、大数据、人工智能等新技术为制造业供应链数字化协同与创新提供的养分，以企业和行业解决方案为发展方向，推进智能装备企业与航空航天、电力能源、汽车造船等大型企业的合作，提升成果产业化的能力。

在具体的操作中，沈阳制造业应瞄准辽宁省 85 项装备行业关键核心技术、12 项石化行业关键核心技术、8 项建材行业关键核心技术、30 项医药行业关键核心技术、14 项电子行业关键核心技术需求，积极引导国家级企业技术中心、国家实验室、工业综合自动化重点实验室等优质创新资源协同创新，建立利益共同体；对智能制造涉及的基础材料、关键流程和工艺、核心零部件、高端软件、系统集成等进行有针对性的研发，形成以制造业创新中心为核心节点，企业技术中心、“产、学、研”创新联合体等交织的多层次、网络化的制造业创新体系；开发应用一批标志性的重大智能成套装备，例如，PSA[1] 制氢 6M80 大型往复式压缩机、百万吨乙烯装置用裂解气压缩机转子、±800kV 高海拔系列高端换流变压器等；集中攻克一批关键技术，突破工业机器人、高档数控机床和数控系统、增材制造设备等关键装置和部件，增强产业链供应链自主可控能力；提高产品信息技术含量和附加值，在装备制造、汽车、电子信息等行业中研发智能机器人、智能汽车、智能终端、智能家电、可穿戴设备等消费类智能产品，积极开展智能制造领域首台（套）产品推广应用，推动沈阳装备向价值链高端跨越。

1. PSA（Pressure Swing Adsorption，变压吸附）。

沈阳支持沈鼓集团、华晨宝马、沈阳新松公司等龙头企业组建技术联盟和产业联盟，联合产业链上下游企业，与高校、科研院所形成合作，组建实质性的“产、学、研、用”创新联合体，积极承担国家重大科技项目，研发具有自主知识产权和核心竞争力的新产品，突破产业共性技术和关键核心技术；释放工业场景多的优势，为应用创新提供新的需求，为产品迭代、商业模式创新提供试验场所；加快数字技术与制造业、制造业与服务业深度融合，完善和提升生产制造辅助环节，探索网络协同制造、全生命周期管理、总集成总承包、信息增值服务等新业态、新模式、新服务，为制造业数字化转型提供新动能。

沈阳围绕推进国家制造业创新中心建设，提升相关智能制造装备的检验检测能力、中试考核、中试孵化能力、应用示范能力及行业支撑服务能力，提供新产品和零部件检测验证、应用示范等公共服务，着重完成一批智能制造典型领域的应用解决方案，推进以系统集成应用为导向的产业集成创新；建立重点领域工程数据中心，培育专业化设计企业，吸纳多学科跨领域人才，通过社会化、市场化运行模式，开展基础共性技术、前瞻性技术、工程化技术的研发与服务；活跃技术市场，搭建成果转化平台，推广专利技术，开展科研成果分析与评价、质量认证、人才培训等服务；促进科技与金融的深度结合，研究开展科技保险、科技小额贷款、科技担保等科技金融业务，探索建立风险分担机制，引导社会资本参与技术集成化、产业化和工程化中试基地建设。

2. 打造供应链融合生态

在数字经济背景下，制造业面临着从大规模、标准化生产模式向小批量、个性化生产模式转变。这意味着产业组织也要从线性产业链向智能生态群转变。沈阳制造业要基于平台促进新型产业生态不断发展和深化，形成电子商务生态、工业互联网生态、自动驾驶生态等，使产业发展呈现出基于网络平台的集群化、基于数据分析的智能化和基于产业融合的服务化等新特征。

在融合生态建设过程中，一要加快建设新型数字基础设施，加快 5G 网络建设和窄带物联网部署，扩容和优化光纤网络，推进浑南区国家下一代互联网（IPv6）示范区、互联网根服务器镜像节点及国家顶级域名节点部署建设，促进禾丰牧业、辽宁联通等企业的工业互联网标识解析二级节点的建设应用，完善“链上辽宁・产业云城”平台等产业平台的应用功能，形成符合制造业生产环境及生产需要的高稳定、低时延、广覆盖的网络设施，扩大高速网络的渗透、覆盖和普及，提供可靠、高速、稳健、安全的高带宽网络，为制造企业、制造业供应链、制造业生态圈的发展提供技术、架构、服务、资源等多方面的支撑。

二要加快平台载体建设，推进符合制造业行业特性、满足制造业供应链和生态圈需求的基础性、支撑性信息服务向网络化、信息化、平台化和智能化发展。积极引进网络平台龙头企业组建大型基础数据中心，推动华为人工智能超算中心、紫光数据中心、东北能源大数据中心、云顶数据中心等建成运营，加速实现数据信息的有效传递、实时共享，打通制造业全要素、全环节、全流程数据链，充分发挥基础性支撑网络平台在技术、服务、系统、体系、资源、渠道、模式等方面的平台优势、资源优势、技术优势和服务优势；支持构建中国工业互联网研究院辽宁分院、辽宁省人工智能产业技术创新研究院、辽宁省区块链专业技术创新中心等数字技术创新平台，提升沈阳材料科学国家研究中心、国家机器人与智能制造创新研究院等重大科技平台对接服务制造业发展能力，注重开放合作和协同创新，推动沈阳飞机工业集团、东软医疗等大型骨干企业搭建工业、医疗等大数据应用平台，以信息数据驱动传递的方式推动管理、运营、研发、设计、生产、制造、服务、运维、物流、市场、销售以及人力资源、财务管理、金融服务等业务信息服务向平台集聚，推动制造业行业信息资源融合、产业资源集聚与协同，提高供需对接、快速响应、效率效益、资源发现、互通互信、共享共通，以及协同融合等方面的支撑能力。

三要利用服务机制和服务模式创新，不断孕育和催生全新的产业生态系统和创新的商务模式。积极探索发展“互联网 + 制造业”新业态和新模式，打造全面覆盖研发设计、生产制造、企业管理等方面的智能制造新应用场景，鼓励数字化能力较强的企业开展数字化转型评估诊断与个性化服务，提高金融机构平台服务的深度和广度，建立包括检验测试、供需对接、信用评价在内的制造业行业数字化服务手段、方法和模式，降低制造企业、制造业供应链和制造业生态圈的信用认证与合作成本，形成需求链、产业链、供应链、创新链有效互动的数字化转型生态，提升制造业整体的核心竞争力。数字化转型生态体系如图 6-5 所示。

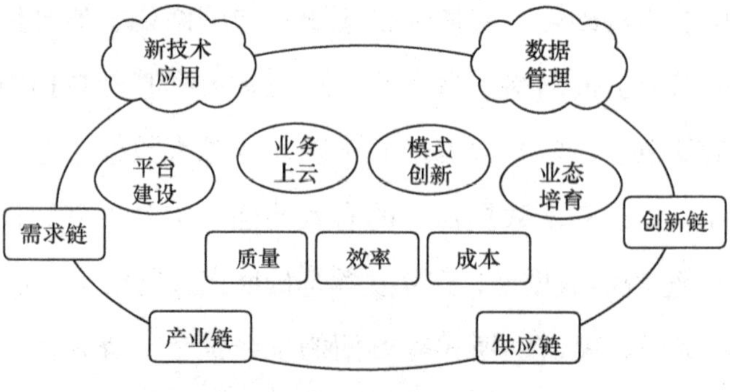

图 6-5　数字化转型生态体系

在此生态体系中，整个产业的发展通过数字化基础架构向全社会开放，不再是产业体系内的闭环，各类第三方解决方案供应商利用自身的技术优势和资源优势，进入产业发展和供应链的各个环节，带来大量的技术应用、行业理解、创新模式，从而推动整个制造业行业和制造业供应链与生态圈的快速发展。

实施人才引育工程，保障数字人才供给

人才是制造业数字化转型的根本保障，随着数字化转型正在逐渐从需求侧转向供给侧，依靠海量用户带来的数据红利效应不再明显，产业端的数字化转型更加依赖既懂行业又有数字化素养的数字化人才。在数字化背景下，沈阳制造业的数字化转型不仅需要增加技术难度和电子设备，而且要依托数字化人才建立全新的商业模式，创造新的发展空间。沈阳制造业数字化转型既需要能洞察趋势、谋划数字化战略的领导者，具有数字化思维和创新能力的技术管理人员，又需要掌握数字化应用工具、具有执行能力的操作者。因此，沈阳必须做好数字化人才培养规划，加强产业人才需求预测，坚持引进人才与培育人才并举、挖掘本地资源与广泛借势借力结合，打开面向海内外引才的各种路径，加大优秀企业家群体、技术领军人物、高技能人才队伍建设力度，建立人才培养选拔新机制，重点培养产业发展急需的技术管理人员和技师，强化人才储备，提升制造业数字化转型发展的保障能力。

在引进人才方面，沈阳应聚焦“高精尖缺”领域，重点引进高端装备制造业、战略性新兴产业领域的“高精尖缺”人才，设立人才发展专项基金，以“一事一议”、股权投资与项目资助相结合的方式强力推进重点支持人才项目落地，在给予住房、用车等支持的同时，开辟人才就医、配偶就业、子女入学等绿色通道，吸引人才向重大战略聚焦、向重点产业聚集、向重点项目聚合，实现人才、团队、项目与产业发展的有效匹配和对制造业转型发展的有力支撑。

在人才培养方面，沈阳要加快新一代信息技术领域“新工科”建设，综合运用培训基地建设、工程实训等多种手段；构建多层次人才培养体系，提高数字化转型人才供给能力；高度重视数字技术与其他科学与工程领域的融合，建立“产教”融合培养机制，健全多层次、多类型制造业数字化

人才培养体系。

第一，依托东北大学、沈阳航空航天大学、沈阳工业大学等综合性大学加强高端数字化人才培养。可扩大工程类研究生的招生和培养数量、增加高等学校与科研院所联合培养研究生的计划，注重在重大工程、科研项目实践中培养研究生；对标市场需求、聚焦企业服务、变焦客户应用及专业技术人员资格认证要求，新增相关专业、改造传统专业，加紧培养本科数字化人才；通过校企合作办学、设立产业学院的形式，加强学生的工程实践能力培养，使学生适应现当代工业文明和制造业现实发展需求环境的要求，具备解决复杂工程问题的能力、创新创业意识和勤恳钻研的“工匠精神”。

第二，在职业教育层面，要根据最新发布的《职业教育专业目录》，支持和引导职业院校积极开设数字技能类专业，依托行业协会等积极协调高科技企业参与设计开发相应的数字技能课程；遴选推荐一批互联网职业培训平台和区域性数字技能公共实训基地，建设具有数字技能培养优势的高技能人才培训基地和数字技能相关领域的工作室；探索实施“互联网＋职业技能培训”模式，促进互联网技术与职业技能培训深度融合，发挥龙头企业和培训机构作用，面向新技能新职业，重点开展人工智能、大数据、云计算等数字技能培训，大力推行线上线下相结合的培训方式；通过举办数字技能类职业技能竞赛，培养学生积极进取的精神，传承弘扬沈阳优秀的工业文化。

在人才评价与交流方面，建立适应和符合数字经济、数字产业特点和特性的有效人才评价机制，优化科技成果转化体系和利益分配机制，在技术入股、成果转化、财务税收、激励政策等方面加大改革力度，突出工作实绩，建立能够体现专业性、创新性、实用性的人才衡量和评价标准；以“急我所需、为我所用”为核心要义，打破人才流动限制的条条框框和体制、体系界限，促进数字化人才能够在“政、企、校、研、产、智库”各领域和各级组织中自由流动，保证人才来时放心、工作安心、生活舒心。

优化转型发展环境，推进数字化治理

推动沈阳制造业加速转型，政府的角色不可或缺。政府应建立统筹工作机制，在政策引导、标准制定、公共服务、金融扶持等方面多角度支持制造业转型。

1. 加强政策支持

加强数字化领域的相关政策标准体系建设是制造业数字化转型的重要支撑。在加强国家、省、市数字化转型相关政策宣贯的基础上，沈阳应完善沈阳制造业智能化、绿色化发展的相关政策，形成匹配制造业数字化转型的发展要求的政策体系。沈阳制造业转型升级支持政策总体框架如图 6–6 所示。

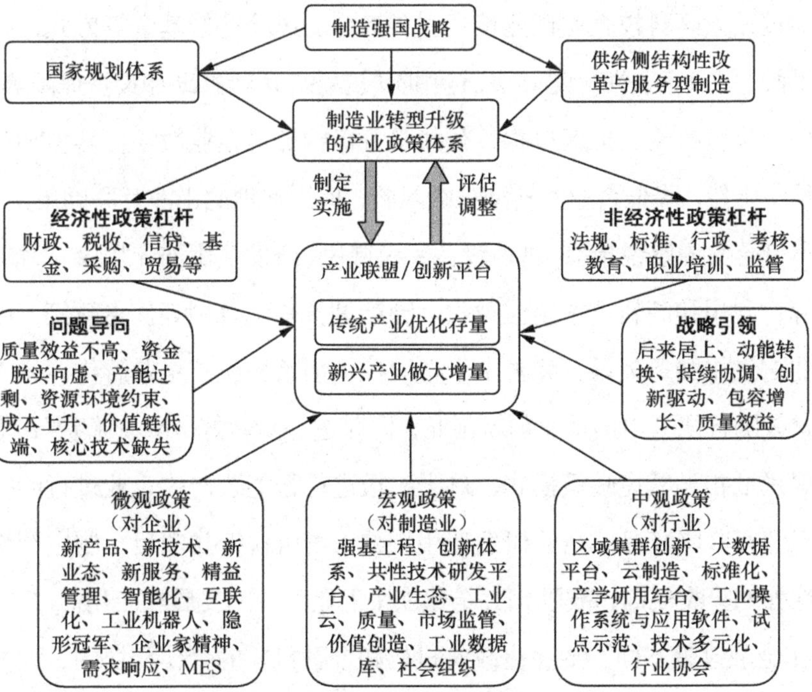

图 6–6　沈阳制造业转型升级支持政策总体框架

在产业规划和项目示范方面，聘请国内外相关领域知名企业和咨询机构的专家对沈阳智能制造发展和传统制造升级进行总体诊断和具体分析，在摸清情况的基础上研究制定智能制造重大技术突破和产业化指导目录，继续组织实施沈阳市制造业智能升级年度计划，分行业、分领域、分批实施智能升级项目，在不同领域打造一批智能制造、绿色制造和服务制造的示范性企业，树立标杆，引导观望的企业向“头雁”看齐，带动沈阳制造业智能转型工作有序推进。

在财税政策方面，一要充分发挥财政资金的引导作用，通过设立产业链发展和工业互联网专项资金、企业上云财政支持、重大科技创新奖励等，加大对智能制造系统及配套系统的研发和产业化、对传统产业智能化升级的投入，激励企业积极采购并使用互联网创新产品和服务，支持网络体系、平台体系、安全体系能力建设，促进工业互联网创新产品和服务的规模化应用；二要通过设立高科技企业创业投资引导基金、风险补偿基金等方式，采取市场化手段，引入竞争性分配办法，运用阶段参股、风险补助和投资保障等方式，引导创业投资机构、担保机构、公共服务机构等对企业数字化转型和智能化应用给予支持，降低企业的转型升级风险，促进本地的工业互联网集聚发展；三要贯彻落实增值税转型、进口设备关税减免、研发费用加计扣除、节能减排、资源综合利用和高新技术企业税收、国产设备首购首用等优惠政策，健全中小企业信息化服务体系，完善中小企业技术创新和科技企业孵化器税收优惠制度，鼓励科技型中小企业创新创业，同时进一步做好“降税降费”，借鉴企业环保税抵扣和减免政策模式，对于积极进行智能改造的企业进行的智能设备、工业互联网产品、企业研发费用、纳入增值税抵扣项目，制定严格并且操作性强的验收规则，鼓励相关企业加快工业互联网发展和应用。

在金融政策方面，要深化政府机构和金融机构的合作和协同，大力发展普惠金融和普及金融理念，鼓励金融机构率先实现数字驱动、技术驱动和创新驱动；引导银行业金融机构根据产业发展要求、行业特定特点、目标对象的风险控制和实际需求开展有针对性的授信政策、信贷目标、风控管理和实施计划，促进数字经济和制造业供应链、生态圈的资本、金融、科技、产业和创新的深度融合发展；要清理制约资本流动的障碍，引导各类投资基金向工业互联网领域倾斜，积极搭建便于工业互联网发展的银企对接合作平台，引导各类银行为工业互联网技术、业务和应用增加更大的贷款力度，引导银行创新推出用于企业智能制造建设的金融产品，并且延伸产业链金融服务范围；为工业互联网企业在资本市场开展融资创造条件，支持具备条件的企业谋划上市，引导已上市公司开展兼并重组和资本市场再融资，支持直接债务融资、创业投资和股权投资等多种类型的投资和融资规范、安全、健康、有序发展，为中小微企业和初创企业提供个性化、定制化、多样化的资本市场配套资源、渠道和服务。

2. 完善公共服务

首先，加快数字政府建设。推进政务数据共享开放，提升沈阳“一网通办”“一网统管”水平，促进公共服务数字化、智能化，打造办事方便、法治良好、成本竞争力强的制造业数字化转型环境。充分发挥数据和场景优势，健全政务数据资源目录和责任清单制度，打通国家、省、市、区、街道5级数据平台通道，推动政务数据带动民用、商用数据协同发展。

其次，推进工业大数据交易平台建设。借鉴先行地区的经验做法，持续推动与数据型企业开展战略合作，重点探索工业领域数据交易，计划建立工业大数据交易中心；加强铁西区政府与中国工业互联网研究院的对接，不断完善工业大数据交易中心建设方案，推动中国工业互联网研究院与铁西区政府的协议合作签订，并按照协议内容推进有关项目建设，逐步实现工业数据汇聚、挖掘、交换、共享，制定工业大数据标准规范，开展数据综合服务应用推广，推动工业大数据“一网交易”；基于大数据平台，对区域产业发展指标、新兴经济新动能指数、社会和企业固定资产投资、生产要素流通、制造业重点行业和企业的运行情况等进行跟踪监测和数据分析，为科学决策和精准服务提供依据。

再次，推进公共数据资产化管理。围绕“一枢纽、四中心”建设任务，促进数据安全有序流动，加强信息流持续汇聚，实现数据价值化。依托盛京金控投资集团的沈阳企业征信平台，以信贷应用场景为试点，探索公共数据资产化管理，试点应用成功后逐步向其他领域推广，促进公共数据资源向数据资产转变，释放公共数据价值，推进数据要素市场化配置。

最后，提升公民数字素养。积极开展数字化科普宣传活动，开展《沈阳市政务数据资源共享开放条例》释法解读宣传教育活动，通过行业论坛、科普读物、专题展览、网络推广等各种方式增加人们对数字技术发展和制造业数字化转型的认知与了解，通过举办面向大中小学生的数字化知识、技能大赛，激发青少年对先进科技及应用的兴趣，提升全民数字素养，营造制造业转型发展的良好社会氛围。

3. 加强监管治理

随着沈阳制造业数字化转型深入推进，各种不确定性因素、内外环境影响、未知风险等导致实施的阻力大幅增加，对监管治理提出了更高的要求。

为此，一要推进标准研制。积极落实《国家智能制造标准体系建设指南（2021版）》等文件，鼓励企业、科研院所及高校积极参与智能制造标准体系研制、试验验证及行业推广应用。依托中科院沈阳自动化研究所等单位，面向传统行业转型升级中的关键技术和标准需求，开展智能制造数字化车间综合标准化与试验验证体系建设，编制行业数字化车间国家/企业标准草案，搭建试验验证测试平台，并对通用技术要求和安全要求与评估方法进行试验验证。重点推进智能装备、智能工厂、智能服务、工业软件与大数据等关键技术标准，以及新一代信息技术、数控机床、机器人、航空装备、先进轨道交通、汽车、电力装备等优势领域行业标准创建与实施。加大国家、省级“两化”融合管理体系贯标试点力度，围绕沈阳市规模以上工业企业开展“两化”融合水平评估。围绕术语定义、产品评估、系统和组件接口、数据兼容、互换模型等国际竞争和市场应用重点领域，支持行业龙头企业参与研制数据的权属、流通、跨境，以及数字版权、数字货币、隐私保护等方面的标准与规范，提升行业标准话语权。

二要加强风险防范。要采用先进技术手段和监管措施，结合重点工作部署、日常管理等落实情况，对数字政府专项领域规划和实施、统筹数据资源管理、信息化项目实施验收等进行监督指导，以确保数据应用和数字化转型平稳运行、快速发展，保障公开、公平、公正的市场环境和竞争环境。监督落实网络安全主体责任，建立健全以联网备案、网络实名、信息管理、日志留存、数据保护等为重点的安全管理制度和技术保护措施，加强对政务数据、企业商业数据和个人数据的隐私保护和安全审查。要推进大数据安全中心、网络攻防与测评实验室的安全评估机制，识别、预判、跟踪和监测各类制造业数字化转型和制造业供应链与生态圈的优化升级的安全威胁因素，重点防范复杂网络、大型平台、敏感领域、新兴技术高级应用场景中可能发生的资本垄断、恶意攻击、资金链断裂等安全问题，切实提高访问控制、角色授权、运行维护、安全监管等方面全系统的安全管理能力，规范平台信息服务的发展。

参考文献

1. 国家信息中心信息化和产业发展部，京东数字科技研究院 . 携手跨越重塑增长——中国产业数字化报告 2020[R].2020.
2. 前瞻产业研究院 . 2020—2025 年中国数字经济行业市场前瞻与投资规划分析报告 [R].2020.
3. 数字经济发展研究小组，中国移动通信联合会区块链专委会，数字岛研究院 . 中国城市数字经济发展报告（2019—2020）[R].2020.
4. 中国信息通信产业研究院，中国数字经济发展与就业白皮书（2019）[R].2019.
5. 中国互联网协会，中国互联网发展报告（2019）[R].2019.
6. 国务院发展研究中心课题组，传统产业数字化转型的模式和路径 [R].2018.
7. 赛迪研究院 . 2019 赛迪人工智能企业百强榜研究报告 [R]. 2019.
8. 艾瑞咨询，企业数字化转型的加速引擎——中国数字中台行业研究报告 [R]. 2019.
9. 任泽平，马家进，连一席 . 新基建：全球大变局下的中国经济新引擎 [M]. 北京：中信出版集团，2020.
10. 刘昭洁，数字经济背景下的产业融合研究——基于制造业的视角 [D]. 北京：对外经济贸易大学，2018.
11. 艾瑞咨询，中国智能制造之路——中国制造业企业智能化路径研究报告 [R]. 2019.
12. 中国信息通信研究院 . 中国 5G 产业发展白皮书（2020）[R].2020.

13. 茶洪旺，郑婷婷. 中国大数据产业发展研究 [J]. 中州学刊，2018(4)：19-25.

14. 财新智库. 中国数字经济指数 [EB/OL]. (2017-05).

15. 腾讯研究院 . 中国“互联网 +”数字经济指数 [EB/OL].(2017-04).

16. 江小涓 .“十四五”时期数字经济发展趋势与治理重点 [N]. 光明日报，2020-09-21.

17. 中国信息通信研究院 . 全球人工智能战略与政策观察（2019）[R].2019.

18. 范灵俊 . 发展工业互联网的难点和对策 [J]. 互联网经济，2018，44(11)：47-52.

19. 李馥伊. 中国制造业及其在数字经济时代的治理与升级——基于全球价值链分析框架 [D]. 北京：对外经济贸易大学，2018.

20. 臧冀原，王柏村，孟柳，等. 智能制造的三个基本范式：从数字化制造、“互联网 +”制造到新一代智能制造 [J]. 中国工程科学，2018，20(4)：13-18.

21. 李若曦，赵宏中. 技术活动、空间外溢与高技术产业 TFP[J]. 科学学研究，2018，36(02)：264-271+323.

22. 杜传忠，胡俊，陈维宣 . 我国新一代人工智能产业发展模式与对策 [J]. 经济纵横，2018 (04)：41-47+2.

23. 李晓钟，陈涵乐，张小蒂. 信息产业与制造业融合的绩效研究——基于浙江省的数据 [J]. 中国软科学，2017(01)：22-30.

24. 唐隆基. 数字化供应链成熟度和供应链数字化重塑 [EB/OL].(2019-11-20).

25. 沈阳市统计局 . 2020 年沈阳市国民经济和社会发展统计公报 [R]. 2021.